輔導原理與實務

劉焜輝　主編

李玉嬋　周麗玉　林香君　林蔚芳　洪莉竹
張德聰　許維素　陳金定　陳清泉　陳錫銘
曾端真　黃宜敏　賈紅鶯　鄭玉英　合著

三民書局

Education

國家圖書館出版品預行編目資料

輔導原理與實務／劉焜輝主編.－－三版五刷.－－臺
北市：三民，2020
面；　公分

ISBN 978–957–14–5595–2　（平裝）
1. 教育輔導 2. 輔導人員

527.4　　　　　　　　　　　　　　　100023954

輔導原理與實務

主　　　編	劉焜輝
發 行 人	劉振強
出 版 者	三民書局股份有限公司
地　　　址	臺北市復興北路 386 號 (復北門市) 臺北市重慶南路一段 61 號 (重南門市)
電　　　話	(02)25006600
網　　　址	三民網路書店 https://www.sanmin.com.tw
出版日期	初版一刷 1997 年 11 月 三版一刷 2012 年 9 月 三版五刷 2020 年 10 月
書籍編號	S520890
I S B N	978-957-14-5595-2

三民書局

作 者 ╱ 簡 歷

張德聰 ─────────
師大教育心理與輔導研究所博士
空大生活科學系（輔導類）副教授

黃宜敏 ─────────
師大教育心理與輔導研究所博士
康寧醫護暨管理專科學校幼兒保育科助理教授

許維素 ─────────
師大教育心理與輔導研究所博士
師大教育心理與輔導研究所教授

洪莉竹 ─────────
師大教育心理與輔導研究所博士
國立臺北教育大學心理與諮商學系教授

陳金定 ─────────
美國肯塔基大學教育心理學博士
師大教育心理與輔導研究所博士
國立體育大學師資培訓中心副教授

林蔚芳 ─────────
師大教育心理與輔導研究所博士
臺北市立教育大學心理與諮商學系副教授

陳清泉 ─────────
師大教育心理與輔導研究所博士
文藻外語學院通識教育中心全人發展領域副教授

林香君 ————————
師大教育心理與輔導研究所博士
佛光大學生命與宗教學系副教授

陳錫銘 ————————
師大教育心理與輔導研究所博士
師大附中輔導老師

賈紅鶯 ————————
師大教育心理與輔導研究所博士
東華大學諮商與臨床心理學系助理教授

曾端真 ————————
師大教育心理與輔導研究所博士
國立臺北教育大學心理與諮商學系兼任教授

周麗玉 ————————
師大教育心理與輔導研究所博士
文化大學心理輔導學系副教授

李玉嬋 ————————
師大教育心理與輔導研究所博士
臺北護理健康大學人類發展與健康學院院長

鄭玉英 ————————
師大教育心理與輔導研究所博士
懷仁全人發展中心主任

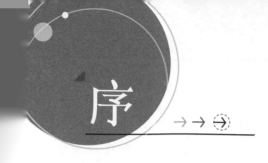

序

「輔導由何處來？輔導往何處去？」這不僅是從事輔導工作者應該有所了解，並且是現代人應該澄清的觀念。前者是尋根的問題。無可諱言，直到現在仍然有相當多的人認為輔導是舶來品。一旦有這種認知，最容易走入思考上的死胡同，那些振振有詞說「輔導是外國的產物，不適於我國」的人屬於這一類。觀念的偏頗，阻礙了輔導工作的落實，四十多年來，輔導工作之所以進步遲緩，這是主要因素之一。後者乃是輔導工作的指南，唯有洞察輔導理論的趨勢，才能把握正確的方向，輔導工作才不致陷於墨守成規。教育行政機關一方面強調輔導工作的重要性，另一方面卻放棄具有輔導專業知能者才能擔任輔導主任的限制，就是昧於輔導的潮流所致。

有沒有「輔導」這個字彙不重要，「輔導」的本質，古今中外，只要有教育的地方必然都在實施輔導。輔導的目的，消極方面是要幫助個人解決他所面對的問題，積極方面是要促使個人的潛能得到充分的發展。因此，只要有人存在的地方就有輔導，無論家庭、學校、社會都在實施輔導。只是在輔導的方法上外國如果有新的發現，應該積極導入，就像醫療方法上只要有新的療法就應該及時引進，才能更有效的治癒病患。

輔導技巧的導入，只要有績效，就不應該排斥。至於某種輔導技巧是否適合國人就不必考慮太多。因為接受輔導專業訓練的人，對於每一種技巧都要非常熟練才能運用，在實施輔導時必須根據對象選擇最適當的方法。因此，只有輔導人員能否適任的問題，並無輔導技巧能否適用的問題。明乎此，則多年來輔導工作的陰霾可以立即消失，輔導的真面目才有顯現的機會。

如果我們仔細觀察，可以發現沒有比現在更需要輔導的時代。

因為社會變遷激烈，經濟高度成長之下，家庭功能減退，青少年做為社會人的職責順延，此認同猶豫 (moratorium) 造成今日青少年的混亂、焦慮與強烈的自我意識，家庭、學校面對現代青少年的脫序行為或無力感而束手無策，此乃今日社會亂源的由來。在多元化的環境之下，家庭、學校要有效幫助青少年發展健全的人格，建立正確的人生觀，談何容易。先進國家的教育改革以實施適合每一個學生的能力與性向為終鵠，強調學校要有計畫、有組織的加強輔導工作，強調全體教師的輔導職責，充分說明了輔導知能乃是今日教師應該具備的專業知識，輔導工作乃是今日學校教育的核心工作。我國近年來積極普及輔導知能，建立輔導體制，社會輔導機構亦紛紛設置，在輔導人員的培育方面已經提昇到研究所階段，這是順乎時代需要的措施。然而，一般人對於輔導技巧非常熱中，對於輔導哲理之探討反而忽略，流弊所及，見樹而不見林，無法把握輔導的整體性，這是值得重視的隱憂。本書的誕生，旨在闡明輔導的原理與實務，應該是現代教師和社會上從事輔導工作者所不可缺少的知識。

本書的特徵約有下列三項：其一，內容的完整性：全書十四章，涵蓋輔導學領域的理論部分與實務部分；其二，撰稿陣容的堅強：撰稿者均為輔導的科班出身，長年從事輔導理論的研究和輔導實務的探討，學有專精，可以呈現最新的資料，提供正確的發展方向；第三、立足於國情：國內輔導原理與實務的通病，就是偏重輔導理論的介紹而忽略實施輔導工作的檢討，本書在撰寫之初建立共識，必須理論與實務並重，立足於國情，如果此共識能兌現，則本書的可讀性甚高，並且可以立即得到國內實施的驗證。

本書由十四位輔導界教授輪流撰寫，編者只要求撰稿者就自己負責部分充分發揮，因此，章節架構決定在先之外，呈現的方式有充分的自主性，編者認為與其勉強統整，不如讓讀者能直接接觸原

作者的真面目，在知識爆炸時代，也許這是最好的呈現模式。輔導的原理是一貫的，有其恆久性，輔導的技巧卻是不斷充實的，應該具有彈性，我們期望本書不僅能幫助讀者去瞭解輔導的內涵，並且能啟發讀者去思考輔導的本質。

　　本書的完成，張德聰先生出力最多，編者謹向全體撰稿者和三民書局編輯同仁致由衷的謝意。

劉焜輝　謹識

輔導原理與實務

Principle and practice of guidance ■ ■■ ■

序

Chapter 1　輔導之基本概念 1　　　　張德聰

第一節	輔導的意義	5
第二節	輔導的特質、功能與目的	11
第三節	輔導的原則與內容	18
第四節	輔導、諮商與心理治療之比較	24

Chapter 2　輔導工作之發展歷史 33　　　　黃宜敏

第一節	輔導學之發展淵源	35
第二節	美國輔導工作發展歷史	36
第三節	我國輔導工作發展歷史	41

Chapter 3　輔導組織、人員與輔導方案 51　　　　許維素

第一節	輔導組織與人員	53
第二節	輔導方案的意義與發展	67

Chapter 4　生活輔導 79　　　　洪莉竹

第一節	生活輔導的意義與目標	82
第二節	生活輔導的內容	84
第三節	生活輔導的原則	90

第四節　　　生活輔導的實施方法　　　　　　　　　96

第五節　　　生活輔導的實例　　　　　　　　　　101

附錄一　　　九年一貫課程綜合活動學習領域　　　107

Chapter 5　學習輔導 113　　　　　　　陳金定

第一節　　　學習輔導的定義　　　　　　　　　　115

第二節　　　各級學校學習輔導的內容　　　　　　116

第三節　　　學習輔導策略　　　　　　　　　　　120

第四節　　　學習輔導實例　　　　　　　　　　　131

Chapter 6　生涯輔導 139　　　　　　　林蔚芳

第一節　　　生涯輔導的意義與目的　　　　　　　141

第二節　　　生涯輔導的內容　　　　　　　　　　149

第三節　　　生涯輔導的策略與方法　　　　　　　158

第四節　　　生涯輔導實例　　　　　　　　　　　168

附錄二　　　高級中學學生輔導辦法　　　　　　　177

Chapter 7　學生資料的搜集與運用 185　　陳清泉

第一節　　　學生資料的價值與功能　　　　　　　187

第二節　　　學生資料的搜集方法——測驗法　　　192

第三節　　　學生資料的搜集方法——非測驗法　　197

第四節　　　學生資料的管理與應用　　　　　　　208

*C*hapter 8　　個別輔導 215　　　　　　　　林香君、陳錫銘

第一節　　個別輔導的意義、目的及目標　　　217
第二節　　個別輔導的助人關係　　　223
第三節　　個別輔導的基本技術　　　225
第四節　　個別輔導的助人歷程　　　228
第五節　　諮商理論概述　　　232
第六節　　實施個別輔導與諮商的一些爭議　　　243

*C*hapter 9　　團體輔導 247　　　　　　　　張德聰

第一節　　團體之意義及目的　　　250
第二節　　團體之種類與功能　　　253
第三節　　團體輔導的方法　　　261
第四節　　團體輔導的歷程　　　270

*C*hapter 10　　諮　詢 283　　　　　　　　賈紅鶯

第一節　　諮詢的基本概念　　　286
第二節　　諮詢的方法　　　292
第三節　　諮詢的實務應用　　　303
第四節　　諮詢的倫理、爭論與限制　　　310

*C*hapter 11　　個案研究 317　　　　　　　　曾端真

第一節　　個案研究的意義　　　319
第二節　　個案研究的實施　　　322

第三節　　　個案研究實例　　　　　　　　　　　　332

第四節　　　個案研究報告　　　　　　　　　　　　340

第五節　　　個案研究過程常見的謬誤　　　　　　　341

附錄三　　　國內適用測驗器材目錄簡介　　　　　　342

Chapter 12　　班級輔導活動課程設計與實施 351 周麗玉

第一節　　　基本認識　　　　　　　　　　　　　　354

第二節　　　班級輔導活動的實施　　　　　　　　　359

第三節　　　班級輔導活動課程實施的困境與處理　　367

第四節　　　班級輔導活動課程實施範例　　　　　　372

Chapter 13　　輔導專業倫理 385　　　　　　　李玉嬋

第一節　　　輔導專業倫理的意義及目的　　　　　　389

第二節　　　國內外的輔導專業倫理守則　　　　　　392

第三節　　　輔導專業倫理判斷的準則　　　　　　　397

第四節　　　輔導專業倫理常見的難題與處理　　　　406

附錄四　　　台灣輔導與諮商學會諮商專業倫理守則　418

Chapter 14　　輔導的發展趨勢 437　　　　　　鄭玉英

第一節　　　由心理輔導的特性談起　　　　　　　　439

第二節　　　輔導理論的發展趨勢　　　　　　　　　442

第三節　　　輔導研究的趨勢　　　　　　　　　　　445

第四節　　　輔導人員角色認定之趨勢　　　　　　　446

第五節　　　新近關切的輔導議題　　　　　　　　　448

*C*hapter 1

→ → →

輔導之基本概念

↘ 學習目標

學習本章後可以：

一、瞭解輔導之意義。

二、瞭解輔導工作於我國發展之概況。

三、瞭解輔導的特質、功能與目的。

四、瞭解輔導的原則與內容。

五、瞭解輔導、諮商與心理治療之異同。

↘　本章大綱

第一節　輔導的意義
　　　　輔導工作於我國發展之概況
　　　　輔導之意義

第二節　輔導的特質、功能與目的
　　　　輔導之特質
　　　　輔導之功能
　　　　輔導之目的

第三節　輔導的原則與內容
　　　　輔導之原則
　　　　輔導之內容

第四節　輔導、諮商與心理治療之比較
　　　　輔導、諮商與心理治療之定義
　　　　輔導、諮商與心理治療之異同

導　言　→ → →

　　本章為本書之導論，共分四節，依次為第一節說明輔導之意義，除簡介輔導工作於我國之發展現況外，筆者並參考中外學者對於輔導之定義，嘗試綜合歸納，並以輔導之英文單字 guidance 每個字母之聯想單字加以闡釋。

　　G-rowth（成長）

　　U-nderstanding（覺察性）

　　I-ndividual（個別性）

　　D-evelopment（發展性）

　　D-irection（方向性）

　　A-rrangement（妥善之安排）

　　N-eed（需求之契合性）

　　C-hance（機會性）

　　E-ducation（教育性）

　　於第二節針對輔導的特質、功能與目的分別加以說明，基本上輔導有三大特質，即輔導是一種專業 (profession)，輔導是一種專業協助之過程，輔導亦是一種專業助人關係。

　　而輔導之十大功能分別是：

　　⑴輔導之瞭解功能。

　　⑵輔導之成長功能。

　　⑶輔導之抉擇功能。

　　⑷輔導之情緒支持功能。

　　⑸輔導具有問題澄清之功能。

　　⑹輔導提供諮詢及資料提供之功能。

　　⑺輔導之問題解決功能。

⑻輔導之轉介功能。

⑼輔導之預防功能。

⑽輔導之團隊合作功能。

而輔導之目的歸納之有下列幾項：

⑴行為改變，即朝向正向行為之改變。

⑵正向之心理健康，即促進當事人之心理健康。

⑶問題之解決、症狀之消除及化解內在衝突之思想，即協助當事人問題之解決或消除其不適應之症狀。

⑷能將輔導中學習到之方法或行為應用到生活情境。

⑸瞭解並接納衝突中之自我。

⑹能加強自我之功能。

⑺能認清自己之資源及潛力並善加運用。

⑻能因應及掌握周遭之環境。

於第三節輔導的原則與內容方面，筆者嘗試分別由輔導之基本理念及輔導行為之基本假設說明輔導之原則；並由輔導服務之對象、方式、性質、內涵、問題、機構之類別說明輔導之內容。

於第四節就輔導、諮商與心理治療之比較，對輔導、諮商與心理治療之定義再加說明，並比較輔導、諮商與心理治療之異同。

相同處：輔導、諮商與心理治療基本上皆為助人之專業，其目的皆為協助當事人身心平衡、社會適應、發揮潛能，有些學者認為於廣度上輔導可以包括諮商、心理治療；而於深度上則認為心理治療涵蓋諮商與輔導，三者間也有所重疊，輔導偏向知性之資料之收集，心理治療則偏向深層情緒之探討及人格之統整，諮商則均介於其中。

相異處：則以 Shertzer & Stone (1981) 將輔導、諮商及心理治療之工作場合、助人關係類別、問題類別及專業人員之類別比較，及張德聰（民82）曾將輔導、諮商與心理治療分別由服務對象、特性、重視時機、助人內涵、服務場合、需要時間、目標、助人技術層次及執行之專業人員

等九個向度比較其差異性。

　　最後並提出輔導工作之焦點議題提供讀者思考及討論。

第一節　輔導的意義

一、輔導工作於我國發展之概況

　　輔導 (Guidance) 這個名詞，近年來於我國漸受社會重視，不僅運用於學校之輔導服務 (guidance service) 工作，尤其民國五十七年政府實施九年義務教育後，於各國中皆設置指導活動室，其後正名為「輔導室」，並於國中之課程內明訂輔導活動課程；高中（職）更於民國七十年，開始設置專任輔導老師，而各大學更自政大為僑生之輔導工作首創於大學設置「學生輔導中心」開始，目前各大專院校皆已設立「學生輔導中心」或「心理衛生中心」，有些院校甚至成立「生涯發展中心」以加強推動生涯輔導工作，或將「實習就業輔導室」、原有之「學生輔導中心」、「校友服務室」加以綜合以便發揮輔導功能；小學之輔導工作於近年開始發展，由原有超過二十五班才設立輔導室，目前全面設置，教育部更積極推動第二個「教育部六年輔導計畫」，並計畫與中國輔導學會推動「學校輔導人員證照制度」，包括思考於國中增聘專任輔導老師制度，若能整合全國輔導界之學術界、實務界、行政界之觀點及徵詢被服務者如家長及學生之需求，相信必能漸朝輔導專業化、國情化之理想。我國臺灣地區於北、中、南分別以臺灣師大、彰化師大、高雄師大設立輔導研究所之碩士班，前二者更已成立博士班多年，為我國輔導人才之培養奠下良基。整體而言學校輔導工作雖尚待更加加強朝向專業化努力，但於輔導界之先進多年來孳孳不息之努力下確已初具規模。

　　於「社會輔導工作」之推動方面，如廣為人知之各地救國團青年諮商輔導中心──「張老師」及自殺防治中心──「生命線」皆成立於民

國五十八年，迄今已近四十年，而二個機構其輔導之個案人次也皆早已突破百萬人次，其後一些社會專業輔導機構如「耕莘心理輔導中心」、「華明心理輔導中心」、「現代人力潛能開發中心」，甚至宗教界除前述之天主教支持之心理輔導中心外，基督教之「宇宙光心理輔導中心」、佛教界之「觀音線」紛紛出籠，對社會上有輔導需求之民眾提供協助。

　　於企業界方面，為了穩定員工之流動率，增進員工之身心健康，以防止意外事件，提高生產力，企業內也漸漸重視員工之諮商輔導工作，已有許多企業於主管之教育訓練中，排入「員工輔導」課程，甚至設置專任之「勞工輔導員」；國內之勞政單位更早於民國六十八年訂定「廠礦勞工輔導辦法」，規定廠礦公司超過一百個員工者，必須設立勞工輔導員，許多企業並於企業內設立如「小天使制度」以建立員工間之支持系統，或「大哥哥大姊姊制度」以資深員工照顧新進員工；近年來行政院勞委會更積極推動於美國行之有年的「員工協助方案」(employee assistance program, EAP)，與員工輔導結合以協助員工在社會、心理、經濟、工作與健康上面臨之問題。

　　軍中亦參考「救國團張老師」之輔導模式，除於政戰學校成立心理學系及社會工作系以培養軍中輔導人才外，並以百家姓之姓氏分別於各軍種單位設立心理輔導人員如陸軍之「趙老師」，原警總之職訓總隊並曾配置心理分析官及聘用專業輔導人員協助，其後更於師級以上單位設立心理官，惟人數尚十分不足又加上設於「監察系統」下，並缺少專業之督導制度，影響當事人求助之意願。

　　司法人員如法官、檢察官、警察及調查局工作人員為高壓力之工作，對於在高度工作壓力下不適應同仁，警方亦曾以集中上課訓練方式輔導，但效果不彰；又學習類似軍中之「趙老師」成立「關老師」制度（編按：「關」老師取其「關心、關懷、關愛」之意），並結合中央警官學校犯罪防治系所之教授協助訓練或由員警中訓練同儕輔導人員，但似乎仍需再增聘專業輔導人員及結合相關輔導專業機構，且治標於警察人員之家庭、

感情及身心壓力，並讓有需要求助者願意求助、信任之輔導模式可能較能發揮效果。

　　由上所述，可知輔導工作於我國不但於各級學校積極推動，更推廣於社會上舉凡社會輔導機構、企業、軍中、警方皆已漸漸接受輔導之觀念，更進而引用之為具體之制度，因此輔導工作已為社會各界所接受，對於未來輔導工作之專業化提供良好之契機。

二、輔導之意義

　　輔導之意義於國內早期之譯名不一，有譯為「指導」者，但現已不為輔導人員所用，亦有將輔導與諮商 (counseling) 混用者，以致輔導與諮商混淆不清，基本上，就輔導 (guidance) 之英文字義有協助 (to help)、幫助 (to assist)、啟發、引導之意，因此較適合譯為輔導。

　　張春興主編（民 78；頁 292）之「張氏心理學辭典」對輔導之定義如下：

　　「輔導」是一種教育之歷程，在輔導歷程中，受過專業訓練之輔導人員，運用其專業知能，協助當事人瞭解自己認識世界，根據其自身條件（如能力、興趣、經驗、需求等），建立其有益於個人與社會之生活目標，並使之在教育、職業及人際關係各方面之發展上，能充分展現其性向，從而獲得最佳之生活適應。準此界說輔導包括以下四個特徵：

　　⑴輔導是連續不斷之歷程，人之一生任何階段皆需要輔導。

　　⑵輔導是合作與民主之協助，根據當事人之需求而輔導，非強迫式之指導。

　　⑶輔導重視個別差異，配合當事人之條件輔導其能自主、引導其能自立。

　　⑷輔導的目的是個人與社會兼顧，期使個體在發展中既能利己，亦能利人。

　　吳武典（民 69）認為輔導在教育體系中是一種思想──概念，是一

種情操──精神，是一種行動──服務，在學校中若老師善用之亦是一種新的教育方法，提供老師瞭解學生、診斷學生問題、與學生建立良好關係、引導學生探索其生涯發展、選擇其最好之決定，發揮潛能，以實現人生理想。

　　為協助讀者能由多元之角度探索輔導之意義，筆者嘗試以輔導之英文單字 (guidance) 每個字母之聯想單字，結合各學者對輔導之定義整理如下：

G-rowth（成長性）

　　如同 Smith (1958) 所說：「輔導是一種歷程，包括一連串的服務，幫助個人所需要之知識及技能，使當事人能在其生活適應之各方面中皆得到滿意。」如果能夠如此，基本上即是協助當事人於身、心、靈（精神）皆能朝向成長之目標。

U-nderstanding（覺察性）

　　輔導過程中，即為一種學習自我探索及自我覺察之過程，經由輔導過程中，當事人不僅學習或省思其主觀自我與現象自我間之差距，以更能覺察自我之想法、情緒及行為，更去瞭解其環境之人、事、地、物以期分析其助力及阻力並建構其支持系統，並探索及瞭解其可能之發展時機及目標，簡言之即知己、知人、知時、知境、知其所止。

　　Shertzer & Stone 之觀點：「輔導是協助個人瞭解自己及世界之過程。」

I-ndividual（個別性）

　　輔導之方式可簡分為個別輔導及團體輔導，然不論何種方式，皆重視每個個體之個別差異性及其輔導過程中獨特之主觀經驗。

　　Jones (1951)：「輔導是指輔導員對當事人之個別協助，其任務在協助個體探索其方向，以及實現其目的。輔導亦協助個人解決其生活適應之問題，但並非替代當事人解決，而是引導其自我導向 (self-direct)。」

D-evelopment（發展性）

輔導必須考量個體之身心發展及社會發展任務，如同 Erikson (1959) 之心理—社會—發展理論 (psychosocial developmental theory) 認為，每個人於其一生發展的八大階段中，每個階段都有其發展任務，若未能完成其各階段之發展任務，可能帶來發展之危機。

於輔導過程中不論個別輔導或團體輔導亦皆有其發展階段，如張德聰（民 83）曾參考 Norman 等 (1977) 之系統諮商階段，整理一般個別諮商之階段可概分為：⑴協助前階段、⑵關係建立階段、⑶問題探索與確立階段、⑷工作階段、⑸追蹤階段；於團體諮商方面，張德聰（民 84）亦參考各學者綜合之分為⑴團體前準備階段、⑵團體開始階段、⑶團體轉換階段、⑷團體工作階段、⑸團體結束階段、⑹團體之追蹤及評估階段。

就個體而言，於輔導過程中常經由輔導員之協助下，自我探索進而自我瞭解—自我接納—自我改變—自我突破—自我實現，唯有個體由瞭解自我後學習開始接納其自我之後，才會真正去接受其本身之問題，也才有意願自我改變，進而奠下自我突破之契機，而能自我實現。

美 國 全 國 教 育 政 策 委 員 會 (Education Policticies Commision Association, E.P.C.A.) 更早於 1944 年提出與近年生涯輔導之精神接近之觀點：「認為輔導不僅限於中學校，由小學以至大學生皆需要適切之輔導，而且輔導者包括校長、老師。」此觀點若以終生學習之理念將之擴展為人之一生都有可能需要輔導。國內學者張春興（民 78）亦提出：「輔導是連續不斷之歷程，人之一生任何階段皆需要輔導。」類似之見解。

D-irection（方向性）

輔導基本上是有方向、有目標的協助當事人朝向成長之過程，於輔導過程中，如何協助當事人釐清其真正之輔導目標，澄清其前來求助輔導之問題，或與其探討如何確立適切發展之目標，常為輔導中之課題。如前述之 Jones (1951) 及下述 Good (1960) 之觀點。

A-rrangement（妥善之安排）

如同 Good (1960) 之觀點:

⑴輔導是一種人與人之間發生相互關係之動力過程，此種關係之建立是影響一個人（當事人及輔導員）的態度及其相隨而來之行為。

⑵輔導是安排環境引導當事人朝著一個有目的的方向前進之助人方法。此種環境必須促使當事人覺察其需要，並採取有效之步驟以適切滿足其需求。

因此如果能「安排」一種安全、信任、沒有威脅之氣氛，當事人能發揮其自我之功能 (Rogers, 1980)。而如何輔導當事人能妥善自我規劃時間、生涯規劃，人生目標之自我抉擇及生涯計畫自我導向，更為生涯輔導之重要課題。

N-eed（需求之契合性）

Proctor (1925) 強調輔導之分配與適應功能，即輔導是幫助當事人配合其能力、興趣和目的選擇適當之課程、學校與職業的一種中介力量，影響所及學校教育計畫之設計，乃以學生之需求為前提（吳武典，民 74）。輔導是合作與民主之協助，根據當事人之需求而輔導，非強迫式之指導（張春興主編，民 78）。Maslow (1970) 之需求基本層次論，人之內在動機由不同之需求所組成，由低至高，依次為生理需求、安全需求、由愛與被愛中產生歸屬感需求、尊重需求、自我實現需求，輔導之行為亦為人類行為的一種，當事人是否有動機接受輔導與輔導目標是否契合於其需求，十分密切。

C-hance（機會性）

輔導提供當事人機會，瞭解自我、面對自我、接納自我、自我改變以至自我實現之機會，於輔導過程中，當事人所提之問題常為其重要之危機事件，但危機亦為轉機，提供當事人希望、成長、再生、再學習的機會。

E-ducation（教育性）

Brewer (1932) 認為教育之目的在使學生具備知識及智慧，以從事有

益之生活活動；輔導則提供經驗與啟示，以使教育活動綿延下去，兩者
之意義、功能幾無差異。影響所及，在美國輔導一度成為一門課程，與
其他科目一樣，「教」給學生（吳武典，民74）。於臺灣亦如此，於國中
排入「輔導活動課程」，如果任課教師未能妥為規劃，或學校不予以適當
安排給輔導專長老師，很容易扭曲或誤導輔導之意義；但若妥為規劃，
可於輔導課程中，引導學生探索自我，瞭解自我，彌補傳統教育之不足，
提供學生生活、學習、生涯輔導之機會。

第二節　輔導的特質、功能與目的

一、輔導之特質

筆者參考各學者歸納分析輔導之特質為（陳若璋等，民82；林幸台
等，民81；劉焜輝等，民84；賴保禎，民83；張德聰，民85）：

㈠輔導是一種專業 (profession)

輔導學於我國發展已有數十年之久，近年來有關學者紛紛著墨為輔
導工作之專業化請命，若以專業之特徵或條件加以探討，輔導工作若要
達到專業化，必須具備下列八個條件：⑴專業之哲理、⑵專業之教育、
⑶專業之組織、⑷專業之證照制度、⑸專業之倫理守則、⑹專業之認同
感及使命感、⑺專業之服務對象、⑻受社會認定之專業地位、職稱。

目前我國輔導工作之發展，對於上述八個條件除第四項尚於積極爭
取中外，幾乎皆已達成。即使第四項專業證照制度，近年來教育部亦委
託中國輔導學會積極研究，先後有陳若璋等（民82）、林幸台等（民81）、
劉焜輝等（民84）、張德聰（民85）及蕭文等（民85）先後對於輔導人
員專業制度提出積極的呼籲：

建議對於未來我國之輔導人員專業制度,包括學校輔導人員之認證,

督導制度建立，專業輔導人員之分類如輔導老師、諮商師、督導，於社工師法立法院三讀通過後，相信未來與輔導有關之專業人員法律如青輔會積極推動青年輔導草案法中亦涵蓋社會輔導人員證照制度之建議，必為國人所重視。

由張德聰（民85）對我國諮商輔導人員之專業形象研究中，發現不論諮商輔導人員或一般社會大眾皆十分同意，未來我國之諮商輔導制度達到專業化程度時宜設立專業證照制度，甚至一般社會大眾之需求較諸諮商輔導人員還高。

㈡輔導是一種專業協助之過程

輔導係由受過專業訓練之輔導人員，運用輔導專業方法或技術，對於有需要協助之當事人提供個別或團體輔導之協助過程，於此過程中輔導人員以專業態度，與當事人建立良好之專業關係，使當事人於信任、安全、同理之氣氛下，逐漸由探索其自我、接納自我，開放其困惑或問題、接納其問題，探索解決問題之方法，於輔導員協助下分析其方法之利弊得失、選擇對其最適切且可行之方法，產生行動計畫、執行計畫，評估效果，將成功之經驗類化於生活中，或檢討失敗重新再出發。於此歷程中，輔導人員陪伴當事人「與子同行」，不僅須有愛心，更必須遵守專業倫理善用輔導專業之方法，並接受專業之督導，以維護當事人之利益，因此輔導是一種專業協助之過程。

㈢輔導是一種專業助人關係

輔導之專業助人關係具有下列特性：
⑴輔導關係是有意義的
輔導關係之價值取決於參與其中之輔導員及當事人，而其意義在於是一種專業之助人關係，基於專業倫理與責任，以當事人之利益為前提，而且是相互允諾的。

(2)於輔導關係中重視情緒因素之處理

輔導關係中於良好之專業關係下，當事人願意逐漸開放其情緒，於輔導關係中，不僅要澄清問題、解決問題，更要重視其情緒因素之處理。對有經驗的輔導員而言，於輔導過程中，會視其問題之嚴重及急切程度做妥善之輔導措施，但皆會考量當事人之情緒之同理、關懷、澄清及適當之舒洩。

(3)於輔導關係中提供當事人統整之機會

於輔導關係由於安全及信任下，使當事人勇於嘗試重新思考統整其自我。

(4)輔導關係基於互動及意願而產生

輔導關係是基於輔導員及當事人相互同意及意願而產生，並基於二者共同之合作及努力而產生效果。

(5)輔導關係中係因當事人之求助需求而產生

於輔導關係基本上是以當事人之求助需求而產生，但對於有些當事人可能非志願或被迫者，輔導員亦需以輔導之態度、方法逐漸化解當事人之抗拒，進而協助當事人覺察及接受其求助之意願。

(6)輔導關係是藉由輔導員之專業特性的催化而產生

輔導關係需藉由輔導員之專業性、信任及吸引力與當事人動力性溝通及互動而產生。

輔導員必須受過專業訓練及考核，具有專業能力足以執行專業服務，於未來我國輔導人員必朝向專業證照制度化，因而未來執行輔導專業者必須依法由具有專業資格者擔任，以保障當事人之權益；而輔導之專業吸引力通常包括身體表面之特點（如端莊、穩重），特定之助人角色（如醫生、護士、輔導員、老師），良好之形象及聲望，或輔導員本身之言行舉止，此外當事人本身之經驗、偏好及價值觀亦可能影響輔導員之專業吸引力。

至於輔導員之是否為當事人所信任，則取決於輔導員之良好的聲譽、

社會對專業角色之尊重性（如於我國社會上通常對醫生、老師有相當之尊重）、良好之專業形象及專業人員本身之敬業態度有密切關係。

輔導之信任感通常包括專業之保密、良好之專業形象而受人信賴、能於專業倫理下善用專業方法及影響力、具有專業之態度如同理、溫暖、接納、真誠、尊重 (Egan, 1986; Rogers, 1967)。

⑺成長是輔導關係之目標

不論當事人之輔導目的是在於認知想法之困惑、情緒之宣洩或是行為之適應及學習，其目標皆是改變當事人之困境，使其身心平衡、社會適應進而發揮潛能，達到自我成長及自我實現之目標。

二、輔導之功能

有關輔導之功能學者之觀點各有不同，如 Mortensen 及 Schmuller (1976) 提出學校輔導之功能主要有⑴瞭解學生，以便對學生資料之分析、評量與診斷；⑵協助學生成長與發展；⑶增進學生之適應；⑷提供學生需要之資訊與溝通。Mcdaniel (1957) 則將輔導之功能分為⑴適應之功能：即幫助當事人瞭解自我、認識環境、學習與人相處之道；⑵分配之功能：協助當事人瞭解自己的興趣、性向及能力，藉以考慮將來可能的發展，並輔導其適切之生涯發展；與⑶調整之功能：協助當事人藉由標準化之心理測驗及各項資料瞭解其生涯環境不同之機會，並藉定向輔導協助其適應及調整。

綜合而言，輔導之用在協助當事人自我瞭解，促進其成長與發展，以增進適應環境與解決問題之能力，並進而引導其做最適切之生涯抉擇，以達發揮潛能，自我實現之功能。

筆者綜合中外學者對輔導功能之觀點如以下十項 (Hill, 1974; Mortensen & Schmuller, 1976; Mcdaniel, 1957; 張德聰，民 83; 張德聰，民 85)：

⑴輔導之瞭解功能：協助當事人知己、知人、知時、知境，以瞭解

其輔導之近程、中程及遠程目標。

(2)輔導之成長功能：協助當事人發展學習能力增進學習適應，擴大學習效果。

(3)輔導之抉擇功能：協助當事人發展生涯抉擇之能力與技巧。

(4)輔導之情緒支持功能：對於當事人之情緒予以支持、關懷，使當事人能由困境中再站起來，重新再決定、再出發。

(5)輔導具有問題澄清之功能：輔導中，由於輔導員之專業診斷並且旁觀者清，具有協助當事人問題澄清之功能。

(6)輔導提供諮詢及資料提供之功能：輔導中由問題解決之需要，輔導員常提供諮詢及資料提供之功能。

(7)輔導之問題解決功能：輔導中之重要目標，即是與當事人共謀解決問題之良策，以解決當事人之問題。

(8)輔導之轉介功能：輔導員於輔導過程中，可能會遇到超出自己專業能力，需要適當之轉介或者結合社會資源，以協助當事人之困境，因此輔導具有轉介之功能。

(9)輔導之預防功能：輔導不惟消極之問題解決，更積極的預防其問題之產生。

(10)輔導之團隊合作功能：輔導如同精神科之團隊合作，必須結合相關之內外資源，如學校之學生輔導，不僅包括校內之校長、輔導老師、導師、任課老師、訓導人員、校護及有關同仁。亦視需要邀請家長、關鍵之重要他人以及校外之資源共同參與合作，當可增進對當事人之輔導效果。

三、輔導之目的

輔導之目的，就一般輔導員之觀點可簡要分為消極、積極、發展及適應等向度。就消極而言為解決學生之問題或困擾；積極而言則為預防甚於治療；由發展之角度則為逐步達成身心發展任務，身心健康進而開

發潛能與自我實現；就適應之角度則為心理平衡、人際與社會之適應。

輔導之目的可由接受輔導時段之不同分為：⑴接受輔導時之立即效果：幫助當事人對其面對之挫折、困境情緒之接納、支持及問題之克服或解決。⑵終極之目的：協助當事人經由自我探索、自我接納進而自我導引、自我改變以至自我實現，並能將面對問題、解決問題之經驗及能力類化至生活中類似問題之解決。

Levitt (1966) 之心理治療之期望與現實差距研究中，發現諮商效果與當事人之期望與現實差距大小成負相關，即差距愈大諮商效果愈差，而若當事人不愉快之諮商經驗愈多，其諮商效果亦愈差。因此不同之當事人其諮商之期待與其輔導目的及輔導效果可能有密切關係。如美國一至三年級之小學生若有問題最想找的人，可能是母親，乃因當事人對母親之信任、並相信她能提供自己適當之建議 (Bachman, 1975)。而美國科羅拉多州三到六年級之小學生中，有 50% 的學生提出他們可能需要協助之問題，包括有興趣之課業問題、想瞭解別人對我之觀感、找出什麼是我可以做得最好的事 (Stiltner, 1978)。而中學生方面對輔導之期望，由 Gladstein (1969) 之研究，發現包括：一般之生涯計畫問題，如何找到工作，發現自己之能力、興趣、性向，如何更加自我瞭解，大學升學之選擇，改善學習習慣或方法等較偏向教育及生涯之問題。

由 Harvey S. Levition (1977) 之研究中嘗試由輔導之有關參與者包括輔導員、訓導人員、學校心理學家、校長、本級教室 (home room) 老師或專任教師、學生親戚、父母及其他人，探討學生有需要時會向不同關鍵人物求助問題之分類比較如表 1–1。由其中可知輔導員於生涯目標未能決定、曠課及逃學、學業之困難等三大類問題皆居前一、二名，但於個人問題方面反而學生沒有期待求助於輔導員；於個人問題學生期待求助於其親戚及朋友為第一位，於生涯目標未能決定及曠課及逃學之困擾上求助於其親戚及朋友亦皆為第一位；而在課業問題上找本級教室教師或專任教師為第一位。

表 1–1　學生向不同關鍵人物求助問題之分類比較

問題分類 人數及百分比	生涯目標未能決定		曠課及逃學		學業之困難		個人問題	
	人數	%	人數	%	人數	%	人數	%
輔導員	142 ②	26	269 ①	54	142 ②	27	23	4
訓導人員	1	0	18	4	0	0	0	0
學校心理學家	3	1	5	1	5	1	22	4
校　長	0	0	6	1	0	0	2	0
本級教室教師 或 專任教師	47	9	14	3	221 ①	42	0	0
親戚及朋友	83 ③	16	61 ③	12	38	7	300 ①	54
父　母	240 ①	45	86 ②	17	100 ③	19	159 ②	29
其他人	19	4	15	3	13	3	45 ③	8
	536	100	502	100	523	100	552	100

①排序第一位；②排序第二位；③排序第三位。
資料來源：Harvey S. Levition, 1977；張德聰，民 86。

綜言之輔導之目的歸納之有下列幾項目的：

(1)行為改變，即朝向正向行為之改變。

(2)正向之心理健康，即促進當事人之心理健康。

(3)問題之解決、症狀之消除及化解內在衝突之思想，即協助當事人問題之解決或消除其不適應之症狀。

(4)能將輔導中學習到之方法或行為應用到生活情境。

(5)瞭解並接納衝突中之自我。

(6)能加強自我之功能。

(7)能認清自己之資源及潛力並善加運用。

(8)能因應及掌握周遭之環境。

（Shertzer & Stone, 1980; Frey & Ramihg, 1979；鄭玄藏，民 79；張德聰，民 83）

第三節　輔導的原則與內容

　　本節分別由輔導之基本理念及輔導行為之基本假設說明輔導之原則；並由輔導服務之對象、方式、性質、內涵、問題、機構之類別說明輔導之內容。

一、輔導之原則

㈠輔導之基本理念

　⑴相信每個人都是獨特之個體，尊重每個人之價值、尊嚴、及選擇權。

　⑵以整體之角度來瞭解當事人，不以偏概全。

　⑶必須瞭解當事人之個別差異性。

　⑷輔導主要關心的是個人全人人格之發展，包括身心健康、生涯發展、家庭和諧、工作及社會適應。

　⑸輔導之主要方式是透過與當事人個人行為互動之歷程，強調尊重當事人之意願與當事人建立良好之合作關係。

　⑹輔導是與當事人一起成長，與子同行，持續的成長教育歷程。

　⑺輔導員必須自我提醒，避免於輔導歷程中將自己之價值觀有意或無意間，硬加給當事人。

　⑻輔導之積極面是協助當事人預防甚於治療。

　⑼輔導之對象不僅考量當事人，並考慮其關鍵人物，如父母、老師、同學或同儕。

　⑽輔導以當事人之利益為前提，輔導員必須遵守專業倫理。

　⑾輔導效果必須是可客觀評估的，可由當事人評量，輔導員自評，督導或客觀之專業評量者，或當事人之關鍵人物如親子問題是否改善，

其父母之觀點是十分重要的。

　　⑿輔導是有組織有計畫的活動。（吳武典，民 74；賴保禎，民 83）

㈡輔導行為之基本假設

　　⑴行為是可以學習而來的，亦可以改變的。

　　⑵輔導是一種學習的情境。

　　⑶好行為多，壞行為少即為健康，而所謂好行為即利己利人，不損己損人；相對之壞行為即損己損人，不利己亦不利人（柯永河，民 83）。輔導之目的即在協助當事人培養及建立更多之好行為，並減少其不好之行為。

二、輔導之內容

　　輔導之內容可由其輔導服務之對象、方式、性質、內涵、問題、機構之類別而有所不同。

㈠以輔導之對象分類

　　輔導之對象，由 Erikson (1959) 之心理社會發展觀點而言，兒童以至老年於人生之發展階段皆有其發展之任務，若任務未能達成可能產生危機，因此一生當中皆可能需要輔導。由問題解決觀點，當事人及其關鍵人物皆為輔導之對象，如一個親子溝通之個案為子女，輔導員考量之角度不僅是來談之當事人，亦應於適當機會邀請其父母參與輔導。由預防之角度而言，對於學生之輔導工作，若先提高教師效能，可能減少學生之輔導問題。

　　張德聰（民 82）曾探討未來生涯輔導工作對象，發現擴及下列各種對象：

　　⑴問題青少年之生涯輔導工作。

　　⑵中年人之中年危機及生涯輔導工作。

⑶老年人之生涯輔導。

⑷殘障者之生涯輔導。

⑸女性之生涯輔導，如雙生涯婦女、中年再就業之女性、從良之不幸婦女。

⑹離婚者及適婚者之生涯輔導。

⑺由小學以至大學，甚至成人推廣教育，於學校及社會教育體系中加強生涯教育課程之推廣。

可知諮商輔導之對象，涵蓋兒童、青少年、婦女、殘障者、老人及一般對象。

㈡以輔導方式分類

輔導方式種類很多，但根據同一時間所輔導人數之多寡，可簡分為個別輔導及團體輔導兩種，前者主要以一對一之個別晤談方式，運用專業知能對當事人進行個別諮商或個案研究，以持續之方式，協助當事人解決其問題。後者則以團體通常視性質而決定合適之人數約為八到十五人之小團體之方式，運用團體活動如課外活動，團體討論如對某一主題以腦力激盪法進行討論，團體輔導如成長團體，團體諮商某一類共同問題之個案進行團體諮商，以團體之方式協助當事人成長或解決問題。

㈢以服務性質分類

輔導內容亦可以服務方式加以分類，吳武典（民 74）及賴保禎（民 83）皆曾將學校輔導服務分為下列八種：

⑴衡鑑服務：藉各種客觀與專業評估之方法如測驗、問卷、觀察、晤談、家庭訪視、社會計量……等方法，收集有關學生個人、家庭、友伴及輔導有關之資料，以協助當事人增進對其自我覺察之輔導服務。

⑵資訊服務：重點在協助當事人收集或提供與其輔導問題所需之資訊，以協助當事人做有效之抉擇。

⑶諮商服務：此為輔導之重點服務，即以個別或小團體諮商方式為當事人之問題提供諮商服務，協助當事人解決問題。有關其具體之方法，可參考本書之第八章個別輔導與第九章團體輔導。

⑷諮詢服務：即對當事人、其關鍵人物或機構，提供技術性協助之歷程有別於諮商之直接服務，為一種間接性之服務，如提供轉介單位；擔任資源提供者提供解決問題之方式；或協助需求諮詢者發展出一套解決問題之計畫；亦有諮詢者意識到需求諮詢者之問題，加以界定、收集資料、決定適當之介入途徑，然後再找與問題有關的人共同收集解決問題 (Kurpius, 1978)。

⑸定向服務：於學校之新生或企業之新進員工，對於初入陌生之學習或工作環境之導向輔導如新生訓練或新進員工訓練，有些學校對於轉學生或中輟再回學之學生亦提供如「小天使」或「小老師」之關懷協助制度，有些公司亦實施「大哥哥大姐姐」制度以協助資淺或新進員工，皆屬於定向輔導。

⑹安置服務：廣義之安置包括校內之學習安置如編班、選課輔導，校外之工讀、實習教學之安排，畢業之升學或就業之輔導以協助當事人適才適所。於企業則為人力資源之選、訓、用及企業之生涯管理、員工之生涯發展。

⑺延續服務：輔導對於所輔導之當事人於結案或轉介皆需適切之追蹤輔導，以期幫忙幫到底，提供必要之協助。

⑻研究服務：輔導工作為維護當事人之權益，必須定時督導、評鑑以瞭解輔導之效果，以檢討職前訓練之成效及甄選輔導人員之效標，並提供必須之在職訓練，或進行個案研討或個案研究皆為輔導之研究工作。

㈣以輔導之內涵分類

以學校之輔導工作而言可概分為生活輔導、教育輔導及生涯輔導。其中生活輔導包括對當事人之日常生活、健康生活、社交生活、休

閒生活、經濟生活、家庭生活，亦包括品德或宗教方面之輔導，其目的在幫助學生在家庭、學校及社會生活中有良好之適應。

而教育輔導方面，狹義方面為學業輔導，廣義方面則指凡應用輔導工作於教育方面，協助學生於教育之適應及發展，如始業輔導、課程銜接輔導、學習輔導、升學輔導、特殊學生輔導、聯課活動輔導皆屬於教育輔導。

生涯輔導，於近年來更逐漸取代傳統之職業輔導，不僅包括如何協助學生未來畢業之就業或繼續升學，進而探討協助學生自我探索以增進自我瞭解其興趣、性向、價值觀，探索其生涯發展之任務、環境、機會，以協助當事人探索其生涯目標及做適切之生涯抉擇。

於社會輔導機構其當事人之內涵，主要為生涯輔導、感情婚姻或家庭輔導、或生活中之困境之輔導。

㈤以輔導之問題分類

亦有學者以輔導之問題加以分類者，於各個輔導機構其個案問題分類各因機構服務之特性而有不同，例如學校學生即因其年級或學程不同而有所差異，一般而言當事人之問題大致可分為下列十項：

⑴一般人際關係問題。

⑵兩性交往問題：如異性交往之困惑、挫折、擇偶、單相思、三角戀愛、畸戀、婚前性行為、未婚懷孕等。

⑶婚姻、家庭適應：如外遇、離婚、親子溝通及管教問題。

⑷對自己的興趣、性向、性格、價值觀的自我探索及瞭解之問題。

⑸生涯規劃、工作適應、生涯轉換、生涯抉擇及生涯發展之問題。

⑹學習問題：如選課、課業之困境、師生或同學之溝通、升學考量之問題。

⑺健康及生理發展問題。

⑻經濟困難：家庭遭遇困境，經濟困難問題。

⑼心理適應：身心平衡及適應，精神官能症或精神病傾向之當事人。

⑽其他：凡不屬於上述各類之問題者。

㈥以輔導之機構分類

我國現有之輔導機構，可簡要分為下列幾類：

1.學校輔導系統：由小學以至大專院校皆設有學校輔導機構，中小學為輔導室、大專院校則為學生輔導中心或心理衛生中心，亦有以生涯發展中心為名者，皆設立輔導老師之編制，但小學尚無專任輔導老師，屬兼任性質，即使國中、高中（職）於每十五班設立一位輔導老師之編制，其師生比例仍過高，國中尚須上輔導課，加上許多輔導專案之行政事宜，因此於輔導人力上不足甚多。

2.社會輔導機構：亦因其性質之不同而有下列之區別：

⑴政府性質：如臺北市教師研習中心之教師諮商及諮詢服務專線；臺北市公務人員研習中心之諮商服務提供該市公務人員諮商服務；行政院青輔會之生涯輔導服務；各地區之社區心理衛生中心，各地區家庭教育服務中心。

⑵民間性質：如各地區救國團青年諮商輔導中心──「張老師」；各地區自殺防治中心──「生命線」。

⑶宗教贊助機構：如天主教華明心理輔導中心；基督教宇宙光輔導中心；佛教之觀音線。

⑷專業輔導機構：以專業輔導員擔任心理諮商顧問，從事收費之專業諮商機構，如現代人力潛能開發中心。

⑸輔導之資源機構：有些機構為社會福利機構，如基督教兒童家庭扶助中心，雖較屬社會工作，但與學校家庭貧困之學生之輔導又密切有關，將之類為輔導之資源機構。

3.其他：如軍、警系統之輔導機構，雖已有專業編制如心理官，但其尚缺專業之督導且其服務之對象之限制性，又設立於監察或保防系統，

似又有別於一般之輔導機構。

第四節　輔導、諮商與心理治療之比較

一、輔導、諮商與心理治療之定義

如果依據「張氏心理學辭典」（民 79）及有關學者對輔導、諮商與心理治療之定義簡述如下：

㈠輔　導

Shertzer & Stone (1981) 之觀點：「輔導是協助個人瞭解自己與其生活環境之過程」，於學校輔導工作而言，整體之輔導計畫及輔導活動皆為輔導服務之範圍。

吳武典（民69）認為輔導在教育體系中是一種思想──概念，是一種情操──精神，是一種行動──服務，在學校中若老師善用之亦是一種新的教育方法，提供老師瞭解學生、診斷學生問題、與學生建立良好關係、引導學生探索其生涯發展、選擇其最好之決定，發揮潛能，以實現人生理想。

本書綜合各學者對於輔導之定義已於第一章第一節闡述，僅摘述要義如下：

⑴輔導是連續不斷之歷程，人之一生任何階段皆需要輔導。

⑵輔導是合作與民主之協助，根據當事人之需求而輔導，非強迫式之指導。

⑶輔導重視個別差異，配合當事人之條件輔導其能自主、引導其能自立。

⑷輔導的目的為個人與社會兼顧，期使個體在發展中既能利己，亦能利人。

⑸輔導不僅重視問題之解決，亦重視預防甚於治療。

㈡諮　商

諮商為協助個人解決心理適應問題之歷程，是一種協助當事人自我成長之歷程，係由諮商員以個別諮商或團體諮商協助個人之專業關係，基本上是一種心理上之協助，但須透過專業訓練之諮商員對於有需要協助之當事人之專業協助歷程（鄭玄藏，民 79；Burks & Stefflre, 1979; Tyler, 1969）。

㈢心理治療

心理治療是一種專業助人方法，用來處理心理疾病患者認知、情緒或行為方面之問題，在處理過程中由受過專業訓練之治療師與患者建立專業關係，運用其所學之專業方法，消除患者現存之症狀，修正其困擾之行為，並促成其人格之積極成長與發展。

二、輔導、諮商與心理治療之異同

㈠相同處

由上所述：輔導、諮商與心理治療基本上皆為助人之專業，其目的皆為協助當事人身心平衡、社會適應、發揮潛能，有些學者認為於廣度上輔導可以包括諮商、心理治療；而於深度上則認為心理治療涵蓋諮商與輔導（劉焜輝，民 72），如圖 1-1 及圖 1-2。三者間也有所重疊，如圖 1-3，輔導偏向知性之資料之收集，而心理治療則偏向深層情緒之探討及人格之統整，諮商則均介於其中。

圖 1–1 輔導、諮商與心理治療於廣度之關係

圖 1–2 輔導、諮商與心理治療於深度之關係

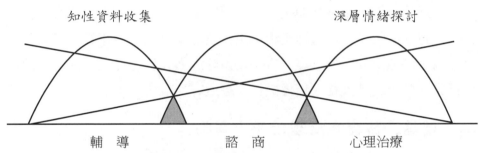

圖 1–3 輔導、諮商與心理治療之重疊關係
資料來源：張德聰，民 82，頁 166。

(二)相異處

Shertzer & Stone (1981) 曾將輔導、諮商及心理治療之工作場所、助人關係類別、問題類別及專業人員之類別圖示如圖 1–4（鄭玄藏，民 79，頁 179）。

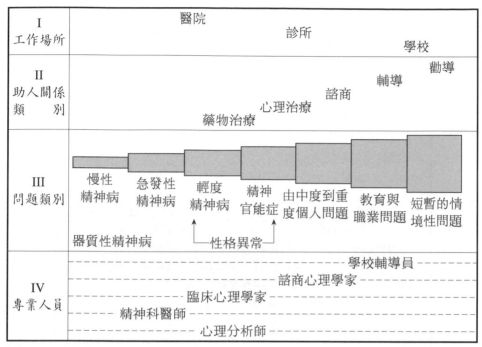

圖 1–4　輔導、諮商及心理治療之工作場所、助人關係類別、問題類別及專業人員之類別圖

資料來源：Shertzer & Stone, 1981, p. 171；鄭玄藏，民 79，頁 179。

　　張德聰（民 82）曾將輔導、諮商與心理治療分別由服務對象、特性、重視時機、助人內涵、服務場合、需要時間、目標、助人技術層次及執行之專業人員等九個向度比較其差異性，整理如表 1–2：

表 1–2　　輔導、諮商與心理治療之多向度比較一覽表（張德聰，民 82，頁 167）

	輔　導	諮　商	心理治療
1.服務對象	一般正常人	一般正常人但心理適應須調整者	心理失常者 精神病患
2.特性	1.發展性 2.預防性	1.發展性 2.解決問題	1.補救性 2.重新復健性
3.重視時機	現在與未來	現在與未來	過去之歷史與影響
4.助人內涵	1.強調資料的提供與獲得 2.強調認知與環境因素	1.強調諮商關係 2.以意識內容為主	1.強調助人者之權威性與專家專業性 2.偏重潛意識過程內容之分析
5.服務場合	學校 教會 社團 志願服務組織	學生輔導中心 社區心理衛生中心 專業輔導機構 家庭協談中心	醫院精神科 專業精神科診所
6.需要時間	短期	短期但密集 因需要而定	長期 甚可長達一年以上
7.目標	自我成長	自我瞭解 自我接納 發展潛能 心理平衡 社會適應	人格重建 人格統整
8.助人技術層次	一般性	中度	深度診斷與治療
9.專業人員	學校輔導員	諮商心理學家	臨床心理學家 精神科醫師 精神科護理人員 精神科社工員 復健醫師

輔導的焦點討論話題

當前輔導的議題

一、輔導人員專業證照制度如何建立?

二、輔導與訓導如何分工合作?

三、學校輔導人員之專業化督導制度如何建立?

四、專任輔導老師之職責如何擬定較合於專業化?

五、教育部推行的「建立學生輔導新體制」──教學、訓導、輔導三合一整合實驗方案之擬定與執行如何才能有效?

▶▶▶▶ 關鍵詞彙

輔導	衡鑑服務
諮商	資訊服務
心理治療	諮商服務
輔導之特質	諮詢服務
輔導之功能	定向服務
輔導之目的	安置服務
專業之條件	延續服務
專業關係	研究服務
生活輔導	輔導之對象
教育輔導	輔導之問題
生涯輔導	輔導之基本理念

▶▶▶▶ 思考與評量

一、試以你自己之觀點闡述輔導之意義。

二、試述輔導工作於我國發展之概況。

三、試述輔導的特質。

四、試述輔導的功能。

五、試述輔導的目的。

六、試述輔導的原則。

七、試述輔導的內容。

八、試述輔導、諮商與心理治療之異同。

九、試述你認為最近以來輔導之焦點話題。

十、試述何以輔導是一種專業。

十一、試述輔導之基本理念。

▶▶▶▶ **參考書目**

1. 吳武典主編（民 74）：輔導原理與實務。臺北市：心理。

2. 吳武典主編（民 74）：學校輔導工作。臺北市：張老師。

3. 柯永河（民 83）：習慣心理學。臺北市：張老師。

4. 張春興（民 80）：張氏心理學辭典。臺北市：東華。

5. 張德聰（民 82）：個別輔導。載於賴保禎、周文欽、張德聰等合著，輔導原理與實務。臺北縣：空大，頁 161–200。

6. 張德聰（民 85）：諮商在生活的應用。載於賴保禎等編著，生活科學概論。臺北縣：空大，頁 45–76。

7. 劉焜輝、汪慧瑜編（民 71）：輔導論文精選（上）（下）。臺北市：天馬。

8. 鄭玄藏（民 79）：個別諮商。載於吳武典（民 79）主編，輔導原理。臺北市：心理，頁 179。

9. 賴保禎、周文欽、張德聰等合著（民 82）：輔導原理與實務。臺北縣：空大。

10. 賴保禎、金樹人、周文欽、張德聰等編著（民 83）：諮商理論與技術。臺北縣：空大。

11. Brammer Lawrenence M. *The Helping Relationship.* 2nd ed. New York Englewood Cliffs, N.J.: Prentice-Hall, 1979.

12. Erikson (1959). *Identy and the Life Cycle.* Psychological Issues, Mongraph 1, vol. p. 102.

13. Frank A. Nugent (1944). *An Instruction to the Profession of Counseling* (2nd ed.). N.Y.: Macmillan College Publishing Company, Inc.

14. Richard Nelson-Jones (1995). *The Theory and Practice of Counseling* (2nd ed.). Cassell: Holt, Rinehart and Winston Ltd.

15. Shertzer & Stone (1981). *Fundamentals of Guidance* (4th ed.). Boston: Hough Miffin, p. 171.

*C*hapter 2

→ → →

輔導工作之發展歷史

↘ 學習目標

學習本章後可以：

一、瞭解輔導學之發展淵源。

二、瞭解美國輔導工作發展歷史。

三、瞭解我國輔導工作發展歷史。

↘　本章大綱

第一節　── 輔導學之發展淵源

　　　　　　教育學之演進

　　　　　　心理衛生運動之發展

第二節　── 美國輔導工作發展歷史

　　　　　　美國輔導運動之肇始

　　　　　　教育輔導的推動

　　　　　　輔導學與其他心理學說的整合

　　　　　　輔導效能的落實

　　　　　　目前的發展

第三節　── 我國輔導工作發展歷史

　　　　　　萌芽時期

　　　　　　開拓時期

　　　　　　制度建立時期

　　　　　　專業效能提昇時期

導　言 → → →

　　本章整理中美兩國之輔導發展的歷史，美國是輔導工作發源地，一開始由職業輔導的推展做為起點，而逐漸重視發展性輔導。至八〇年代，輔導工作日益朝向折衷取向和行動取向。國內的輔導，初期則是由官方帶領下推行僑生輔導為起點，隨著社會的變動，越來越朝向專業及社區導向。追溯輔導發展的歷史，可以發現輔導工作的蓬勃發展，反映一個國家民主化的程度。

第一節　輔導學之發展淵源

　　輔導是本世紀革新運動中的新觀念與新方法之一（張植珊，1970），雖然自有人類社會以來，個人即經驗到遭遇問題、尋求幫助、設法解決的歷程，但是真正有系統有過程，以現代科學觀念為基礎，對於「個人」施予「輔導」的工作，則是近百年來的產物。

　　輔導之所以能脫離哲學、教育學、社會學領域而形成其獨立之專業，有其歷史淵源，追溯其源頭，應有下列數端（宋湘玲等人，1985）：

一、教育學之演進

　　早期學校僅為一聽課場所，對於學生個別的需求及志趣較不重視，後來由於進步主義教育思潮 (progressivism education) 特別強調個體之發展、志趣、自由及活動，重視教育與生活的關係，教育乃逐漸關切個人的需要及改變歷程，輔導工作乃因應而被重視。

二、心理衛生運動之發展

　　在民智未開時，一般人對心理疾病的認識，無論中外，均認為是魔

鬼附身的結果，對心理疾病多加排斥，1793 年派尼爾 (Pinel) 首創精神病患治療的恢復心理功能的實施方法，沙考 (Jean-Martin Charcot)、珍尼特 (Pierre Janet) 兩位神經學家承緒於後，以「催眠術」(hypnosis) 與傾瀉法 (catharsis) 診斷及治療，引起維也納神經學家弗洛伊德 (S. Freud) 的興趣，致力發展「傾洩—催眠」方法，治療歇斯底里症病患，其後精神醫學及心理治療法由歐洲逐漸傳播到美國，而漸為社會大眾所接受。

由於教育學的演進及心理衛生工作的發展，再加上工業革命所引發的社會劇動，造成社會弱勢群體之個人需求亟須被正視及關照，帶來輔導運動之興起。以下兩節分述美國輔導工作發展之歷史及我國輔導工作發展之歷史，做為進一步瞭解輔導學內涵與展望的基礎。

第二節　美國輔導工作發展歷史

輔導運動在美國的發展狀況，反映在社會急劇變遷下，個人無所適從而引發的危機，與調適的歷程。輔導運動發展的歷程，不是官方由上而下的指導與帶領，而是知識份子在工業革命發展過程，對勞動力所發出呼聲之呼應。輔導運動關切個體的需要與尊嚴，不只是帶給工商界衝擊，也在學校內帶給教師同事及行政單位，對如何幫助個體發展，有不同角度的思考及挑戰。

一、美國輔導運動之肇始 (1909–)

在教育史上，Jesse B. Davis 是有系統的把輔導帶入學校課程的第一人。西元 1889 到 1907 年間，美國工業城底特律迅速發展，Davis 看到了學生的職業問題。在當時的社會體制下，他的學生往往只能被迫在生活條件極差的工廠中謀生，無力抗拒資本家的剝削。在他擔任高中校長期間，首創以英文課進行輔導課程，他在每週一節的英文課中撥出一部分時間進行職業與道德輔導，協助學生適應未來的職業生活。

在此同時，被後人尊稱為「輔導之父」的 Frank Parsons 也以社工員的角色，在波士頓對校外求職青年進行職業輔導。1908 年，Parsons 得地方人士之助，創設波士頓民眾服務職業局 (Vocation Burean in Civic Service House)，是第一所幫助求職青年謀職的職業輔導機構。

此階段職業輔導運動的發展，一般咸認為是關切受剝削勞工的需要而發展的輔導，其形成有社會背景的成因，也呈現民主社會中知識分子對社會弱勢個體，自發而出於人道主義的關懷。

當時的職業輔導運動不強調哲學的論述，其輔導模式是建立在簡單的邏輯上，目的在提供失學青年職業訓練。輔導內涵不外乎三部分：觀察和分析個體的興趣、工作能力與人格特質；搜集職業資料、工作性質和工作要求；決定及安插工作。當時的職業輔導避開心理學，與隨後蓬勃發展的心理計量法緊密結合而形成分析的主要方法。但是這些為職業輔導所設計的測驗工具，其實際效能往往無法符合期望，常出現的狀況是測驗以僵化的標籤，把施測對象加以分級、歸類和揀選，分送其就業升學。濫用測驗的結果，反而使此時期的職業輔導無法更關注個人的需要和發展。

二、教育輔導的推動 (1941–)

1941 年，教育輔導首由 Truman L. Kelly 倡導，他認為教育輔導活動是一個基本歷程，目的在幫助學生更有效能的適應學校生活和選擇學習課程。此一概念帶來輔導觀念上的轉變，把輔導的重點從離校後的生活調適，拉近到在校期間的輔導。

把教育輔導此一概念引介到學校，最初的目的是用來幫助校方進行學生的學習分配和調適，這樣的看法直至 1940 年間，仍廣為各校所接受。但是就教育輔導的內涵來看，其所呈現的內涵則出現兩個不同的意義，其一是協助學生適應學習的新環境，如選課、入學輔導和學習輔導。當學生學習上或生活上有困難時，幫助學生調適，一般咸認為教師受過少

量非正式的訓練，即可膺此責任，故而當時對諮商員所需要的專業訓練
之認識並不普遍。但是在此同時，另一支對教育輔導的看法逐漸興起，
視輔導為教育不可或缺的部份。John Brewer 在 1932 年指出：「輔導不只
是調適也不是建議、制約、控制或對誰負責，⋯⋯學校應該是幫助學生
瞭解、組織、擴展和促進他們的個體和群性活動⋯⋯這是所謂輔導。」(引
自 Aubrey, 1982)

他的看法帶來了兩個影響，其一是放大了輔導的內涵，從原來強調
職業輔導的較窄視野走出來，職業輔導變成教育輔導的一環；第二是奠
定了輔導介入的理論基礎，把輔導介入和教育過程聯結。

從這部分，我們看到輔導在公立學校的成長歷程。一開始的輔導運
動是在二十世紀初，反映美國社會和教育對工業化和改變的反應，此一
活動以職業輔導為主，直到 1940 年間一直扮演在公立學校影響輔導實務
的關鍵角色，第二種輔導運動開始於 1920 年間，該活動被稱為「教育輔
導」，是兩個分歧觀點的混合。當時是由於學校人數大增，行政人員、班
級管理不足及義務就學法案等因素的衝擊，而導致必須以分配和調適為
輔導工作的主要內涵。最後教育輔導把職業輔導涵括為其一環，而帶來
今天強調發展和與既有心理學有更多聯結的輔導理論。

三、輔導學與其他心理學說的整合 (1940-)

從 1940 年至 1970 年間，是輔導學理論的躍進時期。此一時期，適
值第二次世界大戰結束，美國經濟逐漸復甦，工作機會增加，個人主義
抬頭，質疑忽視個體而謀求國家或企業團體的福利之批判浪潮漸起，使
強調個人自我發展的輔導理論受到進一步的重視。再加上 1940 到 1950
年間的行為科學的發展，其理論和研究之發現，促使教育和行為科學家
關注實驗操作、研究設計和假設考驗等實證方法，教育界也期待輔導實
務工作有更明確的績效可供檢核。

1957 年，蘇俄的人造衛星發射，使美國朝野大為緊張，1958 年通過

了國防教育法案，中學諮商員在數年間擴增三倍，諮商員與學生比由 1959 年間 1 比 960，到 1967 年間，降為 1 比 450。人力的擴充使諮商員能夠創造對學生更有助益的情境，及關切正常發展的學生，並且尋求輔導實務工作的理論基礎。

此時期發展論成為輔導的核心概念，發展輔導並非基於職業或教育植根於體制和環境需要等社會和經濟等背景所發展出來的理論，而是借用晚近社會和行為科學在理論上的開拓，並將其應用到教育和人類發展。

教育輔導和發展輔導都認為把輔導焦點放在離校後工作相關導向並不適當，而認為應把輔導的重心放在學生的日常生活和教育歷程上，據此，教育輔導和發展輔導不是忽視工作和生涯，而是嘗試重新對焦於更寬廣的概念架構，其代表人物包括 Donald E. Super、Eric H. Erikson、Robert J. Havighurst 和 Jean Piaget 等人。

此外倡導非指導式諮商的羅吉斯 (Carl Rogers, 1902–1987)，在 1940 年代提倡非指導式的諮商和個人中心治療法，使諮商一躍而成為輔導學的重要領域。輔導在教育上的意義，更為強調是幫助個人在發展序階上趨向成熟，得到自我瞭解和對週遭環境的理解。一位輔導員，並非只是消極的觀察個人發展的過程，輔導員要促進個體行動，並負有協助個體發展與改變的責任。在此觀點下，一般的教師未必有能力提供學生所需要的輔導課程，輔導概念和美國民主化同步發展，輔導成為促使個人成熟與發展的重要資源。

四、輔導效能的落實 (1961–)

1960 年代到 1970 年代之間，適值美國經濟不景氣，輔導工作被要求更為務實與有效。學者們從教育心理社會人類學和經濟的觀點來質疑傳統的輔導實務工作。實務工作的落實以及理論基礎的建構均為此一時期的要務。為了對個人的改變更能掌握其方法及策略，此一時期的輔導逐漸看重諮商技術。

在此之前，諮商一直被視為是輔導工作的一環，或是輔導工作的一種策略。直到 1940 年代晚期，羅吉斯的個人中心理論大受歡迎之後，諮商才逐漸走到輔導的核心位置。羅吉斯是 1940 年至 1950 年間，對諮商與輔導工作影響最大的一個人 (Beale, 1986)。由於諮商理論與技術受到重視，學校輔導理論的知識來源更廣，包括精神醫學、臨床心理學、精神分析、學習理論，都帶給學校諮商員豐富的工具和技巧。今天的諮商與輔導所涵蓋的意義較以往更為多樣，包括一套教育服務，一套獨特的助人過程，心理介入的一套理論和一個概念架構，諮商逐漸自輔導的概念脫離出來，在學校輔導工作中角色日漸吃重。

在諮商的日漸受重視和肯定之下，常有的一種看法是視諮商與輔導為同義字，這樣的看法往往使該專業關注於特定的方法和技巧，而錯失目標 (Aubey, 1980)，專業所努力的方向乃轉而促進方法和技術，重視個人和人格問題及據此所發展的方法和技巧，這樣的走向無形中壓縮了輔導的空間，以大系統、普遍性服務為目的的輔導乃被諮商之個人關注所取代。一直到 1980 年，學校輔導和諮商專業各有其技巧和效能的領域，仍未能就單一原則或一般概念架構進行整合，相同的是輔導與諮商越來越走到折衷取向和行動取向。

五、目前的發展 (1980–)

Drier & Gysbers (1993) 指出在 1960 到 1970 年代，失業和低就業率為社會所關切，輔導和諮商計劃包括評量、諮商、生涯資訊的提供、就業安置、追蹤和後續活動，是許多團體包括聯邦政府，認為是可以幫助個人找到工作，就業和進到工作世界的重要工具，對輔導的要求，主要在於效能的落實。到 1980 年代，挑戰主要來自美國經濟和其國際市場的競爭力，大眾期待更有效率的教育。在過去，諮商工作是幫助個人的就業準備，現在則認為是幫助個人在各個年紀做更有效能的工作者和公民。除了過去所強調的職業機會選擇，內涵又擴及自我瞭解能力的發展、人

際關係、做決定、目標設定和計劃能力的發展。而在學校方面，Carroll 和 Tarasuk (1992) 指出，1980 到 1990 年間，由於預算的刪減和學生要求增加，輔導模式從放任，以學生為中心的模式，轉而以機構為中心，希望在有限的經費下進行最佳服務，輔導隨著專業的成熟和美國經濟景氣的低迷，更為重視其效能的評估。

第三節　我國輔導工作發展歷史

　　我國輔導工作之發展，在文獻中呈現不同的淵源，一種觀點是上溯民國六年之中華職業教育社成立以來之職業輔導之推動(徐慰筠，1980)，另一觀點則是從政府播臺以後，民國四十五年間所再度展開之輔導活動。由於在文獻中未能發現民國初年至四十五年間輔導之承續脈絡，因此本文選擇以民國四十五年間所展開之輔導活動，做為開端，透過四十年來的發展，瞭解輔導在我國如何因應時代脈動，而漸次茁壯，成為一專業體系。

　　以下分別以萌芽時期、開拓時期、制度建立時期、專業效能提昇時期，說明我國四十年來之輔導工作發展歷史。

一、萌芽時期

　　我國近代輔導工作，始於教育部僑民教育委員會舉辦僑生回國升學。當時教育部會同僑務委員會等有關機構，訂定各種輔導僑生回國升學辦法，有計畫的輔導海外僑生回國升學。由蔣建白先生主其事(吳鼎，1981)，由於返國僑生，年齡多在二十歲以下，遠離父母，人生地疏，語言習性都不相同，適應上的困難甚多，蔣先生乃規劃僑生輔導，在僑生所分發之若干大學及高中實施，並發行「輔導月刊」，供各校教師研究參考之用，成效頗著，被認為是我國近代教育輔導工作之始。

二、開拓時期

民國四十七年，蔣先生發起組織「中國輔導學會」，為一提倡輔導運動的學術性團體，蔣先生任理事長，理事有宗亮東、楊寶乾等人。

中國輔導學會成立後，陸續編輯「輔導學術叢書」、「輔導小叢書」，並發行「輔導月刊」，按月出刊。四十九年三月，教育部指定華僑中學與臺北第二女子中學（今臺北市中山女中），分別就輔導制度與實施方法，加以實驗研究，為期兩年，成效頗著。自五十一年起與臺灣省教育廳合作進行「中等學校輔導工作之實驗」，舉辦實驗學校校長及教師之輔導專業訓練，並舉行實驗工作研討會。

從民國四十七年至五十年代間，中國輔導學會可說是我國輔導工作的帶領者，此階段其對國內輔導工作的貢獻主要有下列數項：

(一)引介輔導觀念與知識

中國輔導學會創會以來，致力於把輔導觀念引入我國，推動各級學校輔導工作，除發行「輔導研究」期刊（後改名為輔導月刊、輔導季刊）外，並編輯輔導小叢書、心理衛生叢書與職業輔導叢書等。

(二)進行輔導人員訓練及輔導工作推展

進行「中等學校輔導工作之實驗」，舉行實驗工作研討會，組織巡迴輔導團赴各實驗學校巡迴輔導，與教職員座談，或協助各校解決困難問題，或作專題演講及測驗技能講習。並由亞洲協會資助，與臺大、政大、師大合作辦理「輔導人員訓練班」。

(三)促進輔導相關團體的聯繫

中國輔導學會在國內推廣輔導活動，與中國教育學會、中國測驗學會、中國心理學會（編按：現已更名為臺灣心理學會）、中國行為科學社

等團體密切合作外，並接受當時越南政府之請，為越南訓練輔導行政人員及中學輔導教師，又與亞洲各國聯繫，組成「亞洲區教育及職業輔導學會」。

㈣建立輔導制度

民國五十七年，政府實施九年國民教育時，學會協助教育部擬訂國民中學「指導活動」課程標準，編輯「指導活動」學生手冊及教師手冊，此為我國各級學校發展輔導的起步。

三、制度建立時期

自中國輔導學會將輔導觀念引入教育體系之後，輔導學逐漸為教育體系所接受，納入教育的一環，而後逐步推廣至民間機構。茲介紹此時期的主要發展：

㈠輔導專業課程的設置

民國五十五年前後，臺大、政大、師大等校，相繼開設「輔導原理」、「諮商技術」、「教育輔導」、「職業輔導」等課程，民國五十七年，國立臺灣師範大學成立教育心理學系，民國六十年彰化教育學院成立輔導學系，同為輔導專業人員的長期培育單位，民國六十八年八月，教育部核定二校分別成立輔導研究所，我國輔導專業人才的培育又邁進一個新的里程。至民國七十八年，我國始有博士班諮商師養成之設置。

㈡輔導納入學校體制

自民國四十三年僑生輔導工作實施後，我國的輔導運動其內容和範圍亦隨之增為生活的、教育的及職業的三方面，民國五十年間，由省教育廳選定若干學校辦理輔導工作之實驗研究，五十五年制定「中等學校加強指導工作實施辦法」，五十七年，教育部實施九年國民教育，在國民

中學暫行課程標準增列「指導活動」課程，並設置「指導工作推行委員會」，聘用「指導教師」，透過課程形式專設「指導活動」一科，排定每班每週一小時。至民國七十二年頒佈之國民中學輔導活動課程標準，則又改為「輔導活動時間應由輔導本科系或相關科系畢業，受過輔導專業訓練的教師擔任」，國小及高中（職）則一直未有「班級輔導活動」課程之設置，至民國八十五年，我國國民小學中高年級，開始每週一次一小時之輔導活動課程。

在大專部份，教育部在民國六十五年通令各大專院校設置學生輔導中心或心理衛生中心，進行各大專院校之學生輔導工作。

㈢政府及民間輔導機構之創設

社區輔導工作之推動，對輔導工作的推展影響深遠，宗亮東先生於民國五十年協助行政院成立青少年輔導委員會，民國五十八年，進一步協助救國團籌設「張老師輔導中心」，提供對社會人士之電話諮詢及直接服務，張老師輔導中心於民國七十七年改為「青年諮商服務處」，目前已遍設臺灣地區各縣市。

政府機構此階段也逐次設立「國民就業輔導中心」、「國軍退除役官兵輔導委員會」、「行政院青年輔導委員會」，以職業安置、職業訓練及人力供需調查及青年創業輔導為主要工作內容。

四、專業效能提昇時期

任何一種專業，倫理準則是構成其之所以為專業的條件之一，從倫理準則的建立狀況，可以略窺此專業之發展。我國在民國六〇年代，有專家學者參考外國成規試擬「心理輔導人員之專業道德守則」之努力，但並未經過學術團體正式公佈。民國七十八年，中國輔導學會頒佈「中國輔導學會會員專業倫理守則」，由於目前證照制度尚未實施，學會並無仲裁力量，守則未能切實執行，仍待輔導學界成員共同努力。

　　目前我國的輔導工作隨著社會變動日鉅，而需求日殷，教育部八十一年在「輔導工作六年計畫」中，即以「紓緩青少年問題的嚴重程度」和「逐步建立輔導體制」為主要推動方向，至八十四年則實施「第二期輔導計畫」，以認輔制度、輔導法、生涯輔導、輔導網絡為主。綜合而言，本階段輔導之主要發展有：

㈠強化中、小學輔導教師的專業知能

　　我國中小學校輔導教師之培育，過去主要依賴彰化師大輔導學系及臺灣師大教育心理與輔導學系。民國八十三年，「師範教育法」修正為「師資培育法」，隨著教育學程的開放，輔導教師的養成來源更為多樣化，未來的養成教育對實務課程日趨重視，再加上校園暴力事件激增，輔導技巧的訓練和專業知能養成已為教師不可或缺之一環。

㈡重視社區諮商師的培養

　　機構或社區之輔導專業人員包括生計諮商師、臨床心理健康諮商師、家庭與婚姻諮商師、復健諮商師等不同特殊工作範圍的專業人員（吳秀碧，1990）。職銜不同的諮商師工作對象不同，所需的知能也互異，過去我國諮商師培養課程以通材諮商師為主，偏向學校諮商師之養成，學生對於社區工作對象缺乏足夠瞭解，所習技術亦缺少分化，不足以應付社區諮商工作，目前除學校系統設有輔導室或輔導中心之外，社區有許多同類機構創設，例如國民就業輔導中心、各省立醫院附設之社區心理衛生中心、救國團張老師青少年輔導中心、各大城市的家庭協談中心、生命線，以及近年相繼成立的私立輔導機構等，均反映社區對諮商需求大量增加。彰化師大亦於民國八十三年成立隸屬彰化師大之「社區心理諮商及潛能發展中心」（程小蘋，1996），嘗試提供符合社區民眾需要的諮商服務。

㈢督導制度的推動

督導是保障當事人權利的重要措施，也是建立專業權威和公信力不可或缺的一環，但是我國心理專業人員訓練中，最為脆弱的一環是臨床督導（王智弘，1992），國內有關督導之概念引介和實驗研究，均至民國七十年之後始漸次受到重視，張老師青少年輔導中心是最早引進督導制度的機構，著重於對義務張老師建立良好之督導關係及支持性之督導功能，以行政監督和個案之處理為主要導向，教導取向之督導則較少見，目前國內博士班已開設督導課程,國內輔導專業對督導的重視與日俱增。

我國輔導工作的發展從蔣建白先生主其事，僑委會主導之僑生輔導之萌芽期，至中國輔導學會之創立後之開拓時期，到輔導制度建立時期迄今之輔導專業效能提昇時期，顯見四十年來，輔導需求之被重視，已從特定對象（如僑生）而漸擴及一般社區民眾。而輔導工作之推動，除蔣建白及宗亮東等前輩之帶領外，政府機構在過去一直扮演重要決策影響者，而中國輔導學會則是規劃與執行的重要團體。近年來，隨著社會失序，輔導需求日殷，輔導專業人士的自主與自發性日益有行動力，並在社區中嘗試瞭解民間個別個體的需要，提供適切的服務，透過此一深入瞭解民眾需要，所整理出來的輔導理論與知識，輔導工作已漸紮根於本土、發揮其專業之效能。

結 語

本章整理了輔導學之發展淵源及中、美輔導工作之發展歷史，從上述內容我們可以發現，輔導工作乃是因應時代變動下的個人需求而不斷發展且日益興盛。美國的發展早於二十世紀初，即以民間自主的力量推動輔導，我國輔導運動的發展則在初期較由官方引導，而漸推廣為社會大眾所接受，至近十年則日益受到朝野之重視，而輔導工作也漸趨成熟專業。

　　輔導工作的蓬勃發展，反映一個國家對個人的個別差異及需要重視的程度，唯有民主、自由及重視人民福祉的社會才有輔導發展的空間，這是追溯中外輔導發展歷史脈絡，所看到的共通之處。

▶ ▶ ▶ ▶ 關鍵詞彙

諮商	教育輔導
輔導	發展論
職業輔導	個人中心理論

▶ ▶ ▶ ▶ 思考與評量

一、輔導運動為何始於職業輔導？和當時的社會背景有何關聯？

二、輔導與諮商二者在輔導工作上著眼點有何不同？

三、輔導工作發展近一世紀，你認為輔導工作朝向專業化有哪些重要的觀念演變？

四、我國的輔導工作是由官方朝向民間推展，還是由民間朝向官方推展？並請說明二者的差異所在。

▶ ▶ ▶ ▶ 參考書目

1. 王智弘（民 81）：中部地區「張老師」實施團體督導現況調查研究。國立彰化師大輔導學報，15，頁 189–231。

2. 吳秀碧（民 79）：從美國諮商教育的趨勢，展望我國 1990 年代的諮商教育。輔導月刊，26，11–12 期，頁 13–22。

3. 吳鼎（民 70）：輔導原理。臺北市：五南，頁 11。

4. 宋湘玲、林幸台、鄭熙彥（民 74）：學校輔導工作的理論與實施。高雄市：復文，頁 1–2。

5. 徐慰筠（民 69）：學校輔導發展史。載於吳武典主編，學校輔導工作。臺北市：張老師。

6. 張植珊（民 59）：國民中學指導工作研究。臺北市：幼獅，頁 4。

7. 程小蘋（民 85）：彰化師大社區心理諮商及潛能發展中心之發展狀況報導。輔導季刊，32 (4)，頁 17-22。

8. Aubrey, R. F. (1982). A house divided: Guidance and counseling in 20th-century America. *The Personnel and Guidance Journal*, 6 (4), pp. 198-204.

9. Beale, A. V. (1986). Trivial pursuit: The history of guidance. *School Counselor*, 34 (1), pp. 14-17.

10. Carroll, B. W. & Tarasuk, P. E. (1992). *A new vision for student development services for the 90s.* Community College Review, 19 (2), pp. 32-42.

11. Drier, H. N. & Gysbers, N. C. (1993). *Guidance and counseling programs for the year 2000 and beyond: Strengthening work-related education & training.* Columbus, OH: Center on Education and Training for Employment. (ERIC Document Reproduction Service No. ED355 374)

Chapter 3

→ → →

輔導組織、人員與
輔導方案

↘ 學習目標

學習本章後可以：

一、瞭解輔導組織與人員的意義與內涵。

二、瞭解輔導方案的意義與發展。

↘ 本章大綱

第一節 ── 輔導組織與人員

輔導組織的系統觀

以系統觀來看輔導組織

決定輔導組織的影響因素

輔導組織的團隊觀

團隊工作的精神

團隊成員的組成

輔導組織的模式

年級／性別的組織模式

輔導集權的組織模式

分權式的組織模式

輔導委員會的組織模式

綜合式的組織模式

第二節 ── 輔導方案的意義與發展

學校輔導方案的意義與內涵

輔導方案的發展

階段一：評估市場需求

階段二：輔導方案的推行

階段三：方案的評鑑

導 言 → → →

為實現輔導目標、落實輔導精神，輔導工作需要具有長遠性與計畫性的推展。因之建立一個輔導組織、聘任適合的人員，擬定周詳具體可行的輔導方案，運用領導、溝通、協調的經營策略，切實的推行輔導方案，乃為必然之舉。唯隨著時代之所需，學校輔導已然成為一項專業工作，所以輔導組織的運作、相關人員的聘任，以及輔導方案的推展，都必須能環扣學校教育的目標、類型、需求與特色，已不可再為獨立於學校系統外的單兵作業。所以，以一個系統理論的觀點、團隊工作的角度去理解與詮釋輔導組織與人員的架構，乃為符合實際所需的趨勢，如此才能使輔導方案由計畫到實施，都能擁有合於學校脈絡的相容性與專業性。

本章於第一節中先以系統理論的角度來說明輔導組織的系統觀、瞭解影響輔導組織的系統因素，再就團隊工作的角度說明人員的組成，並簡介輔導組織的模式；於第二節中，將集中說明輔導方案的意義與內涵，並系統地介紹一套完整的輔導方案的發展階段。

第一節　輔導組織與人員

為了實現輔導的目標，輔導方案的推行非一人能獨立完成，需要透過一個組織的型態與行政歷程，才能系統化地結合環境中的人力與物力，釐訂輔導相關人員的任用與職責，以及有效率的經營、管理與進行輔導方案的計畫、執行與評鑑（馮觀富，民 80）。因之在本節中欲以系統觀、團隊觀來介紹輔導組織與人員的意義與運作，並再介紹輔導組織的幾種組成模式。

一、輔導組織的系統觀

㈠以系統觀來看輔導組織

系統理論 (System Theory) 對於複雜的機構運作以及影響機構的互動力量，頗能提供一個清晰的理解架構，對於輔導組織亦不例外。系統取向認為具有運作力的機構組織是 (馮觀富，民 80；Curtis & Zins, 1986)：

⑴一個有生命力的系統 (living system)，亦是能對系統外、系統內的動力有所回應的非封閉的開放性系統 (open system)。

⑵組織包含許多的次級系統 (subsystem)，其又是大系統中的一環。所以，系統是一個「系統中又有系統」的階層組織。其可能的次級系統包括：結構的次級系統（如權責上下關係）、管理的次級系統（如整合與協調工作）、價值與目標的次級系統（如行動目標與專業倫理）、技術的次級系統（如所需的專業知識與技術）及心理—社會的次級系統（如動機、情緒、人際）等。

⑶次級系統之間會彼此互動、循環影響 (reciprocal interaction) 以及回饋 (feedback)，並又能於互動與回饋中帶動自我更新 (self-newing)，即由瞭解外在環境、接受由外而來的新資訊與動力，產生新的學習，參與新的改變，而能有效解決問題。所以，任何次級系統的小改變都會帶動其他次系統或整個大系統的改變。

⑷系統與外界之間、次系統與次系統之間都保有一個可滲透性的界限 (peretrable boundary)，在彼此的互動中，不是過度閉鎖或無限開放，而是有功能地確定了彼此的關係與自主活動範圍，維持了個別的自我認定。對於外在的刺激與力量是持開放接受的態度，但同時又能有所過濾與選擇，以保有自我更新的進展。

⑸組織系統是一個動力平衡的狀態 (dynamic equilibrium)，具有適應與維持的機制 (adaptive and maintenance mechanism)。亦即這個具有生命

力的系統，隨時都在一個動力改變的狀態，不管是來自外界或來自內在的改變力量，都維持在一個整體系統運作之內。而當接收了外在刺激後，系統能以一種具有建設性的方式進行行動，同時又能維持系統穩定的方式回應外界。所以，組織可視為一個在內外系統不斷相互影響中，繼續前進與運作的過程。

　　如此由系統理論的角度來看輔導組織，是有幾個觀點值得被強調的：

　　⑴輔導組織是存在於一個更大的系統中運作的，即是屬於學校系統中的一個次系統。所以輔導組織的運作乃與學校整體系統以及各單位(如各處室、教職員、學生、家長等）之間是相互影響，亦受到整體教育體制的影響（如編制與法令）。輔導組織並不是完全獨立、可以單兵作戰的單位，乃與學校各次系統之間的關係，處於一種動力的平衡之中。因此輔導組織任何大小的貢獻與行動，都會對整體系統有所影響。

　　⑵輔導組織的建立與運作，是需要能充分瞭解與考量學校各系統或教育系統的目標、條件、需求、動力、資源、權責，以及覺察外界對輔導組織的影響。所以輔導組織必須能反映整體學校的特色（包括學校類型、班級多寡、人員背景、社區文化等等），完成適合該校的輔導目標，並沒有特定的、絕對優良的形式可言。

　　⑶輔導組織對於自身應擁有一個清楚的角色認定，保有一個可滲透的專業界限，能在接收到學校其他系統、組織的影響時，依其專業智能與認定，有效率、有選擇性、有決策性的做合宜的判斷、反應與建設性的行動。同時，應要能對學校與教育各系統有所開放回應、願意接收刺激與訊息以及企圖進行影響的，並保有學習與自我更新的彈性與意願，以能帶動學校系統建設性的產生行動與改變。

　　⑷輔導組織內亦有次級系統，亦即由許多相關人員所組成。輔導組織內各次級系統的關係，一如輔導組織與學校系統的關係。而輔導組織內的許多人員可能與學校其他性質組織的人員重疊，所以輔導組織內的動力與對外的關係更有其複雜的動力存在。

㈡決定輔導組織的影響因素

　　若依照系統取向的論點，再進一步地具體舉例描述影響輔導組織建立與運作的重要因素，又可分為：教育與社會的向度、學校體系的向度、以及輔導組織內的向度，分別條列如下 (Curtis & Zins, 1986)：

　1. 教育與社會的向度

　⑴教育法令與相關規定。

　⑵經費編列。

　⑶社會與社區的文化與價值。

　⑷相關社區資源，以及心理、社工、輔導等機構。

　⑸科技的演進（如電腦）。

　⑹專業研究。

　⑺專業的訓練與在職進修。

　⑻專業的標準（如證照、專業倫理）。

　2. 學校體系的向度

　⑴學校的教育理念、價值與需求（如校長的教育哲學）。

　⑵學校的政策、行政運作與決策歷程。

　⑶學校的行政運作、決策階層與歷程。

　⑷學校內的各單位、各組織及其彼此間的關係。

　⑸學校內的各單位、各組織的專業能力。

　⑹學校內的各單位、各組織的獨立空間與自主性。

　⑺學校經費的預算與編列。

　3. 輔導組織內的向度

　⑴輔導組織的價值取向與輔導哲學：例如，會形成對工作的偏好、或對人員聘任的考量。

　⑵輔導人員的資格、能力、人數、陣容、責任分配，以及彼此間合作關係、對外的溝通協調能力：會決定輔導功能的發揮，影響到輔導方

案的決策與進行。

　　(3)輔導組織的架構：輔導架構可以分為三種

　　　①單兵作業或多員作業。

　　　②輔導組織獨立型態或各組織間合作型態。

　　　③固定聘任人員組織或臨時約聘人員組織。

　　(4)督導：內容包括

　　　①專家的專業導引。

　　　②自我督導與同儕督導。

　　　③方案的評鑑以及績效的完成與呈現。

　　(5)行政的組合位置：包括輔導組織內各小組明定的工作職責，與各小組之間（及與其他單位）的行政隸屬關係。

　　(6)心理的地位：乃指實質的人際網絡與地位、公眾印象與對群眾的影響力等。

　　(7)輔導方案的計畫、執行與評鑑的過程與成效，以及實際提供的服務項目與效果。

　　當然，分就各個向度與因素的說明，是為了協助輔導組織在形成、建立與運作時，有更明確的考量與掌握，以能使輔導目標更為切實的達成。然而，值得再次提醒的是：這幾個向度與因素之間仍是彼此互動與相互影響的。

二、輔導組織的團隊觀

㈠團隊工作的精神

　　為了更有效率的推展輔導方案、更有效果的運作輔導組織，以一個團隊工作 (team work) 的觀點與方式的行動，已為時代之所趨。什麼是輔導相關人員的工作團隊呢？可以用以下四點說明 (Gibson, Mitchell & Higgins, 1983)：

⑴輔導的工作團隊因追求的是同一個工作目標，使得成員得以有意願結合成為一個單位來一同工作。每一個成員對其他成員而言，都是一個資源，當團隊中的每一個成員能夠有功能性在工作中相互地配合、遞補與銜接，願意分享彼此的專業知識，能夠彼此學習與共同成長，則資源的浪費、工作的重複，以及惡性的競爭將可以減到最低。

⑵沒有任何一個團隊的組成是放諸四海皆準的模式，不同專長與特質的輔導人員的組成，在不同特色與地域的學校內，就會有不同型態與效能的輔導團隊。只要是能符合環境所需、適時彈性調整、能將團隊工作效能發揮到極致的，就是一個好的模式。

⑶團隊的發展是需要一段時間與努力的，過程中需要克服的挑戰包括：成員如何形成投入與認同，如何發展具有共識的輔導目標及輔導策略，如何形成彼此搭配的合作模式，如何處理成就評量的壓力與需求，如何將團隊的聚會有效率的成為彼此的支援，如何在相互合作間不致失去每一位成員的角色認定、或模糊了角色權責的劃分。所以團隊的成長需要成員齊心的努力，也需要一位團隊的領導員與協調者，通常這個角色由學校專業輔導人員來擔任會較為適宜。

⑷輔導組織的團隊工作是學校整體教育計畫中的一個重要部分，所以需要配合學校的特色與需求而調整團隊的組成與工作導向。同時，由團隊工作所帶來的教育與輔導改變或革新，有可能會造成學校原有傳統的一些挑戰或威脅，因之輔導組織需要隨時調整團隊的工作或革新的速度，並適時解說團隊工作的分工、職責，建立良好的人際網絡，以能更為有效的促進學校的進步與改革。

㈡團隊成員的組成

一個團隊當然由數位工作人員所組成。在此則概略介紹在一個學校的輔導團隊中，可能包含的基礎人員及其專業職責。在此雖然一一分別簡介輔導團隊的成員，但是各角色之間的關係與互動、整體團隊的士氣、

凝聚力與氣氛，仍都是團隊中重要的一環 (Gibson & Mitchell, 1980; Gibson, Mitchell & Higgins, 1983; Pietrofess, Bernstein, Minor & Stanford, 1980)：

　1.學校諮商員

　學校諮商員 (school counselor) 的角色功能，根據 ASCA (1991) 所述，主要可分為三大項：

　⑴諮商：為一個複雜的協助歷程，諮商員需建立信任與保密的工作關係以利進行。諮商重點在於問題解決，做決定，發現和學習、發展向度上有關的個人意義。

　⑵諮詢：一個合作的歷程，諮商員為一諮詢者，協助他人思考問題、發展技能與取得知識，以助其在和學生工作時可以更有效能 (可以個別、小組的進行，或於教職員發展活動、校務會議、在職進修時進行)。

　⑶協調：是一個領導 (leadership) 的歷程，諮商員於過程中協助組織、經營與管理學校諮商方案以及相關服務。對學生而言是一種間接提供協助的服務，並為學校與社區資源機構的聯絡站。另外，還針對輔導方案中與家長或社區資源人士有關的特殊重要事件，加以組織、處理。通常還需要資料收集以及資訊傳播，進行的方式有學生測驗的解釋、學生需要的評量、學生學習小組、有關教師與家長的教育方案等。

　細則的工作項目例如：對學生的個別諮商、團體諮商，班級輔導、社團輔導，對教師、家長的諮詢，發展有關教育與生涯的計畫、安置方案，提供行政人員、導師有關教育課程與學習的設計、策略及方案，就業與升學的資訊與策略，進行和教育發展、個人適應有關的社會與心理的衡鑑等等。學校諮商員的專業能力，使其成為團隊工作中的核心分子，也常是輔導團隊的實際領導者。

　2.學校心理師

　學校心理師 (school psychologist) 亦是輔導組織團隊中一個很重要的核心分子。學校心理師的傳統職責為：針對在教育或個人適應上有困

難的學生，運用測驗工具進行個別診斷與研究，以評估學生在學校成就與困難上，相關的行為與經驗層面的瞭解，進而設計合宜的教育策略或治療，並對此策略與治療進行評鑑。隨著時代的改變，學校心理師的角色加入一些新的工作向度，其包括：心理健康諮詢、教育發展整體系統的分析、行政人員的督導、家長與社區的諮詢、輔導團隊的在職進修訓練、輔導團隊的催化等。學校心理師與學校諮商員的關係密切，學校諮商員常需要轉介學生給學校心理師進行心理診斷，而學校心理師也常常會建議學生需要接受學校諮商員的諮商。

3.學校社工員

學校社工員 (school social worker) 的工作重點是關心學生的福利，企圖減低阻礙學生接受教育的社會情緒的影響因素，以協助學生順利適應。學校社工員與學校諮商員的工作有些類似，但是更側重學校與家庭、社區的聯繫，也可以說，學校諮商員的工作地點主要在學校，而學校社工員的工作地點除了學校外，還需要在家庭與社區。所以學校社工員需要具有良好的溝通能力，主動地與家長建立良好的關係，向家長解說學校對學生的理解，並從家長處獲得其他資訊，催化家長的投入與合作，發展與建立「學校─家長─學生」的正向工作關係，以能提供給學生最大的資源與協助；和社區的聯繫亦為：參與減低影響學生的負面社區因素，援用社區有用的資源（如教育與社會機構），參與社區有關的教育計畫方案。因之學校社工員常見的工作方式如：個案研討、團體工作（如親職教育團體）以及諮詢（如教師課程計畫諮詢）。在團隊中，學校社工員特別能透過個案研討的方式提供學生有關個人與環境互動與適應的分析角度，並說明學生的學校、家庭、社區之間的重要連結的資訊。

4.學校醫護人員

學校醫護人員包括：校醫、護士、精神科醫師等，常是兼職人員。這些人員的主要貢獻是協助學生對生理與臨床方面的問題獲得更為深入的瞭解，提供生理與健康教育的知識，診斷學生在視力、聽力、口語、

精神方面的機能（必要時轉介相關人員），減低會傷害學生的疾病因素，提供學校諮商員、老師相關諮詢（如性教育、愛滋病、精神疾病、養生之道），也可以參與學校親職教育課程。

5.學校教師

學校教師是輔導組織團隊中不容忽視的一個力量。在一個學校系統中，學生與學校教師的接觸機會最多、接觸時間最長，由教師而來的教育與影響是無法被其他角色所取代的；教師（尤其是導師）對於學生、學生家長的瞭解與熟悉，往往會是能提供資訊最多的人，而學生與教師的關係是學校教育成功與否的關鍵因素。因此，學校教師可以視為是學校輔導團隊與學生之間的第一陣線、重要的中介橋樑，是參與學生發展、適應與成長工作的必然人選。教師除了教學之外，乃可以在學校輔導工作的推行中，扮演以下幾種角色：

(1)傾聽與給予指導的角色。

(2)轉介學生以及協同輔導的角色。

(3)生涯或職業的教育者。

(4)輔導方案的支持者與參與者。

(5)學生潛能開發的催化者。

(6)校園多重人際關係的橋樑。

6.學校行政人員

學校行政人員對於輔導工作的計畫與進展，在一般的校園中握有既定的行政資源與社區地位，擁有高度的決策權力與影響力，其中又常以校長的支持為最大的影響力。一個學校輔導團隊的工作，不可能不透過一個行政歷程來進行，而且常見輔導團隊的主要領導者是校長或行政人員，所以學校行政人員對輔導組織、輔導方案的瞭解、支持、參與、支援，就成為輔導團隊功能發揮的重要決定因素。學校行政人員在輔導組織團隊中可以扮演的角色有：

(1)輔導方案的支持者及領導者。

⑵輔導方案的諮詢者與提供建議者。

⑶是一個校園與社區資源的提供者。

三、 輔導組織的模式

輔導組織團隊的組成，根據上述，需要考慮社會、教育、學校系統的特色與需求，形成有效能的輔導團隊，所以無所謂定然優劣可言。在此提出五種輔導組織的模式，僅供說明與參考（馮觀富，民 80；賴保禎、周文欽、張德聰，民 82；Gibson & Mitchell, 1980; Shane, Shane, Gibson & Munger, 1971）：

㈠年級／性別的組織模式

如圖 3–1、3–2 所示，是依照年級或性別的類別，將輔導人員等量分類，而也可能是一種單兵作業的型態。輔導人員與其他行政單位、學校老師的隸屬關係，則依各校情形而有所不同。

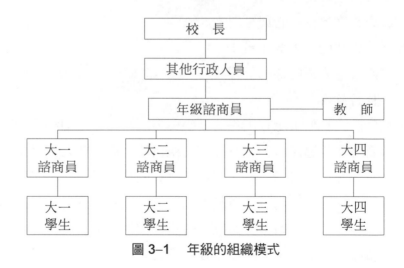

圖 3–1　年級的組織模式

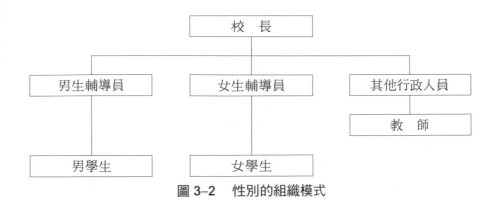

圖 3-2 性別的組織模式

(二)輔導集權的組織模式

此種輔導組織，學校內的輔導工作集中於輔導專業人士，由其負責統籌或專設輔導單位來實施，如圖 3-3 所示。輔導人員依照學校的大小與需求，而調配輔導人員的人數與專長（如增加學校心理師）。

(三)分權式的組織模式

如圖 3-4 所示，此種輔導組織為輔導人員（或輔導小組）與其他行政單位、學校教師的關係是平等互動的，在權力結構上同時隸屬於校長之下，可以說是一種合作模式的組織型態。輔導團隊中，可以依照輔導人員的專長、學校的需求或是法令的規定，再有所分類獨立，小組間的合作與協調亦為必然。

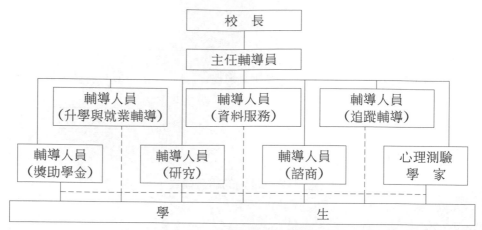

圖 3-3　輔導集權的組織模式

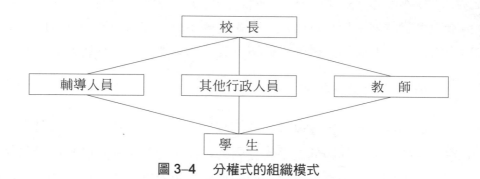

圖 3-4　分權式的組織模式

㈣輔導委員會的組織模式

　　輔導委員會的組織模式，是以輔導人員的組織模式為基礎，並在校內成立一個負責決策或僅供諮詢的委員會，決策或諮詢的型態或受教育法令所訂定、或由該校所決定。目前國內中學學校系統的輔導組織就是以輔導委員會的組織模式為主，以校長為主委；而輔導工作主由輔導室負責，並與其他單位配合、合作與聯繫。輔導室以輔導主任為領導人，輔導教師以擔任輔導工作的執行者（其較為接近學校諮商員與學校社工

員的工作內容)。當班級數多時,輔導室可以再分輔導、資料、特教三個組(高中則無)。輔導室人員編制,依據班級人數之多寡而增加(每十五班增一人),是一個固定聘任的類型。其見圖 3–5 所示。

(五)綜合式的組織模式

此種輔導組織認為在校長層級的行政階層中,就應有一個輔導主委及課程主委加入,所以一個學校的校長是一個小組而不是單獨一人。此三人共同統籌學校教育政策、行政小組的決策以及學校與社區的發展等三大方向的工作,此三大方向的工作是相互關連的,並且透過一個分工合作的行政小組來切實執行,以完成輔導、行政、及課程中重要的各項工作。如圖 3–6 所示。

可以看到,輔導組織模式的介紹,很容易特別側重行政階層與人員架構的比較,這當然是輔導組織很重要的一個運作基礎,但是影響輔導組織還有很多決定性的因素(如前所述),實需要在行政運作歷程中,不斷覺察與掌握這些因素及因素之間的種種互動與影響。

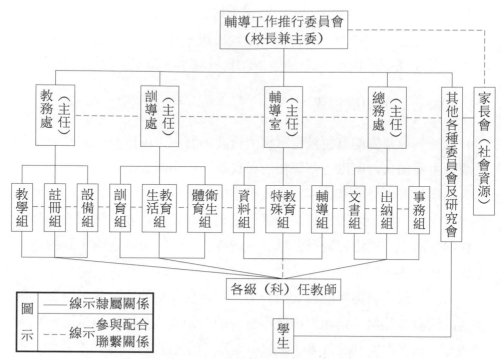

圖 3–5　國民中學十三班以上學校輔導組織系統與各處（組）之關係圖

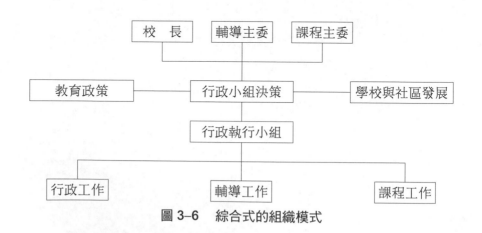

圖 3–6　綜合式的組織模式

第二節 輔導方案的意義與發展

輔導方案是落實輔導目標與精神的具體作為，亦是輔導工作能否成功的重要關鍵。於本節中將說明輔導方案的意義與內涵，以及介紹發展輔導方案的幾個重要的階段與步驟。

一、學校輔導方案的意義與內涵

什麼是「學校輔導方案」？「學校輔導方案」即是學校輔導人員依據學生發展階段而予設計的，著重在學生成長不同階段的需求、興趣與議題，希望能幫助學生更有效率地學習到更多的效能，發展其教育、社會、生涯、個人方面等能力與力量，成為能負責、具生產力的公民，並且對個人的獨特性及人類潛能極致發展形成認同 (American School Counselor Association, ASCA, 1991)。

因此，學校輔導方案乃特別強調幾個重要的觀點（馮觀富，民 80；Gibson, Mitchell & Higgins, 1983）：

⑴輔導方案即為學校整體教育方案的一個部分，輔導方案需與學校校務計畫配合、需要與學校體系相容、考慮學校的現況，並能對學校教育有所貢獻。

⑵輔導方案是以全體學生為服務對象，乃和學生生涯發展階段的特徵與需求緊密相連。

⑶輔導方案的對象應包含學校教職員、社區及家長，以能合作幫助學生。

⑷輔導過程是透過一些特定的服務方式或既定的責任關係而達成。所以，需透過輔導組織，由受過訓練的輔導人員集體合作，與學校各單位通力合作而成。

⑸輔導是一個連續性的過程，乃跨越與連結不同成長階段的學生，

亦需考量方案的延續性。

⑹輔導方案要切合需要、考量環境的條件與資源、有明確目標、且具體可行。

⑺輔導方案需要有評量、研究、與專業進修的空間。

⑻輔導方案需要有容許改變的彈性，能配合學校、學生、社區、時代的需求與條件而適時調整。

所以，輔導方案的層面涵蓋甚廣。整理各學者所得，可以將輔導方案約分為十一個大方向，分別說明如下（宋湘玲，民 78；ASCA, 1964; Johnson, 1989; Thompson, 1991）：

⑴策劃與發展整體輔導方案：策劃、評估需求、設定目標，提供一個系統化的方案及其評鑑的結果。

⑵諮商方案：是一種方式或技巧，可以透過個別諮商及小團體諮商來協助學生瞭解與接納自己。輔導人員提供資訊給學生，以助其發展做決策能力以及因應與處理問題。是透過一個諮商員與來談者（通常是學生）之間的諮商專業關係，來達成來談者個人發展與心理健康。

⑶學生衡鑑方案：輔導人員確認學生的特殊需要，並且進行施測，向學生、家長、老師及學校行政人員解釋學生的資料所代表的意義，進而提供符合學生需要的安置輔導。

⑷教育與職業計畫方案：各種輔導方案的系統提供，協助學生在個人適應與教育勝任的完成。例如收集與分發有關生涯、職業與大學院校的相關資料給家長與學生。

⑸轉介方案：學校輔導人員運用機構、組織或個人資源，確知社區的轉介機構，並與之維持一個緊密的聯絡網，以協助受轉介者的潛能充分發展。

⑹安置方案：輔導人員協助學生能對學科選擇及升學管道做下正確選擇，並且協助學生在工作世界及大學院校內有適當的安置。

⑺家長諮詢方案：輔導人員向家長解釋輔導與諮商的服務性質，並

與家長相互分享與分析有關學生教育與職業計畫的性向、能力、態度、興趣等資訊,以發展家長實際適切的認識與知覺,作出更適合協助學生的決定。

⑻學校同仁諮詢方案:輔導人員提供教師有關學生的相關資料,並與教師相互分享相關資訊,以能幫助教師去發現與處理有特殊需要的學生,作出更適合協助學生的決定與策略。

⑼研究之方案:諮商員發現學生需求,並且評量學校所提供的服務設施與學生需求的吻合情形,或研究一種新的策略與方法的實行效果。學校輔導人員也對畢業學生及中途輟學學生進行追蹤輔導。

⑽公共關係方案:輔導人員向學生、教師、行政人員、家長解釋與說明學校輔導人員輔導與諮商角色與功能、方案、及服務,以提增各服務對象的福利。例如輔導人員以錄音、錄影器材,透過協助發展預備方案,向學校同事、家長、及社區人士解釋輔導方案。

⑾專業成長方案:參與一些專業進修活動,以維持輔導人員的專業智能,並對此專業保持努力與付出。

二、輔導方案的發展

輔導方案的發展是一個專業化的活動,是需要謹慎的計畫與系統化的進行,乃涵蓋了計畫、研究、執行、評量、建立績效及改進的幾個層面,以能促進輔導組織的溝通與協調、形成行動與責任分配的共識,而讓輔導方案的發展與推行更為順利,而達成預期的效果,並能進一步於未來延展性的進行輔導方案 (Gibson & Mitchell, 1980; Gibson, Mitchell & Higgins, 1983)。

若將輔導方案的發展以一個時間流程的角度來看,可以將輔導方案的發展分為三大階段八個步驟 (Altrichter, Posch & Somekh, 1993; Gibson, Mitchell & Higgins, 1983; Miringoff, 1980) (如圖 3-7 所示),以下則分別說明之:

階段一：評估市場需求

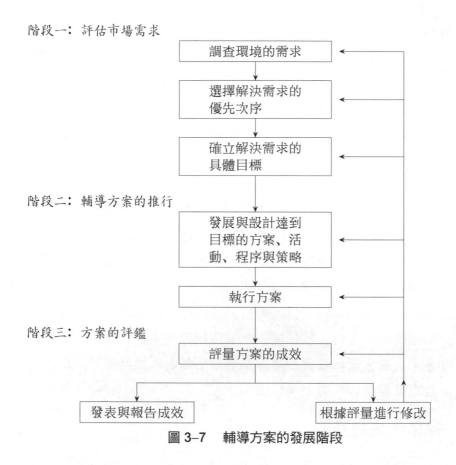

階段二：輔導方案的推行

階段三：方案的評鑑

圖 3-7　輔導方案的發展階段

(一)階段一：評估市場需求

「需求」就是實然與應然之間的差異，是目前已完成和期待要完成之間的落差 (Kaufman & Harsh, 1969)。需求的評估之所以重要，原因之一是時代潮流商業化的趨勢所致，「績效」(accountability) 的呈現，成為專業與效能的一種證明。另一個原因是，近來輔導專業備受批評（尤其是學校系統內）的重點之一，即是輔導方案未能切合環境與服務對象的需求，致使輔導方案有如來自「象牙塔」般的脫離實際，而無法發揮所預期的功效 (Gibson, Mitchell & Higgins, 1983)。所以要使輔導方案成功

且順利的推行，需求評估成為重要的第一步。

　　評估市場的需求約可分為調查環境的需求、選擇解決需求的優先次序、確立解決需求的具體目標三個步驟。在調查環境的需求的步驟裡，會涉及一個小型研究的歷程（如問卷調查或文件分析），以企圖能明確地瞭解學校系統、行政人員、老師、學生、家長、社區等對象目前的需求，並能由提出需求的調查，形成催化發展方案的動力與有利條件。在選擇解決需求的優先次序中，需要考量學校系統的實況與條件，在迫切性（需要立刻解決）、實際性（目前環境的特色、資源與限制）、長遠性（長程目標與漸次影響）中有所取捨。在確立解決需求的具體目標中，將需求轉化為目標性語言（如由「缺少」什麼轉為要「獲得」什麼），並且盡可能的具體化，以能形成下一步方案的設計。

㈡階段二：輔導方案的推行

　　在推行輔導方案的階段，根據前一階段的需求評估，發展與設計達到目標的方案活動、程序與策略，並且實際地執行方案。而在設計方案的活動、程序與策略上，需要考量的重點可以有以下幾點（馮觀富，民80；Thompson, 1991）：

⑴依據：擬定方案所依據的法令。

⑵時機：方案推行的時機合宜否。

⑶目標：方案欲達成的目標。

⑷原因：欲執行此方案的原因。

⑸對象：方案為誰而設計。

⑹限制：環境可能的條件與限制。

⑺人員：參與方案的人員。

⑻步驟：如何去做及何時進行什麼工作。

⑼速度：控制方案推行的進度與速度。

⑽資源：可運用的支持系統。

⑾地點：執行工作的地點與場合。

⑿經費：經費的分配。

Harmon & Baron (1982) 曾提出一個以學生為主體的學校諮商方案的模式。他們將學校輔導人員介入的目標分為發展性、補救性及危機性三個層次，以學生、行政人員、教師、學生領導者、同儕及其他與學生有關者（如家長）為服務對象，並詳述各層次各服務對象輔導方案的目標與策略，可以提供輔導方案在校運行的一種模式的參考（見表 3-1）。

實際執行方案的步驟中，非常需要與強調「經營」(management) 與「領導」(leadership) 的理念與行動。就經營的角度而言，強調的重點是：如何設計策略與運作組織，使能在每日例行的工作中完成方案的執行，同時又能發揮方案的效能，其涉及行政的活動、人事的掌握、資源的辨識與運用、進度的控制等向度。就領導的角度來說，特別強調如何使輔導組織有效的運作，有效的進行經營，激發輔導人員的投入與工作士氣，與各單位、各工作人員協調與溝通，做督導與決策，現實的衡量以及把握方案進展等等 (Gibson & Mitchell, 1980; Gibson, Mitchell & Higgins, 1983)。

表 3-1　Harmon & Baron (1982) 以學生為主體的學校諮商服務模式

介入的目標	介入的層次與對象	目　標	策　略
危機性	I. 學生及處於當時環境中者	協助處於危機情境中的學生能： 1. 在危機中能穩定。 2. 提供持續的協助與轉介。 3. 提供支持再保證，以及諮商被學生影響的人。	1. 危機小組 2. 隨時諮商 3. 電話諮商 4. 支持團體 5. 個案中心諮詢
	II. 行政人員、教師、學生領導者、同儕及其他與學生有關者	1. 與關心學生的相關人員溝通資訊。 2. 提供危機介入的相關訓練：對協同處理處於危機學生的人員提供諮詢。	1. 個案中心諮詢 2. 工作坊 3. 個案研討 4. 傳播媒體 5. 建議

			6.合作計畫
	III. 學校系統	確認及修補會惡化學生危機的環境因素。	環境設計
補救性	I. 學生及處於當時環境中者	協助克服技術上的缺陷,解決內在心理與外在環境的衝突。	1.個別諮商 2.團體諮商 3.特定技巧諮商 4.電話諮商
	II. 行政人員、教師、學生領導者、同儕及其他與學生有關者	提供補救性、矯正性、治療性的資訊,以及探知學生需要與轉介程序等知識,並與之溝通。	1.個案研討 2.傳播媒體 3.建議 4.個案中心諮詢
	III. 學校系統	倡導系統的改變,以使學生的情緒困擾得以在良好環境中改善。	1.委員會工作 2.諮詢 3.傳播媒體 4.環境設計
發展性	I. 學生及處於當時環境中者	協助學生依照各發展階段的認知、情緒、社會等各層面的發展任務,對自身有所探索、瞭解與行動(亦即建立個人認同、發展自治、學習做決定以及管理情緒)	1.發展的結構性團體 2.工作坊 3.傳播媒體 4.課業輔導 5.建議 6.非正式課程 7.研討會
	II. 行政人員、教師、學生領導者、同儕及其他與學生有關者	針對協助學生成長與發展方面,提供其相關訓練及諮詢。	1.方案發展的諮詢 2.個案中心諮詢 3.工作坊 4.傳播媒體 5.建議
	III. 學校系統	確認及改善會阻礙學生成長的環境因素;協助創造一個環境,是可以在學生的成長歷程中,於挑戰與支持之間,提供一種適切的平衡。	1.研究 2.諮詢 3.委員會工作 4.環境設計

㈢階段三:方案的評鑑

方案的評鑑目的與效用至少有二 (Thompson, 1991):

⑴可以提供輔導方案對學生、教師、家長、社區、整體學校系統有正向影響的證據，凸顯輔導方案對特定領域與對象的貢獻，同時能贏得外界的肯定與支持，形成外界對輔導人員合理與適宜的期待與認知，於未來方案執行時增加參與與支持的動機。

⑵可以瞭解所調查的需求與方案成果之間的吻合程度，並知道方案的相關策略、方法、經營與領導的有效性與缺失所在，從中得知一些設計方案的新相關資訊，而可進一步的發展其他方案，或者調整與修改原有方案。

所以，評量輔導方案是否發揮實效，可以由「三效」角度來加以切入思考 (Hawkins & Nederhood, 1987)（見圖 3–8）：

⑴效力：輔導人員所花的努力與精力有多少。例如：花在此方案的時間共有多少？

⑵效應：短期立即的成果為何。例如：家長老師對某一活動的滿意程度為何？

⑶效能：長期的績效以及工作的投資報酬率為何。例如：哪一種方式是最能看到整體宣傳的效果？

圖 3–8　輔導方案的「三效」考量

若以具體步驟來看，方案評鑑則可以略分為八個小步驟（可見表 3–2 所示），以能在評量方案的成效後，進行發表與報告成效及根據評量進行修改的行動 (Thompson, 1991; US Department of Health and Human Services, 1981)：

表 3-2　輔導方案評鑑的步驟

步驟一：形成方案評量小組 　　　　1.決定與邀請評鑑人員（包括：行政人員、教師、學生、家長、輔導人 　　　　　員、教授等）。 　　　　2.推舉小組主席。
步驟二：選擇評鑑的重點 　　　　1.回顧整體方案的內容。 　　　　2.決定進行評鑑的方案。 　　　　3.確認評鑑的目的。 　　　　4.形成欲評鑑的問題。 　　　　5.將三效問題（效力、效應、效能）考慮進去。 　　　　6.確定評鑑成果的聽眾。
步驟三：排定評鑑的工作進度表 　　　　1.工作進度是從資料收集到完成發表為止。 　　　　2.注意學校行事曆與年度計畫。
步驟四：設計評鑑的內容與方式 　　　　1.選擇能回答問題與達成評鑑目標的方式。 　　　　2.考慮方案的特性、考慮環境的因素。 　　　　3.確定評鑑的對象（樣本）。 　　　　4.思考可能的評鑑方式（問卷或訪談）。 　　　　5.思考如何收集資料。 　　　　6.選擇與設計評鑑的工具。
步驟五：進行資料的收集 　　　　1.資料收集過程需要配合學校的例行工作運作。 　　　　2.適時解說需要收集資料的目的。
步驟六：整理與分析資料 　　　　1.分析取向以能提供未來行動參考為主（包括近程及遠程目標）。 　　　　2.能反映出需求符合度及「三效」的解說。
步驟七：報告與發表評鑑結果 　　　　1.思考撰寫與呈現的方式，如何令人易懂、易讀、印象深刻與引發思考。 　　　　2.多方運用圖表、視聽媒體，以凸顯重要訊息。 　　　　3.思考聽眾關心的問題，加入報告之中。 　　　　4.進行正式或非正式的發表、報告或溝通，以發揮影響力。
步驟八：根據評鑑進行修改 　　　　1.找到需要修改的步驟進行修正。 　　　　2.繼續進行修改後的方案推行。 　　　　3.再次評鑑。

▶▶▶▶ 關鍵詞彙

輔導組織的系統觀	年級／性別的組織模式
輔導組織的團隊觀	輔導集權的組織模式
輔導組織的模式	分權式的組織模式
學校諮商員	輔導委員會的組織模式
學校心理師	綜合式的組織模式
學校社工員	輔導方案的意義與內涵
學校醫護人員	輔導方案發展的三大階段

▶▶▶▶ 思考與評量

一、試以系統觀的角度來說明輔導組織的意義與運作。

二、試舉出影響輔導組織的影響因素。

三、試以團隊觀的角度來說明輔導組織的意義與運作。

四、試舉出輔導組織團隊中所包含的基礎成員及其專業職責。

五、試列舉輔導組織的模式以及主要架構。

六、試說明輔導方案的意義、目的與包含的向度。

七、試說明輔導方案發展的三個階段的內容與工作重點。

▶▶▶▶ 參考書目

1. 宋湘玲、林幸台、鄭熙彥（民 78）：學校輔導工作的理論與實施。高雄市：復文。

2. 馮觀富（民 80）：輔導行政。臺北市：心理。

3. 賴保禎、周文欽、張德聰（民 82）：輔導原理與實務。臺北縣：空大。

4. American School Counselor Association (1977). *Role statement: The role of the secondary school counselor.* The School Counselor, 24, pp. 228–234.

5. American School Counselor Association (1981). *Role statement: The practice of guidance and counseling by school counselors.* The School Counselor, 24, pp. 228–234.

6. American School Counselor Association (1991). *Role statement: The school counselor.* Toward the transformation of secondary school counseling. ERIC Counseling and Personnel Services Clearinghouse 2108 School of Education. The University of Michigan Ann Arbor, Michigan 48109–1259.

7. Coy, D. R., Colr, C. G. & Huey, S. J. (1991). *Toward the transformation of secondary school counseling.* ERIC Counseling and Personnel Services Clearinghouse in collaboration with the American School Counselor Association.

8. Curtis, M. J. & Zins, J. E. (1986). *The organization and structure of psychological services within educational settings.* In Stephen N. Elliott, Joseph C. Witt. *The delivery of psychological services in schools: concepts, processes and issues.* New Jersey: Lawrence Eribaum Association, Inc. Publishers.

9. Gibson, R. L., Mitchell, M. H. & Higgins, R. E. (1983). *Development and management of counseling programs and guidance services.* N.Y.: Macmillan.

10. Gibson, R. L. & Mitchell, M. H. (1980). *Introduction to guidance.* New York: Macmillan.

11. Altrichter, H., Posch, P., Somekh, B. (1993). *Teachers investigate their work.* New York: Routledge.

12. Hawkins, J. D. & Nederhood, B. (1987). *Handbook for evaluating drug and alcohol prevention program.* Rockville, MD: National Institute for Drug Abuse (NIDA).

13. Johson, T. H. (1989). An analysis of senior high school guidance counselor role perception and expections by high school principles and guidance counselors in Florida school districts. PH. D. diss., University of South Florida.

14. Kaufman, R. A. & Harsh, J. R. (1969). *Determining educational needs: An overview.* In D. C. Hay & J. K. Linn (1977). *Need assessment! Who needs it?* ERIC Counseling & Personnel Services Clearing in collaboration with the American School Counselor Association.

15. Miringoff, M. L. (1980). *Management in human service organization.* New York: Macmillan.

16. Harmon, F. M. & Baron, A. (1982). *The student-focus as model for the development of counseling services.* The Personnel & Guidance Journal, 60 (5), p. 49.

17. Pietrofess, J. J., Bernstein, B., Minor, J. & Stanford, S. (1980). *Guidance: An introduction.* Rand McNally College Publishing Company.

18. Shane, J. G., Shane, H. G., Gibson, R. L. & Munger, P. F. (1971). *Guiding Human Development.* Worthington, Ohio: Wadsworth Publishing Co., Inc.

19. Thompson, R. (1991). *School counseling renewal: Strategies for the twenty-first century.* Accelerated Development INC. Indiana.

20. US Department of Health and Human Services (1981). *Alcohol, drug abuse & mental health administration.* Rockville, MD: Author.

Chapter 4

生活輔導

↘ 學習目標

學習本章後可以：

一、瞭解生活輔導的意義與目標。

二、明瞭生活輔導的內容。

三、瞭解生活輔導的實施原則。

四、明瞭生活輔導的實施方法。

五、從實例中加深對實施生活輔導方式的體認。

↘ 本章大綱

第一節 —— 生活輔導的意義與目標

生活輔導的意義

生活輔導的目標

第二節 —— 生活輔導的內容

生活輔導的內涵

各級學校生活輔導要項

第三節 —— 生活輔導的原則

實施生活輔導的缺失

生活輔導的實施原則

第四節 —— 生活輔導的實施方法

發展性的生活輔導

預防性的生活輔導

治療性的生活輔導

第五節 —— 生活輔導實例

發展性生活輔導：小小廣播劇

預防性生活輔導：認輔計畫

治療性生活輔導：個別輔導

導　言

　　生活原是動物的本能，但人類的幼稚期及發展期都比其他動物長，人類社會的制度與人際關係較為複雜，壓力事件很多，因此個體在成長的過程中，往往需要他人的協助與輔導，才能順利長大。本章的主要目的在幫助讀者瞭解生活輔導的意義、目標、內容、缺失、實施原則和實施方法，並介紹一些實例，增進讀者對生活輔導精神的體會。

　　生活輔導的意義，就是協助個體運用本身及環境中的天生條件及資源，充分發展自我，與環境維持良好的互動，過充實、愉悅而有意義的生活。生活輔導的目標就是要協助個體：⑴瞭解自己並接納自己；⑵認識自己所處的環境，並與該環境中的人和諧相處，同時適應環境的變遷；⑶養成良好的生活習慣，確立生活目標並力求實現，使生活充實而有意義，促進身心健全發展；⑷發展價值判斷的能力，發展服務助人的態度，由接納自己，尊重別人而達群性發展。

　　生活輔導的內容，若從生活內涵的觀點來看，舉凡日常生活、健康生活、休閒生活、社交生活、家庭生活、學校生活及人格發展都是生活輔導的內容。各級學校的生活輔導要項均是根據生活輔導的目標發展而來，輔導項目有異有同，相同的項目則表示不論個體的發展階段為何，都必須注重該項輔導；相異的項目則顯示出各階段有不同的輔導重點，以符合學生的身心發展需要。

　　根據對生活輔導缺失的檢討，提出八項生活輔導的實施原則：⑴以全體學生為對象；⑵以學生的整體人格發展為目標；⑶重視個體與環境的互動；⑷生活輔導要有整體性的周延規劃；⑸以輔導專業為依據；⑹重視言教、身教、境教的配合；⑺重視學校、家庭、社區間的配合；⑻生活輔導應由全體教師參與。

　　生活輔導的實施應兼顧發展性、預防性與治療性三個層面的需要，

活用配合課程設計、團體輔導、個別輔導等方法，創造有利於學生的學習環境，教導並協助他們解決困惑、順利成長、充分發展。

第一節　生活輔導的意義與目標

一、生活輔導的意義

教育的本質是什麼？各家學者主張不同，有主張「教育宛似生長」(Education as growth)，或「教育即生活」者；有主張自我實現是教育的本質者；也有人認為教育的功用不僅要促進個人的發展，還要培養社會適應的能力，並提高社會文化（田培林，民74）。

美國的教育學家 Arthur Gones 說：「輔導是教育的一部分，它的任務在給人以適當的啟迪或協助，始能知所取捨，或解決困難。其實最有效的輔導，不僅在遇有需要時才予以幫助，而應該平時輔導其獲取經驗，搜集事實，使能運用自己的智慧隨時解決自己的問題。」(Arthur, 1970)

生活在這個世界上，最重要的就是能過充實、愉快而有意義的生活，換言之就是要讓自己充分發展，適應社會環境，進而對所生存的環境有所貢獻。

生活原是本能，但人類的幼稚期及發展期都比其他動物長，人類社會的制度與人際關係較為複雜，壓力事件很多，因此個體在成長的過程中，往往需要他人的協助與輔導，才能順利長大。生活輔導的意義，就是協助個體運用本身及環境中的天生條件及資源，充分發展自我，與環境維持良好的互動，過充實、愉悅而有意義的生活。

二、生活輔導的目標

新修訂的國民小學課程標準（民82）將「輔導活動」設科教學，其課程目標中與生活輔導相關的項目如下：

　⑴協助兒童瞭解自己的各種能力、性向、興趣及人格特質。

　⑵協助兒童認識自己所處的環境，適應社會變遷，使其由接納自己，尊重別人而達群性發展。

　⑶協助兒童養成良好的生活習慣與樂觀進取的態度，以增進兒童的身心健康。

　⑷協助兒童發展價值判斷能力。

　在國民中學階段，生活輔導的目標為：

　⑴協助學生自我認識（包括自我認識與自我接納）。

　⑵協助學生認識周圍的環境（包括認識家庭、學校及社區）。

　⑶協助學生增進良好的生活適應（包括適應家庭、學校生活，發展正確的價值觀，發展服務助人的態度）。

　⑷協助學生充實生活的內涵（包括養成良好的生活習慣，培養正當的休閒活動，協助學生確立生活目標並力求自我實現）。（臺北市國民中學輔導工作手冊，民 79）

　高中職教育階段，生活輔導的目標為：協助學生瞭解自己，認識環境，適應環境，培養良好的生活習慣，善與人相處，以健全身心發展，進而充分發展自我（劉焜輝，民 79）。

　謝文全認為大學教育的總目標在培養學生的生活能力，而使之能過良好的生活；分目標在培養學生健康、品德及生活智能三方面的能力，其中健康包括生理健康與心理健康，品德包括公德與私德，生活智能包括職業生活智能與日常生活智能（張雪梅，民 82）。除了「職業生活智能」外，其餘都可涵蓋在生活輔導的範圍內。

　綜合而言，生活輔導的目標就是要協助個體：

　⑴瞭解自己並接納自己。

　⑵認識自己所處的環境，並與該環境中的人和諧相處，同時適應環境的變遷。

　⑶養成良好的生活習慣，確立生活目標並力求實現，使生活充實而

有意義，促進身心健全發展。

　　⑷發展價值判斷的能力，發展服務助人的態度，由接納自己，尊重別人而達群性發展。

第二節　生活輔導的內容

　　由於生活輔導的目標在協助個體瞭解自己，認識環境，充實生活內涵，有良好的調適，同時要能顧及團體的發展，因此生活輔導的內容擴及生活的每個層面，既深且廣。就學校輔導而言，生活輔導是一切輔導的基礎。

一、生活輔導的內涵

　　若從生活內涵的觀點來看，舉凡日常生活、健康生活、休閒生活、社交生活、家庭生活、學校生活及人格發展都是生活輔導的內容。現分述如下：

　　⑴日常生活輔導：內容包括良好生活習慣的養成，瞭解並遵守生活規範。

　　⑵健康生活輔導：包括生理健康與心理健康兩方面。生理健康輔導要使學生明瞭健康的重要，瞭解自己的健康狀況，注意飲食、環境衛生和運動，維護並增進自身的健康狀態；心理健康輔導要引導學生瞭解心理健康的重要，教導他們壓力因應的技巧，以積極樂觀的態度面對生活，若遇有困擾，懂得尋求相關人員的協助。

　　⑶休閒生活輔導：協助學生建立正確的休閒觀念，培養不同的興趣，妥善安排閒暇時間，參與休閒活動，增加生活情趣，使生活更充實。

　　⑷社交生活輔導：人是群居的動物，若個體與他人的關係無法和諧，會給自己帶來困擾，進而影響心理健康。首先要引導學生瞭解自己的特質，也學習以積極的觀點看待他人的行為；其次協助學生發展有助於人

際溝通的行為模式，習得人際交往的技巧；然後是引導學生去拓展生活層面，發展良好的社交關係。

⑸家庭生活輔導：讓學生建立正確的家庭觀念，重視家庭倫理，學習溝通技巧，促進與家人的關係，互助合作，互相關懷，珍惜自己的家庭，也負起家庭成員的責任。

⑹學校生活輔導：協助學生適應學校的環境，與他人建立良好的人際關係，養成遵守紀律的精神，同時培養正確的學習態度和有效的學習方法。

⑺人格發展輔導：一個人的人格具有整體性，其「想法—情緒—行動」之間有密不可分的關係，個體的人格會影響他日常生活的行為。教導學生以成熟有效的方式與人互動、處理問題、因應壓力，才能有良好適應的生活。

二、各級學校生活輔導要項

若從各級學校實施生活輔導的情形來看，生活輔導的內容可分述如下（編按：此處舉民國八十二年由教育部頒布的國民中小學課程標準內容為例，目前教育部已頒行國民中小學九年一貫課程綱要，原國中小的輔導活動已被包含在綜合活動學習領域的範圍內，詳細內容請參見附錄一）：

㈠國民小學生活輔導要項

根據國民小學課程標準中的輔導活動課程標準內容，其生活輔導的實施要項如下：

　1.協助兒童認識並悅納自己

⑴協助兒童認識自己的身體。

⑵協助兒童認識自己的能力。

⑶協助兒童認識自己的興趣。

⑷協助兒童認識自己的情緒。

⑸協助兒童認識自己的人格特質。

⑹協助兒童悅納自己，並養成樂觀進取的生活態度。

2.協助兒童適應家庭生活

⑴協助兒童認識家庭。

⑵協助兒童增進親子關係與親子溝通。

⑶輔導家庭生活適應困難兒童。

3.協助兒童認識學校，並適應學校生活

⑴舉辦一年級始業輔導。

⑵協助兒童認識師長與同學。

⑶協助兒童認識學校。

⑷協助兒童遵守紀律。

⑸輔導兒童參加團體活動，充實兒童生活內容。

⑹協助轉學之兒童適應新學校。

⑺發現學校生活適應欠佳的兒童並予以輔導。

4.協助兒童認識人己關係，以增進群性發展

⑴輔導兒童學習社會技巧，尊重別人，以增進人己關係。

⑵協助兒童瞭解其社交關係，並進行必要的調適，以增進人際關係。

⑶輔導社會適應欠佳兒童。

5.協助兒童認識社區，並能有效的運用社區資源

⑴協助兒童認識社區。

⑵輔導兒童認識並有效的運用社區資源。

6.協助兒童增進價值判斷與解決問題的能力

⑴協助兒童認識社會之變遷性。

⑵協助兒童培養價值判斷的能力。

⑶協助兒童增進解決問題的能力。

⑷輔導兒童注意日常生活與自身防護的安全問題。

7. 輔導兒童培養民主法治之素養並協助其過有效的公民生活

(1)輔導兒童參與自治活動，培養自治能力。

(2)培養兒童議事能力與民主精神。

(3)培養兒童之法治素養。

(4)輔導兒童訂定並實踐生活公約。

8. 輔導兒童妥善安排並運用休閒生活，增進活潑快樂的生活情趣

(1)鼓勵兒童參與有益的休閒活動，並養成良好的休閒習慣，增進兒童活潑快樂的生活情趣。

(2)協助兒童計畫假期生活。

9. 輔導情緒困擾等適應欠佳兒童，以疏導其情緒，矯正其行為

10. 協助特殊兒童開發潛能，並輔導其人格與社會生活之正常發展

㈡國民中學生活輔導要項

在國民中學課程標準（民 82）中，將輔導活動內容分為「生活輔導」、「學習輔導」、「生涯輔導」三部分，其中生活輔導的實施要項如下：

1. 協助學生認識自我

(1)協助學生認識青少年時期身心發展的特徵。

(2)協助學生瞭解智力的意義與自己的基本學習能力。

(3)協助學生瞭解性向的意義與個人的性向。

(4)協助學生瞭解興趣的意義與個人生活及職業興趣。

(5)協助學生瞭解人格的意義與個人人格特質。

2. 協助學生悅納自己

(1)協助學生瞭解個人生活中的各種可能性與有用資源。

(2)協助學生瞭解個別差異之特性，減少和他人做比較。

(3)協助學生瞭解自己的優點和缺點。

(4)協助學生以開放的心胸面對自己。

3. 協助學生認識人際關係的重要性，並學習人際交往的技巧

⑴協助學生認識人際關係對個人生活、學習與生涯發展的重要性。

⑵協助學生瞭解影響人際交往的要素。

⑶協助學生學習人際交往或溝通技巧。

⑷協助學生學習如何建立及維持友誼與擴大人際關係的方法。

 4.協助學生適應家庭生活

⑴協助學生瞭解父母的養育之恩。

⑵協助學生學習增進親子關係的方法。

⑶協助學生學習與兄弟姊妹和平相處的方法。

⑷協助學生學習如何增進家庭氣氛。

⑸協助學生洞察家庭危機之訊號。

⑹協助學生面對失親家庭應有的態度與因應之道。

 5.協助學生認識並有效利用社區資源

⑴協助學生認識社區的特性。

⑵協助學生認識社區的重要機構。

⑶鼓勵學生參與社區活動並服務社區。

⑷協助學生有效的運用社區資源。

 6.協助學生充實生活內容和學習生活技巧

⑴協助學生增進價值判斷能力。

⑵協助學生增強解決問題的能力。

⑶協助學生認識做決定的歷程與增加做決定的能力。

⑷協助學生認識社會的變遷與道德規範。

⑸協助學生因應社會的變遷。

⑹協助學生養成適當求助態度與技巧。

⑺協助學生認識生活中的助人機構與單位。

⑻協助學生培養自我管理與抗拒不良誘惑的能力。

⑼協助學生如何調適危機。

⑽培養民主法治的精神。

7.協助學生學習休閒生活所需具備的知識、技能與態度

(1)協助學生認識休閒的重要性。

(2)協助學生瞭解正當的休閒活動。

(3)協助學生學習並充實休閒活動所需具備的一般技巧。

(4)協助學生養成良好的休閒習慣。

8.協助學生學習適當的兩性交往的態度與方法

(1)協助學生瞭解兩性分工與兩性和諧相處的重要性。

(2)協助學生認識兩性心理。

(3)協助學生學習尊重異性。

(4)協助學生學習與異性相處所應具備的態度。

(5)協助學生如何為未來的家庭與婚姻做準備。

9.協助學生認識與關懷殘障同胞

(1)協助學生瞭解殘障的類別與特性。

(2)協助學生瞭解殘障的成因。

(3)協助學生瞭解殘障者的需要。

(4)協助學生學習親近與關懷殘障同胞。

(5)協助學生尊重殘障同胞，並幫助他們成長與發展。

㈢高級中學生活輔導工作要項

有關於高中階段的生活輔導工作要項如下（劉焜輝，民79）：

(1)進行生活常規與始業定向輔導，增進學生容忍挫折、體諒別人之生活適應能力。

(2)實施個別諮商，瞭解並協助學生解決生活及特殊行為問題。

(3)辦理學生生活困擾及特殊行為問題之調查研究與診斷研究。

(4)舉辦專題座談，建立學生正確的人生觀。

(5)進行團體輔導，促進學生認識自我。

(6)協助學生適應團體生活，處理人際關係及培養其社會適應能力。

⑺舉辦親職教育活動，促進親子關係，結合家長力量，共負輔導學生之責。

⑻組織輔導群，積極輔導適應困難學生，並進行個案研究。

⑼其他有關生活輔導之規劃與執行事宜。

㈣大學生活輔導內容

在大學階段，其生活輔導工作是透過不同的課程內容與活動經驗而讓學生學習，根據大專導師手冊，下列各項是大學生最需要的輔導：

⑴協助新生適應大學生活。

⑵協助學生增進心理健康。

⑶協助學生培養正確思考能力。

⑷協助學生自我瞭解與發展。

⑸協助學生確立人生價值。

⑹協助學生做好人際交往。

⑺協助學生培養正確的異性交往態度及技巧。

⑻協助學生參與團體活動。

⑼協助學生充實休閒生活。

各級學校的生活輔導內容均是根據生活輔導的目標發展而來，輔導項目有異有同，相同的項目則表示不論個體的發展階段為何，都必須注重該項輔導；相異的項目則顯示出各階段有不同的輔導重點，以符合學生的身心發展需要。

第三節　生活輔導的原則

由前二節所述可知，凡與生活有關的主題都是生活輔導的內容，生活輔導是輔導工作的核心，是學習輔導與生涯輔導的基礎，有相當重要的地位。然而由於生活輔導所涵蓋的範圍很廣，若無法掌握正確原則，

就可能流於空喊口號而毫無績效。

一、實施生活輔導的缺失

劉焜輝（民 79a）認為學校生活輔導沒有效果的癥結在於：

⑴迷信訓練主義，與時代潮流格格不入。

⑵偏重團體訓練，忽略個別輔導。

此外，劉焜輝（民 79b）、陳美芳（民 79）、紀憲燕、王嚮蕾（民 83）均曾針對生活輔導工作的缺失發表看法，筆者根據現況及各學者的看法，加以綜合如下：

⑴對輔導對象瞭解不足，未能以學生的心理需求及發展特徵為基礎

輔導工作必須以學生為主體，而不是讓學生遷就活動。目前多數學校在規劃輔導工作計畫時，只顧及顯示表面績效，雖然安排了琳琅滿目的活動，卻往往無法掌握精神，不知道該活動對學生真正的意義是什麼。

以 Erikson 的心理社會發展階段理論來說，個體在每一個階段的發展任務並不相同，輔導工作的重點也就要有所差異。

表 4-1　艾瑞克森 (Erikson) 的心理社會發展的階段

時　期	階　段
1.嬰兒期 （0-1 歲）	對人信任—不信任人 Trust–Mistrust
2.幼兒前期 （1-3 歲）	活潑自主—羞愧懷疑 Autonomy–Shame, Doubt
3.幼兒後期 （3-6 歲）	自動自發—退縮內疚 Initiative–Guilt
4.兒童期 （6-12 歲）	勤奮努力—自卑自貶 Industry–Inferiority
5.青春期 （12-20 歲）	自我認同—角色錯亂 Identity–Identity Confusion
6.青年期 （20-40 歲）	親密和諧—孤性隔離 Intimacy–Isolation
7.壯年期 （40-65 歲）	展現自我—停滯不前 Generativity–Stagnation
8.老年期 （65 歲以上）	人格整合—失望至極 Ego integrity–Despair

　　以「瞭解自己並悅納自己」為例，國小階段的學童要提供較多的機會讓他去探索、學習，拓展並開發自己的潛能，促進生長與發展；到了中學階段，則要引導學生去瞭解個別差異的特性，減少與他人的比較；到了大學階段，更要引導學生認識自己的長處，加以發揮，成就個人獨特的風格，還要能接受自己的限制，同時也要以相同的心情欣賞與包容他人。

　　輔導人員要站在專業的立場，深入瞭解學生的發展階段及心理需求，根據學生的需要來推動輔導工作，不要依樣畫葫蘆，人云亦云，做表面功夫卻無實效。

　　(2)生活輔導的計畫不夠周延，缺乏整體性

　　生活輔導工作的推展應兼顧發展性、預防性、治療性三個層面，以全體學生的需求而言，前二者的比例更應加重。

目前各學校在實施生活輔導時，會較偏重問題行為的輔導，進行個別諮商或小團體諮商，反而忽略了大多數學生。即使有預防推廣的活動，也多是以專題演講的方式來實施，較難將生活輔導的精神深入學生心中；國中雖有「輔導活動」課程，但限於任課教師的專業知能，效果也不甚理想。

在治療性的輔導方面，對於問題行為的診斷往往僅及於表面資料的分析，未能深入分析個案內在動力與環境因素的交互作用，因此擬定輔導策略時也常常過於簡化與概化，無法切實發揮功效。

(3)過於注重認知層面，忽略了情意和行為層面

由生活輔導的目標可得知，要能讓學生從知識層面的瞭解進入到情感態度的薰陶，最後的目的是行為的實踐。過去的生活輔導在概念上往往與生活教育、公民教育混淆，過於重視知識的傳輸，甚至限於教條的背誦，如此的教育方式，怎可能對學生發揮深遠的影響呢？

(4)忽略環境因素

每一個個體都生活在環境之中，其行為也必然受到環境的影響，換言之，行為乃個體本身與環境互動的結果。學校輔導人員在進行輔導工作時，則常常忽略了環境因素，只將焦點放在學生身上：一味要求學生調整自己以適應環境，造成學生的另一種壓力，這絕不是正確的輔導；但若過於極端，只管滿足學生的個人需求，而不顧及環境中的現實狀況也很不智。輔導人員在輔導當事人時，要能看到他與環境是如何互動的，在社區、家庭、學校之間有哪些人員或設施必須配合協調，個體可以如何調整以維持與環境的平衡，這樣的介入才有意義。

(5)忽略延續輔導，也忽略輔導的銜接功能

輔導的對象是人，而人是個繼續不斷成長的個體，所以輔導不能是片段的，必須是連續的過程。在縱的方面，要重視小學、中學、甚至大學的輔導銜接功能，有累積的觀察與記錄；在橫的方面，則全校教師對學生都要能敏感且深入的觀察，共同合作來輔導學生。而現況是輔導成

為導師或輔導老師的工作，限於時間及人力，只能在學生出現問題行為時，加以介入，問題行為改善就停止輔導，更遑論各級學校的銜接功能了。

(6)相關人員角色功能沒有發揮

輔導是人與人互動的過程，不論計畫多完善，設備多齊備，若「人」無法發揮功能，則一切工作都會績效不彰，沒有成效。生活輔導是全校教職員的工作，但不少教師及行政人員將自己置身事外，忽略了本身角色中「傳道、授業、解惑」的職責，未能把握時機發揮對學生的輔導功能；而輔導室人員常常不能抓到輔導工作的精神所在，雖然整日忙碌，但給老師們的印象也只是做些行政庶務、填寫表格、辦辦活動或與學生談談話而已，不覺得輔導工作有何獨特的意義，在教師們與學生互動的過程發生困難時，輔導室也未能即時發揮諮詢及提供資源的功能。

二、生活輔導的實施原則

為使生活輔導的工作能達到預期目標，實施生活輔導時必須遵循下列原則：

(1)以全體學生為對象

生活輔導的旨趣在教導學生自我瞭解、自我接納、認識環境、並發展適應良好的生活，這樣的協助是每個學生都需要的，所以要以全校學生為輔導對象，幫助每一個學生充分發展，而不只限於適應欠佳的學生。

(2)以學生的整體人格發展為目標

個體的智力、性向、興趣、態度、氣質等均是構成個人人格的因素，而個體的所有行為乃人格的反映。生活輔導的目標不只是在解決眼前的問題，而是要幫助學生發展調和而統整的人格，兼顧良好適應與健全人格發展。

(3)重視個體與環境互動的關係

擬定生活輔導的策略時，有時需要改變學生的態度和行為，有時則

必須調整環境的措施或制度，尤其要注重學生的人際關係，因為環境對個人的影響力的確很大。注重個體與環境的互動情形，協助個體找到其間的平衡點，才是較好的輔導途徑。

(4)生活輔導要有整體性的周延規劃

生活輔導的範圍要涵蓋發展性、預防性、治療性三個層面，還要加強對不良生活適應者的早期發現，正確的診斷，及時的輔導和適當的轉介。擬定生活輔導計畫要包括實施項目、時間、實施方式、資料來源、預期效果等項目，同時要把輔導計畫列入學校的行事曆，確實按進度完成。

(5)以輔導專業為依據

生活輔導應該建立學生資料，以利問題行為的正確診斷，並據以擬定輔導策略。而輔導策略的擬定要依據輔導專業知能，活用個別諮商、團體諮商、團體活動、環境治療等方法，並注重輔導效果的評鑑。

(6)重視言教、身教、境教的配合

學生在學校中學習，除了聽老師「說什麼」之外，更在意老師「做什麼」，教師的言教、身教是學生學習的榜樣，其影響力遠甚於課本所傳授的知識。此外學校環境與社區環境的淨化也很重要，人是環境的動物，潛移默化，有賴於境教功能的發揮。

(7)重視學校、家庭、社區之間的配合

生活輔導的範圍涉及學生的個人生活、行為、交友、健康、及團體生活的適應，與環繞學生的各種環境都有關係，因此實施生活輔導時，要能由點至面的擴展，充分運用家長資源及社區資源，互相配合。

(8)生活輔導應由全體教師參與

生活輔導是全體教師的工作，無庸置疑。必須透過各種管道，建立全體教師的共識與責任感，於日常教學與接觸學生的過程中，發揮自己的影響力，給學生引導，達到輔導的功能。

第四節 生活輔導的實施方法

前節已一再強調，輔導工作不能再自限於「補偏救弊」的範圍，也不是只限於對當事人的直接輔導，而應兼顧發展、預防和治療的功能，且必須以全體學生為對象，同時要與學生的家庭、社區等環境相互配合。

吳武典（民82）曾提出一個以輔導需求為建構基礎的輔導計畫基本模式，如下圖所示：

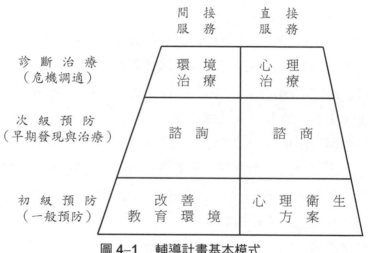

圖 4-1　輔導計畫基本模式

在「初級預防」計畫裡，以全體發展中的個體為對象，設計各種適當的教育活動或提供對成長有益的機會，增進學生因應問題的能力或改善環境品質，目的在協助學生增加自我調適的能力，增進心理健康，防範問題於未然。例如：舉辦如何因應壓力的專題演講、與社區聯合舉辦活動、或舉行教師的輔導知能研習等。

在「次級預防」的計畫中，著重在及早發現適應欠佳的行為徵兆，

及早處置。對象是那些較易出現適應問題的學生，或是已出現問題但情況輕微者。例如：針對特定對象做個別諮商或團體諮商，針對學生或老師的需要舉辦座談會、對父母提供諮詢，協助教師進行學生輔導等。

到了第三個層次「診斷治療」，對象就是那些已出現適應問題，且情況嚴重者，處理重點放在危機調適。例如：做適當的環境安置，透過轉介讓個案去接受輔導專家、精神科醫師的個別治療。

要落實上述的輔導計畫，就要借助各項輔導策略的靈活運用與配合。針對一特定問題，可能要同時運用多種不同的輔導策略；而同一輔導策略，對不同個體所產生的效果也不盡相同。輔導人員要能針對當事人或服務對象的需要，提供適合他的方式，予以有效的處理。下列模式可作為擬定生活輔導計畫時的思考依據：

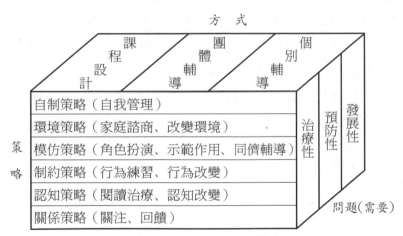

圖 4-2　輔導策略基本模式
資料來源：引自吳武典，民 82。

一、 發展性的生活輔導

㈠配合課程設計

在學校的各種課程中，有許多單元與健康生活、休閒生活、社交生活、家庭生活、學校生活或人格發展有關，輔導室可將各課程與生活輔導之間的關連列出，讓全體老師都明瞭；此外，輔導室還可結合訓導處列出每學期的生活輔導重點，將之公布給老師們知道，請老師們利用上課的活動過程，教導並協助學生學習正確的知識及建立正確的態度。

㈡團體輔導

運用演講、座談、參觀訪問、影片欣賞、團體討論、團體遊戲、團體工作、班級輔導、出版刊物、廣播節目、輔導專欄……等方式，營造有利於學習的環境氣氛，提供機會讓學生學習因應生活問題的技巧，增加自我調適的能力，增進心理健康。例如：班會時的討論提綱，若能有計畫的設計，就可以包含許多與學生生活有關的主題，透過討論或角色扮演，能協助學生學習正確的行為。

㈢個別輔導

可以應用的方法有：個別諮詢、函件或電話輔導、資料提供、家庭訪視等，提供學生或家長、老師必要的訊息或諮詢，以協助學生解答生活上的疑惑，增加解決問題、適應環境、與人相處的能力，也教導學生如何尋求他人協助，提昇生活品質。

二、預防性的生活輔導

㈠配合課程設計

配合學生的需要，各校針對一些特定主題擬定計畫，結合課程中的相關單元，可運用讀書治療、認知改變、行為練習、角色扮演、同儕輔導等策略來達到減少不良事件的發生或減輕問題嚴重性的目的。例如：反毒教育就可結合健康教育、生物、護理等相關課程，讓學生瞭解毒品對人體生理機能的嚴重破壞性，而能抗拒毒品的誘惑。

㈡團體輔導

可利用團體測驗、團體評量或在團體活動中的觀察等方式及早發現一些可能存在適應欠佳問題的學生，再透過團體活動（辯論法、價值澄清法、角色扮演法、討論法……等）、團體工作、團體諮商等方式協助學生澄清觀念，學習處理生活困擾的技巧，以有效的行為代替無效的行動，改善生活。

㈢個別輔導

若發現學生出現輕微的適應欠佳問題，就要及早處理。個別測驗、個別諮商、信函或電話輔導、家庭訪視都是可行的方法，同時還要提供學生的家長或教師相關的資訊或建議，發揮諮詢的功能，結合相關人員的力量來協助學生。

三、治療性的生活輔導

㈠配合課程設計

配合各科教學或運用各種教學情境（如：聯課活動、團體輔導、集

會活動），針對某些特定主題設計班級輔導的活動，以達到環境治療或行為改變的目標。舉一例：某個班級有一位學生，具有自閉症傾向，一遇到挫折就會大叫，教師則要運用相關課程或相關活動教導其他同學如何面對該生的情緒，如何與其相處，讓環境中的有利因素增加，不利因素減少。

㈡團體輔導

團體諮商、團體討論、團體工作……等都是很重要的方法，針對學生的問題行為種類，成立治療性的團體，在團體中運用模仿策略（角色扮演、示範作用、同儕輔導）、制約策略（行為練習、行為改變）來協助學生改變行為，進而能夠自我管理。

㈢個別輔導

這是治療性生活輔導中非常重要的輔導介入方式，個案研究、轉介輔導、心理諮商、服藥、環境安置都是必要的措施。此外，仍有必要提供家長、老師必要的諮詢，增加環境中的助力。治療性的個別諮商需要專業人員來擔任，適時適當的轉介，同時環境中各因素的相互配合是不可忽略的。

實施個別輔導時可遵循下列程序：

⑴發現適應欠佳者

藉資料檢閱、觀察、測驗、行為表現找出需要輔導的適應欠佳學生。

⑵診斷問題行為的成因

透過晤談、收集資料、訪問、調查等方式，彙集相關訊息，診斷問題行為的成因。

⑶擬定輔導策略

根據問題行為的診斷及輔導學相關理論，擬定輔導策略。

⑷實施輔導

根據輔導策略著手進行輔導，過程中得經常對輔導成效做評估，必要時要修正輔導策略，找出有效的助人方法。若輔導人員發現學生問題超出自己的能力之外，無法處理，則要及時轉介醫院或相關機構，做妥善處置。

(5)追　蹤

持續瞭解當事人的狀況，若其問題已經解決，則表示輔導策略奏效；若當事人的問題再現，則要重新收集資料，再診斷，鍥而不捨地找出有效的輔導方法，繼續輔導，直到協助當事人解決問題為止。

生活輔導的內涵包含甚廣，幾乎所有與生活有關的主題均涵蓋在內，學校中的各項計畫，大多數都與生活輔導息息相關，例如訓導處舉辦的活動，都直接或間接能達到生活輔導的功能，端賴學校輔導人員如何去整合，使整個學校的環境、制度、活動、運作都有利於學生的成長。

第五節　生活輔導實例

◉ 實例一、發展性生活輔導：小小廣播劇（引自劉焜輝，民79）

○○國中「輔導信箱小小廣播劇」實施辦法

壹、目　的

為加強「輔導信箱」的輔導功能，使學生在成長歷程中，更能清楚的瞭解自己，認識自己在人群中的地位，以增進學生適應家庭、學校及社會生活之能力，特訂定本辦法。

貳、方　式

1.廣播：利用訓導處廣播系統，由本室選出老師、同學共同播出。

2.劇本來源：參考以下三種方式，由本室輔導教師共同編寫。

(1)學生在「輔導信箱」投稿中，所提出的重大問題。

(2)學生在成長歷程中，所可能遭遇的一般性問題。

⑶有關輔導書籍所提供的輔導個案或資料。

3.公布劇本：廣播完畢，複印乙份劇本，公布於川堂輔導公布欄，以利學生閱覽。

4.有獎徵答：廣播完畢，提出問題，徵求學生在「腦力激盪」之中來回答，再選出答案較佳、有創意的同學，予以獎勵。

參、時　間

1.利用單週星期三升旗完畢後十分鐘的時間。

2.本學期預定播出八次。

肆、主　題

本學期擬定八個主題（視需要再做調整），分配如下表：

次　數	時　間		主　題	備　註
	週　次	日　期		
1	五		認識自己	
2	七		認識別人	
3	九		肯定自己	
4	十一		親子之間	
5	十三		師生之間	
6	十五		認識學校	
7	十七		認識社會	
8	十九		認識職業	

伍、本辦法呈校長核准後實施，修訂時亦同。

◎實例二、預防性生活輔導：認輔計畫

臺北市立○○○○職業學校認輔工作實施要點

壹、依　據

1.教育部頒輔導工作六年計劃──○年○月○日推展認輔制度實施

要點。

2.臺北市政府教育局〇年〇月〇日北市教〇字第〇〇〇〇〇號函辦理。

貳、宗　旨

為增進師生情誼，協助適應欠佳學生得到適當成長與發展，以落實教師全面參與輔導工作暨提昇學校輔導之功能。

參、對　象

1.生活適應欠佳之學生：行為偏差、心理困擾。

2.家庭發生遽變之學生：單親家庭、失和家庭。

3.學習成就低落之學生：低成就學生。

4.需關懷及協助之學生：原住生、代表隊、自學生、技藝生、僑生、殘障生、轉學生。

肆、原　則

1.認輔人員本著愛心、關懷、尊重之原則參與此一義務性活動。

2.認輔人員運用輔導技巧，隨機適時關懷學生，並與導師、訓輔人員、家長保持密切聯繫，視需要與社會資源結合以會同輔導。

3.每位教師以認輔所授課班級學生一至三人為原則，每班以推薦一名為原則，特殊個案不在此限。

4.認輔教師與學生每週至少會談一次，並作簡要之紀錄，且把握：保密暨避免標籤原則。

伍、實施要項

1.由輔導室擬定認輔工作實施要點，會請有關單位協辦。

2.請任課教師就所教班級之學生認輔一至二人，至多三人，特殊個案不在此限。

3.請各班導師提出需認輔之學生名單暨適合認輔該生之任課教師姓名。

4.由教、訓、夜、輔、教官、科主任等有關單位人員會同導師協調

商請任課教師、退休教師、社區熱心人士參與認輔個案，恭請校長頒發聘書。

　　5.由輔導室提供簡明表格送認輔教師作扼要紀錄，暨適時提供輔導資訊或舉辦研習活動。

　　陸、評　鑑

　　1.學年結束前呈教育局報告執行成果。

　　2.執行成效績優人員依規定報請敘獎。

　　柒、經　費

　　所需經費由本校輔導專款項下支應。

　　捌、本要點陳請校長核定後實施。

◎實例三、治療性生活輔導：個別輔導

　　壹、個案基本資料

　　男，11歲，國小五年級，與父母同住，還有二個哥哥。

　　貳、問題行為概述

　　1.上課時間隨心所欲的走來走去，常常頂撞老師，打斷老師授課，破壞上課氣氛和教室秩序。

　　2.情緒起伏不定，容易發脾氣，喜歡用粗話罵人，也會動手打同學。

　　3.表現得自暴自棄、消極、不合作，曾有輕生念頭。

　　參、背景資料

‧家庭生活狀況

　　1.父親是一名工人，出外工作的時間很多，常常不在家。他對孩子的態度非常嚴厲，只要老師通知家長孩子在學校的行為表現不佳，就會把個案打得鼻青臉腫，卻不與學校聯繫，瞭解問題原因。

　　2.母親為了償還貸款與債務，到酒廊上班，經常徹夜不歸。對個案的管教方式也是用打罵的。

　　3.父母感情不佳，父有外遇，兩人時常爭吵，鬧著要離婚。

4.大哥國中畢業便就業，二哥就讀國中二年級，他們都常常流連在外，不願回家，心情不好時，就拿個案當出氣筒。

・學校生活狀況

1.常因細故就發脾氣，和同學爭吵，甚至打人。

2.人際關係不佳，同學一方面懼怕其暴力，敬而遠之；一方面瞧不起他的家庭而心生排斥。

3.上課時常頂撞老師，破壞教室秩序，常遭科任老師的責罵。

4.不喜歡寫作業，但考試成績能維持在中等程度。

肆、分析與診斷

1.個案的父母本身情緒不穩定，面對孩子時，表現出來的是權威型態的管教方式，個案長期處在充滿暴力的家庭氣氛中，受到影響，也表現得脾氣暴躁，且有攻擊行為。

2.家庭的結構不穩定，家庭互動品質惡劣，個案缺乏家人的關懷與照顧，心中非常空虛，所以常用頂撞他人來發洩心中的情緒。

3.個案資質不錯，頗具潛力，但家人並不關心，個案缺乏鼓勵與努力的動機，因此有自暴自棄的心理。

伍、輔導過程

・輔導目標

1.肯定個案的能力與長處，協助其建立信心與正向的自我概念。

2.增進個案人際溝通的技巧。

3.教導個案調適情緒的方法。

4.協助個案改善與家人的互動方式，促進其與家人的關係。

・輔導過程

1.與級任教師的溝通

讓教師瞭解個案的家庭背景與其行為表現之間的關係，共商輔導目標，與教師協力輔導個案。

級任教師對個案予以有限度的規範，容忍他一些不傷大雅的動作，

並盡可能去發現個案的良好表現及進步情形，給他一些肯定與鼓勵。

在班上，賦予個案一些責任，請其協助班務的處理。

2.與科任教師的聯繫

把個案的概況讓任課教師知道，請教師在課堂上多關心其表現，避免過度的責罰。

3.個別諮商

⑴由輔導教師進行個別諮商，透過諮商過程與個案建立真誠信任的關係，瞭解他們的內在想法與需求。

⑵協助個案澄清自己的想法、情緒與行動之間的關係，導引他以正向、積極、合理的想法取代負向、消極、不合理的想法。

⑶運用行為改變的策略，與個案訂定契約，逐步調整不適當的行為表現。行為目標可分為：①在課堂上遵守秩序，不隨意走動；②減少頂撞老師的次數；③減少罵同學和打同學的次數。

⑷協助個案發現自己的能力與進步，肯定自我價值。

⑸教導個案如何與人溝通，表達自己的想法和需要。

4.利用同儕團體的力量

若有要分組的活動，則將個案安排在接納度、和諧度較高的團體，請同儕協助個案完成任務，並予以肯定，讓個案能發現自己的價值，建立信心，改善與他人的關係。

5.與家長的聯繫

⑴除了讓家長明瞭個案適應欠佳的行為表現之外，也要把個案的進步情形與良好表現告知家長，建立家長的信心。

⑵與家長保持聯繫，表達老師對個案的關懷，與家長建立較正向、友善的關係。

⑶建議雙親調整對個案的管教態度，不要動輒打罵，要能試著聽聽個案的想法。此外請父母每天親自在聯絡簿上簽名。

⑷鼓勵父或母參與學校的懇親會，瞭解個案在校的學習情形，教師

把握機會讓家長瞭解個案的潛力及父母對個案的影響。

　　6.社會資源的協助

　　若學校有義工媽媽的設置，可請他們定時與個案談話，表示關心，或協助個案完成功課；若個案有時情緒過於不穩定時，可暫時離開教室，由義工媽媽陪同，安撫情緒。

　　陸、輔導結果

　　1.母親出席親師座談會，個案非常高興。

　　2.父親偶而會在聯絡簿上簽名，母親則能做到每天簽名。

　　3.個案仍會與同學發生爭執，不過打人次數明顯減少，且事後偶而會向同學道歉。

　　4.上課時仍有不專心的行為，但是情況已有改善，犯錯之後，會主動向老師認錯。

　　5.對於學習有較積極的態度，學業成績可維持在中上程度。

附　錄　一

國民中小學九年一貫課程綱要綜合活動學習領域

一、基本理念

　　「綜合活動」學習領域之「綜合」是指萬事萬物中自然涵融的各類知識，「活動」是指兼具心智與行為運作的活動，一個人對所知的萬事萬物要產生更深入的認識，需透過實踐、體驗與省思，建構內化的意義。本領域是為落實此一教育理念而設置的學習領域。

　　綜合活動學習領域的範圍包含各項能夠引導學習者進行實踐、體驗與省思，並能驗證與應用所知的活動。原國中小的輔導活動、童軍活動、家政活動、團體活動等，因頗能符合本領域的課程目標，故包含在本學習領域的範圍內。本學習領域尚可包括符合綜合活動理念之跨越學習領域、需要聯絡合作之教學活動，或單一學習領域之人力及資源難以支援、

需要透過學校運用校內外資源者。

二、課程目標

　　基於上述理念，本學習領域總目標為「培養學生具備生活實踐的能力」，總目標下發展四大主題軸：

　　1.促進自我發展

　　探索自我潛能與發展自我價值，增進自我管理知能與強化自律負責，尊重自己與他人生命進而體會生命的價值。

　　2.落實生活經營

　　實踐個人生活所需的技能並做有效管理，覺察生活中的變化以創新適應，探究、運用與開發各項資源。

　　3.實踐社會參與

　　善用人際溝通技巧參與各項團體活動，服務社會並關懷人群，尊重不同族群並積極參與多元文化。

　　4.保護自我與環境

　　辨識生活中的危險情境以解決問題，增進野外生活技能並與大自然和諧相處，保護或改善環境以促進環境永續發展。

三、實施要點：核心素養

　　「核心素養」乃綜合活動學習領域的主要內涵。本學習領域的課程計畫內容應涵融下列十二項核心素養：

　　1.自我探索：藉由各項活動的參與，逐步瞭解自己的能力、興趣、想法和感受，進而欣賞自己的專長，省思並接納自己，促進個人的生涯發展。

　　2.自我管理：覺察、辨識及調適個人的情緒與壓力，探究自我的學習方法，並規劃、執行學習計畫，以培養自律與負責的情操。

　　3.尊重生命：從觀察與分享對生、老、病、死之感受的過程中，培養尊重和珍惜自己與他人生命的情懷，進而體會生命的意義及存在的價值。

4.生活管理：從生活事務中展現個人生活技能，妥善管理時間與金錢，欣賞不同性別間的差異，並瞭解人際交往與未來家庭與婚姻的關係。

5.生活適應與創新：參與家庭事務，運用創意豐富生活，促進家人的互動與溝通，能積極面對逆境解決問題。

6.資源運用與開發：蒐集、分析各項資源，做出正確判斷並予以善用或開發，以幫助自己與他人解決問題。

7.人際互動：參與團體活動，瞭解群己關係，善用人際溝通技巧，達成團體目標，強化自律、遵守紀律與負責的情操。

8.社會關懷與服務：參與服務活動並體驗其意義，以培養關懷人群之情操與行動力，進而樂意參與社會服務。

9.尊重多元文化：參與文化活動，展現對多元文化的理解，並尊重關懷不同族群，增進個人適應多元社會的能力。

10.危機辨識與處理：辨識生活周遭的危險情境，運用資源與發展最佳處理策略，以保護自己與他人。

11.戶外生活：參與及規劃戶外活動，欣賞、尊重自然與人文環境，並增進野外生活技能，學習與大自然和諧相處。

12.環境保護：探索、體驗、欣賞人與環境間的關係，並能關懷自然與社會環境，採取保護與改善的策略及行動，以促進環境永續發展。

摘錄自：國民教育社群網／課程綱要 http://teach.eje.edu.tw/

▶ ▶ ▶ ▶ 關鍵詞彙

生活輔導   學校生活輔導

日常生活輔導   人格發展輔導

健康生活輔導   發展性的生活輔導

休閒生活輔導   預防性的生活輔導

社交生活輔導   治療性的生活輔導

家庭生活輔導

▶ ▶ ▶ ▶ 思考與評量

一、試述生活輔導的意義。

二、試說明生活輔導的目標為何。

三、從生活內涵的觀點來看，生活輔導的內容包括哪些項目？試說明之。

四、國民小學的生活輔導為何？試說明之。

五、國民中學的生活輔導為何？試說明之。

六、高級中學的生活輔導為何？試說明之。

七、大專的生活輔導為何？試說明之。

八、現行生活輔導的缺失有哪些？試說明之。

九、試述實施生活輔導的原則。

十、試述如何實施「發展性的生活輔導」。

十一、試述如何實施「預防性的生活輔導」。

十二、試述如何實施「治療性的生活輔導」。

十三、你認為生活需要輔導嗎？請申述個人觀點。

▶▶▶▶ 參考書目

1. 田培林主編（民 74）：教育學新論。臺北市：文景。

2. 吳武典等著（民 82）：輔導原理。臺北市：心理。

3. 紀憲燕、王嚼蕾（民 83）：生活輔導的檢討與建議。諮商與輔導，101 期，頁 15–20。

4. 高職輔導工作手冊編輯小組（民 74）：高級職業學校輔導工作手冊。臺灣省政府教育廳、臺北市政府教育局編印。

5. 張雪梅主編（民 82）：良師益友——大學院校導師手冊。臺北市：張老師。

6. 教育部國教專業社群網 http://teach.eje.edu.tw/

7. 教育部編（民 82）：國民小學課程標準。臺北市：台捷。

8. 陳美芳（民 79）：國中生活輔導實施效果之檢討。諮商與輔導，53 期，頁 15–19。

9. 臺北市國中輔導活動科輔導團編著（民 79）：臺北市國民中學輔導工作手冊。臺北市教育局。

10. 劉念肯（民 79）：生活輔導的基本觀念。諮商與輔導，53 期，頁 11–14。

11. 劉焜輝（民 77）：把握生活輔導的正確方向。測驗與輔導雙月刊，86 期，頁 1654。

12. 劉焜輝（民 79）：學校生活輔導的「結」與「解」。測驗與輔導雙月刊，102 期，頁 2034–2036。

13. 劉焜輝編（民 79）：輔導工作實務手冊。臺北市：天馬。

14. 賴保禎、周文欽、張德聰（民 82）：輔導原理與實務。臺北縣：空大。

15. 賴保禎、盧欽銘等著（民 82）：輔導原理與實務。臺北市：中國行為科學社。

16. Arthur, J. Jones (1970). *Principles of Guidance.* New York: McGRAW-HILL Book Company.

17. Dinkmeyer, D., & Caldwell, E. (1970). *Developmental Counseling and Guidance: A Comprehensive School Approach.* New York: McGRAW-HILL

Book Company.

18. Gibson, R. L., & Mitchell, M. H. (1981). *Introduction to Guidance.* New York: Macmillan Publishing Co., Inc.

19. Pietrofesa, J. J., Bernstein, B., Minor, J., & Stanford S. (1980). *Guidance—An Introduction.* Chicago: Rand McNally College Publishing Company.

Chapter 5

→ → →

學習輔導

↘ 學習目標

學習本章後可以：

一、瞭解學習輔導的定義及重點。

二、瞭解各級學校學習輔導的內涵。

三、瞭解重要的學習策略及如何應用學習策略。

四、瞭解學習輔導的實施方式。

五、瞭解如何運用本章的知識，輔導學生學習上的
問題。

↘ 本章大綱

第一節 —— 學習輔導的定義

第二節 —— 各級學校學習輔導的內容
國小階段
國中階段
高中階段

第三節 —— 學習輔導策略
學習策略
‧過度學習
‧整體學習法與部分學習法
‧閱讀方法　　　　‧精緻化策略
‧讀書計畫　　　　‧組織化策略
‧集中注意力　　　‧收錄特定原則
‧克服考試焦慮　　‧後設認知策略
學習輔導實施的方式
‧個別諮商或個別輔導
‧團體諮商或團體輔導
‧團體討論

第四節 —— 學習輔導實例

導 言 →→→

　　學習輔導是運用心理學上的原理方法來協助學生，使其能有效地學習，並適應學習生活。學習輔導的內容包括有協助學生建立正確的學習態度與習慣，提供學生有效的學習資源，以培養學生自學能力和主動探究問題的學習精神，並對學習不佳者給予適當與適時的輔導。

　　各級學校的學習輔導內容雖然有一些相同的部分，但仍各有不同的特色。

　　協助學生有效學習的方法有許多，其中以⑴整體學習法與部分學習法、⑵過度學習、⑶閱讀方法、⑷讀書計劃、⑸增進注意力集中的方法、⑹克服考試焦慮、⑺精緻化策略、⑻組織化策略、⑼收錄特定原則、⑽後設認知策略等方法最為一般人熟知，而個別諮商（或個別輔導）、團體諮商（或團體輔導）、以及團體討論為實施學習輔導的常用方式。

　　本章最後舉出五個例子來說明如何實施生活輔導。

第一節　學習輔導的定義

　　學習輔導是指根據心理學上許多重要的原理方法，給予學生學習上各方面的協助，使其有效的學習，以獲得更佳的成就，並提高自我的發展（馮觀富，民 78）。為了讓學生有良好的學習生活，學習輔導的重點有以下各項（張德聰，民 82；馮觀富，民 78）：

　　⑴協助學生瞭解學習的原理、原則與特性，以幫助學生建立正確的學習態度與習慣；培養學生自學能力和主動探究問題的學習精神。

　　⑵改善學生的學習環境、瞭解其學習狀況、提供有效的學習資源，並給予適時的輔導。

　　⑶激發學生的學習興趣，教導其有效地運用時間，協助其瞭解各科

的學習目標，並完成各科的要求。

　　簡言之，學習輔導的目的在安排給學生有效的學習環境，使學生在學習活動中，領悟有效的學習方法，養成良好的學習習慣，建立正確的學習態度，發揮學習的潛能。

第二節　各級學校學習輔導的內容

以下就國小、國中、高中的學習輔導內容分別說明。

㈠國小階段

　1.協助兒童培養濃厚的學習興趣

重要的活動項目有：

⑴提供給兒童良好的學習環境。

⑵使他們瞭解求學的目的，激發他們學習動機。

　2.協助兒童建立正確的學習觀念與態度

　3.協助兒童發展學習能力

重要的活動項目有：

⑴協助兒童瞭解自己的學習能力。

⑵增進他們的學業成就。

⑶輔導低成就兒童，使其提高學業成績。

　4.協助兒童養成良好的學習習慣與有效的學習方法

重要的活動項目有：

⑴激發兒童的好奇心，以培養質疑好問的學習習慣。

⑵培養兒童創造思考能力。

⑶協助兒童瞭解並應用各種不同的學習方法。

⑷協助兒童擬定並實踐學習計劃。

⑸輔導兒童運用圖書館（室）及社會資源。

⑹輔導兒童善用課餘及假期。

⑺協助兒童矯正不良學習習慣。

⑻協助兒童選讀優良課外讀物。

5. 協助兒童培養適應及改善學習環境的能力

重要的活動項目有：

⑴協助兒童瞭解及改善家庭學習環境。

⑵協助兒童瞭解及適應學校的學習環境。

6. 特殊兒童的學習輔導

輔導的對象有資賦優異兒童、特殊才能兒童、智能障礙兒童、視覺障礙兒童、聽覺障礙兒童、語言障礙兒童、肢體障礙兒童、學習障礙兒童、自閉症兒童、多重障礙兒童等。

7. 輔導兒童升學

重要的活動項目有：

⑴介紹國民中學教育內容及教學方式。

⑵瞭解兒童升學情形。

⑶協助兒童升學前之準備。

由以上各項內容可知，國小的學習輔導重點在於輔導兒童的學習興趣、學習方法、學習態度及觀念、學習習慣、適應學習環境之能力（宋湘玲、林幸台、鄭熙彥，民 74）。

㈡國中階段

國中階段學習輔導的目的在於協助學生培養主動積極的學習態度、有效地應用各種學習策略與方法、養成良好的學習習慣，以增進學習興趣，提高學習成就，開發個人潛能。重要的工作項目如下（宋湘玲、林幸台、鄭熙彥，民 74）：

1. 協助學生認識學習環境

重要的活動項目有：

(1)認識學校的校園、圖書館、教學設備及使用規則、行政單位、校史、學校特色及發展計劃、學校的各種獎助學金及文教基金會。

(2)協助學生認識本校的師長與同學。

(3)協助學生瞭解如何利用本校學習資源。

2. 協助學生瞭解國中與國小教學情境的差異

重要的活動項目有協助學生瞭解：

(1)國中的教育目標、課程內容重點。

(2)分科教學的特色與應有的準備。

(3)國中與國小教育目標及學習內容的差異。

(4)如何適應國中課業的要求。

3. 協助學生培養主動積極的學習態度

重要的活動項目有協助學生：

(1)發展主動發問的技巧。

(2)遇到學習困難時主動向同學及師長請教。

(3)主動利用教學資源。

4. 協助學生瞭解有效的學習策略

重要的活動項目有協助學生：

(1)認識與運用有效的記憶方法。

(2)學習各科作筆記的方法。

(3)學習作摘要與整理重點的方法。

(4)擬定學習計劃。

(5)佈置良好的學習環境。

(6)組織教材，使之系統化並深入。

(7)評估自己的學習情形。

(8)有效地複習功課。

5. 協助學生準備考試

重要的活動項目有協助學生：

⑴瞭解考試與成績的意義。

⑵降低考試焦慮。

⑶學習如何準備考試。

⑷學習有效的應考技巧。

6. 協助學生檢討學習狀況與克服學習困難

重要的活動項目有協助學生：

⑴瞭解有效的學習要素。

⑵分析各科學習困難所在。

⑶瞭解克服學習困難的方法。

7. 協助學生充實學習內涵

重要的活動項目有協助學生：

⑴認識選修科目。

⑵選擇優良讀物。

⑶培養終身的學習興趣。

由以上各項內容可知，國中的學習輔導重點在於協助學生瞭解國中與國小階段在教學目標及學習科目上之差異，以幫助他們適應國中的學習生活。此外，除了協助學生學習學習策略、準備考試及應考技巧外，也強調協助他們評量自己的學習情形及學習困難所在，以找出應對的策略，簡言之，即培養學生主動學習及終身學習的興趣。

㈢高中階段

⑴協助學生培養良好之學習態度、習慣與方法。

⑵實施學習困難調查與輔導。

⑶協助學生運用學習資源，以培養學生的自學能力。

⑷協助學生瞭解學習上的缺點，並設法補救。

⑸發掘學生特殊才能，作為因材施教之依據。

⑹對有意再進修之學生實施升學輔導。

(7)其他有關學習輔導之規劃與執行事宜。

簡言之，高中的學習輔導除了協助學生培養良好的學習態度、學習習慣與方法外，學生的升學、特殊才能的發揮、學習缺點的補救，也是學習輔導的重點（臺灣省政府教育廳、臺灣省教育局，民 74）。

第三節　學習輔導策略

學習輔導以協助學生有效學習為目的，目的的達成有賴於學習輔導策略的運用。學習輔導策略涉及二個問題，一是有關學習輔導的內容，二是實施學習輔導的方式。學習輔導的內容包括頗廣，本節只介紹能提高學生學習興趣及學習表現的學習策略。實施學習輔導的方式有許多種，其中以團體輔導（或團體諮商）、個別諮商（或個別輔導）及團體討論最為常見。本節只介紹以上三種方式，其他的方式請見本節實例。

一、學習策略

㈠整體學習法 (whole method of learning) 與部分學習法 (part method of learning)

整體學習法是將學習材料視為一整體，在學習時，不採分段進行，每一次的練習都是從頭到尾一氣連貫。部分學習法是先將學習材料分為數段，按段練習，前一段學習熟練之後再進行後一段，如此逐步漸進，最後學完全部。整體與部分學習法各有利弊，須視學習材料性質與學生能力經驗等因素而定（張春興，民 78），其原則如下（阮襄，民 73）：

(1)智力高的學生宜用整體學習法，智力低者宜用部分學習法。

(2)意義相連的材料宜用整體學習法。但是意義相連，材料過長，學習者若程度太低，則宜採用部分學習法。

(3)意義不連貫，可獨立成一小單元的材料，宜採用部分學習法。

⑷材料短者，宜用整體學習法。

㈡過度學習 (overlearning)

指學習達到全會之後再增加的練習量。依據學習三大定律中的練習律 (law of exercise)，刺激與反應間的聯結因練習而加強，若不練習，聯結的力量便逐漸減弱（朱敬先，民 75）。從認知心理學的觀點言，練習之所以能提高學習效果，是因為練習使學習材料能貯存於長期記憶，若再經過過度學習的歷程，學習的材料就能被記得更牢（林正治，民 82）。

學習任何事務，過度學習是必要的，在一般的情形下，至少要有 50%至 100% 的過度學習，否則學後不易記憶。但是，過度學習的效果是有限度的，約在 50% 至 100% 之後，過度學習的效果就會降低（張春興，民 64）。

㈢閱讀方法

1. SQ3R 法

指由五個步驟合成的一種讀書方法。S 代表瀏覽 (Survey)，Q 代表質疑 (Question)，三個 R 分別代表閱讀 (Read)、背誦 (Recite)、溫習 (Review)。此種讀書方法是由美國愛阿華大學教授羅賓遜 (F. P. Robinson) 所創（張春興，民 78）。SQ3R 是用來增進個人讀書的速度，各步驟說明如下（鄭昭明，民 83）：

⑴瀏覽 (Survey)：指對一本書的序言、目錄、標題、參考書目及索引等五部分進行瀏覽。

⑵質疑 (Question)：指運用自己的經驗、知識與邏輯去質疑書中的論點。

⑶閱讀 (Read)：閱讀時須抓住重點。重點呈現在每一章的名稱、標題、特殊書體（如粗體或黑體）、圖、表、段落中的前面或後面幾句。

⑷背誦 (Recite)：指在沒有看課文的情況下，回憶課文的內容。

⑸溫習 (Review)：再次閱讀課文並記憶課文的內容。

此法適用於閱讀一般教科書與參考書。

2.其他類似的方法說明如下（張春興，民71）

⑴PQ4R法：此法包括六個步驟，預讀 (Preview)、問題 (Question)、閱讀 (Read)、反應 (Reflect)、回憶 (Recite)、復習 (Review)。此方法適用於閱讀教科書與參考書。

⑵OK4R法：此法包括六個步驟，瀏覽 (Overview)、要點 (Key ideas)、閱讀 (Read)、回憶 (Recall)、反應 (Reflect)、復習 (Review)。此方法適用於閱讀教科書與參考書。

⑶OORE法：在缺乏充分時間閱讀時可用此方法。此法包括四個步驟，瀏覽 (Overview)、目標 (Objectives)、閱讀 (Read)、檢核 (Evaluate)。先瀏覽一遍，將重點劃出，然後閱讀。讀後再覆檢一遍以加強記憶。

㈣讀書計劃

擬定讀書計劃的步驟如下（曾素梅，民81）：

1.找出能運用的時間

除掉吃飯、睡覺、上課等例行之事外的其餘時間。

2.確定自己要完成的工作

例如讀完歷史課本第一章，或是背英文課本第一課課文。

3.擬定初步計劃

有時候能用的時間與完成目標所需的時間不能配合,在這種情況下,可以檢討是否還有其他的時間可用，或是降低目標。

4.確定計劃內容與實施

為了使擬定的讀書計劃具有可行性,擬定計劃時須注意以下的原則：

⑴要有休息的時間或空白的時間。一方面讓自己有休息的時間，來保持興趣與動機，另一方面允許自己在遇到意外的干擾時，能彈性的調整計劃。

⑵注意學習材料的性質，不要把性質相類似的科目排在一起。

⑶獎賞自己，讓自己能再接再勵。

㈤增進注意力集中的方法

1. 發展幫助記憶力的工作習慣

⑴在一定的地方讀書，並且在一定的時間讀書，讓讀書與固定的時間及固定的地點連結在一起。所以，只要身處在該地或該時，就會引發讀書的意念。

⑵避免不必要的干擾：遠離吵雜的環境，謝絕電話或其他人的打擾。

⑶整理讀書的環境：整潔的環境會讓人心情平靜，容易專心。

⑷糾正讀書的姿勢：不正確的唸書姿勢容易使人不舒服或昏睡。正確的姿勢有助於注意力的集中。

⑸避免在讀書中吃零食：吃零食容易使注意力分散，再者在一面讀書，一面吃零食的過程中，吃零食所用的時間，可能會多於看書的時間。

⑹要有休息時間：人最高的集中力，只能維持二十至二十五分鐘之間，所以集中二十至二十五分鐘須休息十分鐘（高陽堂，民 79）。持續注意力之維持，是需要以休息為基礎。

2. 如果仍舊不能專心，可用以下的方法（范文祥，民 76）：

⑴換一科自己感興趣的科目，以維持注意力。

⑵讀書時，想像自己就如同在上課，以使自己專心。

⑶讀了一段後，停下來重敘主要的內容或觀念，由重敘中獲得學成的經驗，以幫助自己集中注意力。

⑷邊讀邊筆記要點，或重組內容，以使注意力集中。

⑸默讀時不能專心，暫改為朗讀，等到能專心再改為默讀。

⑹適當的睡眠及讀書計劃，有助自己集中注意力。

㈥克服考試焦慮

考試焦慮所引發的生理反應如心跳加速、出汗、疲勞、頭昏、小便次數加多、呼吸急促；功能反應如注意力無法集中、說話頻率提高、注意力範圍縮小、思想遲鈍、記憶力受阻；行為上的反應如手腳發抖、生氣、想要罵人、事後自責、想要逃開、玩弄小物品。以上現象可以作為自我檢查的項目，不過，現象的出現，會因人而異。

克服考試焦慮的過程，可以從思想上的澄清及反應上的控制著手（吳英璋，民 74）：

1. 思想上的澄清

重覆以下四個步驟，直到面對考試不再有過分焦慮為止。

⑴考前、考中、考後，我腦子裡在想些什麼？

⑵這些想法對於要把「試」考好，有沒有好的作用？

⑶留下「好」的想法，加入「好」的想法，丟掉不好的想法。

⑷每天至少一次「有意地唸」這些好的想法，先大聲唸，然後默唸。

2. 反應上的控制

⑴作放鬆訓練：放鬆練習使個人覺察緊張的部位，進而使緊張的部位放鬆，讓個人的能量不再浪費於對抗這種緊張的狀態。所以放鬆訓練有助於降低焦慮，提高面對壓力的能力（放鬆訓練的過程請見其他有關之書籍）。

⑵自我控制訓練：自我控制訓練是運用自我暗示的方法，來幫助個人放鬆，以克服考試焦慮（自我控制訓練的過程請見其他有關之書籍）。

㈦精緻化策略 (strategy of elaboration)

指對某一刺激之記憶，給予詮釋或添加其他聯想使之意義化的過程。這是一種幫助記憶的策略 (Reber, 1985)。精緻化的方式有好幾種。在「視覺精緻化策略」(visual elaboration strategy) 中，可以將兩個配對的項目用心像連接以幫助記憶（林清山，民 79），例如在這個配對中「桌子—蘋果」，學習者可以將之想像成「桌上擺著一個蘋果」。視覺精緻化策略也

可用在非配對項目的學習中，例如要背誦「鴨子」這個名詞，學習時可以想像看到一隻鴨子在水塘上遊戲，或是其他的聯想。又例如當閱讀到一篇文章的主旨句子時，可以引用其他的例子，並予以心像化來幫助記憶。

另一種精緻化的策略是用語文的方式將學習材料精緻化。例如將學習材料和與之有關的過去經驗相連結。此外，研究上顯示，將所學的材料與自我 (self-reference) 有關之經驗相結合，也是一種有效的記憶策略 (Matlin, 1994)。亦即，若將學習的材料與個人自我的訊息相連結，有助於對所學材料的回憶。

以上精緻化的策略是依據 F. I. M. Craik 及 R. S. Lockhart (1972) 之訊息處理層次的觀點 (levels-of-processing approach)。亦即訊息被處理的層次愈深愈容易被回憶。Craik 及 Lockhart 提出二種複習 (rehearsal) 的方式，一種稱之為維持性的複習 (maintenance rehearsal)，另一種是精緻性的複習 (elaborative rehearsal)。前者只是對輸入的刺激重覆地複習，而後者對刺激進行更進一步的分析與意義化。精緻化策略是依據後者的觀點。

此外，精緻化策略也涉及編碼 (encoding) 的運作。編碼是一種將學習材料植入記憶的過程 (Matlin, 1994)。精緻化過程使學習者將學習材料以一種以上的編碼方式寫入記憶中，因此有助於訊息的提取。

㈧組織化策略 (strategy of organization)

組織化是指將所學的材料予以次序化與型態化，以幫助記憶。串節 (chunking) 策略是組織化策略的一種。串節策略是將彼此分離的刺激，經由知覺組織迅速加以處理，使原本零散的個別刺激，串連成整體，便於記憶（張春興，民 78）。

另一種方式是將學習的材料組合成一階層性的結構。在這個結構中，學習材料被歸為不同階層的訊息，階層的排列方式是由一般化到特殊化。例如論文寫作的方式（見圖 5-1）。一般教科書在每一章之前大都列有該

章的大綱，一方面用來幫助學習者提取有關的先前知識，另一方面幫忙學習者學習與記憶。

另一種幫忙記憶的組織方式是第一個字母技術 (the first-letter technique)(Matlin, 1994)。此種技術是將每個英文字的第一個字母結合成一個字或一個句子以利記憶。此種技術在運用上有其限制，因為每個被抽取字母的順序如果不能成為字詞或句子，便無助於記憶。

最後一個方法是敘述性技術 (the narrative technique)(Matlin, 1994)。運用此技術時，學習者須將學習材料編成一個故事，以利記憶。

以上的策略是依據記憶組織結構之原理，因為儲存在記憶中的訊息並非彼此孤立，不但彼此有連結，而且還被結構化。被結構化的學習材料就像一個大串節，不但學習者易於記憶，並且任何串節中的元素被促動時，也有助於其他訊息的提取。

㈨收錄特定原則 (encoding-specificity principle)

此原則是用來說明收錄與回憶情境之間的關係，特定的收錄方式決定那些訊息會被儲存，被儲存的訊息決定提取線索提取記憶的效果 (Eysenck, 1990)，亦即特殊的收錄方式影響提取線索的效果。如果提取線索的情境與被編碼訊息中的情境相配合，則有助於記憶的提取。因此，遺忘並不是訊息的消失，只要有適當的回憶線索，訊息仍有可能被回憶。此外，不是所有的線索都是有效的回憶線索，只有與記憶項目同時呈現、一起收錄的訊息，才是有效的回憶線索（鄭昭明，民83）。

這項原則的含義是，學習者在學習時，應顧慮到回憶所學材料的可能情境，包括可能提供的回憶線索之型態及回憶的地點。例如考試的型態（選擇題、是非題、申論題或其他型式）及考試的地點的特性。在學習時也將這些訊息收錄，回憶時，就可能有較佳的表現。

㈩後設認知策略

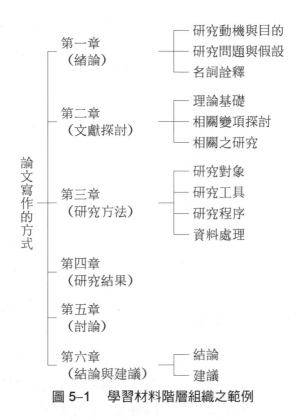

圖 5-1　學習材料階層組織之範例

　　後設認知是指個人對自己認知歷程的掌握、支配、監督、評價的歷程(張春興，民 78)。後設認知可分為二類：自我評價的認知 (self-appraisal of cognition) 及自我調適的思考 (self-management of thinking)(Jacobs & Paris, 1987)。自我評價之認知包括三種知識：陳述性知識 (declarative knowledge)、程序性知識 (procedural knowledge)、及條件性知識 (conditional knowledge)(Jacobs & Paris, 1987)。陳述性知識是有關事實性的知識，如「第一次世界大戰發生於西元幾年」，「中國歷史上第一個女皇帝是誰」；程序性知識是有關於如何做某事的知識，例如「如何騎腳踏車」，「如何操作電腦」；條件性知識是有關於什麼情況下需用某一策略來面對問題及為何要用此策略 (Paris, Lipson, & Wixson, 1983)。

有三種心理過程與自我調適的思考有關：計劃、評量及調適 (Jacobs & Paris, 1987)。計劃是選擇特別的策略以達目標的過程；評量是分析工作的性質及個人的能力；調適是在達成目標的過程中，監控及重新導向自己的活動。

目前有相當多的研究發現，閱讀能力高者與閱讀能力低者在後設認知能力上有顯著的差異（例如，Paris & Myer, 1981; Shapiro & Riley, 1989; Swanson, 1988)。研究上也發現，教導後設認知策略有助於閱讀理解能力的提高 (Cross & Paris, 1988; Dewitz, Carr, & Patberg, 1987; Palincsar & Brown, 1984; Stevens, 1988)。

二、學習輔導實施的方式

㈠個別諮商或個別輔導

個別輔導的基本精神在於重視個別差異。當涉及個人祕密，或測驗的解釋會影響個人祕密，或當事人無法在團體輔導中放鬆自己而開口講話，或當事人問題十分複雜需立即處理時，個別輔導可能較適合（臺灣省政府教育廳、臺灣省政府教育局，民 74)。

晤談的過程，教師不但需要有高度的耐心，還須表現同理、真誠、一致的態度，不批評、不建議或不將自己的價值加在學生身上，並且用字遣詞要適當。先瞭解學生的問題原因，再探討處理方法。

在晤談前，老師應搜集學生有關的資料，以瞭解其學習情形，例如詢問各科老師。晤談地點的安排不應該有第三者在場，例如在老師的辦公室晤談。晤談的時間每次以不超過一小時為原則。晤談後，老師一定要作紀錄，才能顯現進步情形或看出困難的原因。

晤談剛開始的目標並不是解決問題，而是建立關係。只有在學生感到安全、信任、溫暖的情況下，學生才敢於表露內在深沈的想法、情感及經驗，問題的根源也才會在學生敢於表露自己的情況下浮現出來。

晤談的終結在於學生外在的問題已獲得解決，或內在人格已有好的改變而間接地使其外在問題被解決。如果遇到超過自己能力所能處理的個案，在個案同意的情況下，將之轉介到輔導處，並與個案結束關係。

㈡團體諮商或團體輔導

團體輔導適用於個別輔導不適用之學生、或為個別輔導鋪路、或團體輔導的效益可能比個別輔導較大的學生。

團體輔導成員的選擇需考慮學生的年級、性別、問題性質及學生彼此相識的程度。如果團體的同質性太大，團體無法有足夠的衝擊力，團體成員參與的興趣不高，團體的進展與成員的學習可能較不大。如果團體的異質性太大，成員可能會因為彼此間過大的差異性，而常處於衝突中。

團體的成員人數不宜太多，也不宜太少，一般而言小學生以不超過十人為限，中學生以不超過十二人為限。人數太多，成員的參與感低，人數太少，彼此間的關係過度狹窄，有礙於成員的學習。

團體聚會的時間，小學生的時間要短，約半小時到一小時，國中生或高中生可以延長到二小時。每週聚會的次數可一至二次，如果有緊急的事件，則可增加聚會的次數。聚會的期限依團體的目的而定，通常是二個月到四個月不等。

㈢團體討論

團體討論的主要目的在溝通意見，集思廣益，以解決問題和作決定。團體討論的方式有六種：小組討論、六六討論法、配對討論法（臺灣省政府教育廳、臺北市政府教育局，民 74）、參議法、辯論法、腦力激盪法（張德聰，民 82）：

⑴小組討論

每一小組由五至十人組成。每組中有紀錄一人，主席一人。引言人

說明討論的問題及討論的目的之後，其他組員再發言。討論結束時，由主席總結對問題的建議，或處理方法。

(2)六六討論法

將團體分為六人一組的小團體，每一組在六分鐘內完成一個討論問題。每一組有主席、紀錄各一人，將討論的結果向全體人員說明。

(3)配對討論法

首先二人一組進行討論，獲得協議後再與其中一組代表進行討論。獲得協議後，再和別組代表進行討論。依二、四、八、十六的方式以獲得一致性的協議。最後推選一名學生報告討論的結果。

(4)參議法

團體將討論的題目交給各個小團體先進行討論。各個小團體討論後，選出一名成員參加小團體代表討論會。代表的意見非個人意見，而是小團體的意見。

(5)辯論法

將團體分成正反兩方，每一方各派幾名成員為主辯、助辯與結辯，針對討論的問題進行辯論。另一種方式是將團體分成正反兩方，每一方的成員都有發言權，可以針對辯論題目的個人意見，或針對反方某個人的意見提出辯駁。

(6)腦力激盪法

進行腦力激盪活動之前先選出主席與紀錄。主席說明腦力激盪的題目及進行的方式（例如，不批評別人或自己的任何想法，說出在腦中出現的任何想法，保持輕鬆愉快的心情）。進行中紀錄記下成員提出的任何想法。

第四節　學習輔導實例

案例一

　　美美是國中一年級新生的導師。為了幫助她的學生認識新環境、熟悉可用資源、掌握學習要素，她決定對她的學生進行始業輔導。

　　首先她將學校平面圖發給全班學生，再一一說明各處室所在地、功能、可用之資源。她特別說明導師室的地方及圖書館的資源。然後她先帶幹部實地認識各處室，再將全班分組，由幹部帶領到各處室去。最後，全班分享各人的感想及問題。

　　為了讓學生明瞭各科學習要領，她先將全班分組，每一組選定一種科目，然後訪問二、三年級學長有關該科的學習要領、與國小之學習方法的差異、如何準備考試、考試的技巧。各組將訪問結果寫成書面資料分給大家，並作口頭報告。最後，全班分享各人感想及問題。

案例二

　　自強這學期接任二年級的導師工作，為了認識自己的學生，他將全班資料詳細閱讀，並發現班上學生學業成績普遍低落。為了瞭解學生的問題及改善目前狀況，他到輔導處請教輔導老師。輔導老師聽了自強的敘述後，決定利用班會時間給該班學生實施學習態度問卷，以瞭解學生在學習環境、學習態度、學習動機、學習過程、讀書計劃、準備考試、考試技巧等方面的狀況。分析這些資料後，自強發現，班上學生在學習動機、讀書計劃、準備考試、考試技巧方面有待加強，自強決定利用自習時間及班會來改善這些方面。

　　他將學習動機、讀書計劃、準備考試及考試技巧當成四個主題——如何提高學習動機、如何擬定讀書計劃、如何準備考試及有那些考試技

巧，並將全班分為四組，每組選擇一個主題，並利用自習課的時間到圖書館收集有關的資料。然後在自習課及班會時間進行班級座談會。各組將收集到的資料寫成書面報告，發給同學，作口頭報告，再由其他學生發問並分享彼此的心得。最後，自強在每一次座談後，請學生填寫回饋，以瞭解學生座談的收穫。

案例三

小玲為三年級導師，班上有幾位學生因為升學考試的壓力，常常頭痛、失眠、瀉肚子。為了幫助學生學習如何準備升學考試，及幫助已出現生理問題的學生，她想出二個對策。一方面她邀請目前在高中唸書的校友回來與自己的學生座談，另一方面她請輔導室的輔導老師對出現生理問題的學生進行個別諮商。此外，她也請輔導老師教全班放鬆技巧。

座談之前，她先請學生提出自己的問題，再用腦力激盪法，找出有關的問題。然後將各類問題整理成書面資料，並將這些問題交給校友，請校友針對這些問題回答。座談時，學生也可以提出臨時想發問的問題。座談會安排在班會時間進行。

輔導老師在自習課的時候教導全班學生放鬆技巧。導師在每次上課之前，先讓學生進行五分鐘放鬆練習，使學生熟練此技巧，並鼓勵他們繼續使用。

導師隨時注意進行個別諮商的學生，檢查他們改善的情形，並隨時與輔導老師配合。

案例四

育學是國小一年級的導師，面對一群剛入學的學生，他感覺到自己的責任非常重大，因為自己可能影響小朋友一生的學習興趣。他決定要想出有效的策略，來激發學生的學習動機、培養良好的學習觀念與態度、養成良好的習慣與有效的學習方法。

在學生入學後不久，他帶學生認識學校的新環境。首先他將小朋友分組，每五個人成一組，再將小朋友帶到校園的每個角落，讓各組散開去接觸校園中的一景一物。回到教室後，除了讓學生說出個人的感想外，也鼓勵學生說出爸爸媽媽不在身邊而隻身在學校的感想。

為了培養學生良好的學習觀念與態度，育學要每位學生回家問自己的長輩（爸、媽或爺爺、奶奶）或鄰居的大哥哥、大姊姊二個問題：「小朋友為什麼需到學校裡讀書?」、「小朋友應該要怎麼唸書?」。育學將二個問題印在紙上，發給每位學生，並解釋這兩個問題的意思。如果學生問他人這二個問題時，無法將自己的意思表達清楚，可以將這二個問題呈現給對方看。

下次上課時，育學讓每一位小朋友說出得到的回答。每個小朋友說完後，育學歸納說讀書的目的，及讀書的方法（朗讀、讀書時間的規劃、今日事今日畢、多讀課外書等）。最後，他要小朋友說出自己每天定時唸書（寫功課）的時間，並在聯絡簿上請家長配合輔導。

為了讓學生有良好讀書習慣，育學決定成立教室內的小圖書館，他要學生每人由家中帶適合他們閱讀程度的書二本，並將所有的書編號放在教室後面的書架上。學生在空閒的時間可以自行取閱，但是，上課前一定要依照號碼歸架。每個星期的自習時間，學生可以自由表達自己閱讀之書的精彩內容。

育學在教學的過程中，時常運用獎勵的方式來增強學生的表現，以提高他們的學習動機，同時也注意表現不佳的學生，找出造成不良表現的原因，予以補救。

案例五

筑夢是某高中的輔導老師。在第一次月考後，有幾個高一的學生因為考試成績不理想來輔導室向她求助。詳談後，筑夢發現這些學生的共同問題是缺乏正確的學習策略，所以，她決定對這些學生進行有關學習

策略的團體輔導。

　　她擬定一份讀書策略團體輔導計劃，輔導時間為每週一小時，共計八週。輔導內容除了處理這些學生學習失敗的挫折感之外，還教導學生八種讀書策略。學生一方面學習這些策略，一方面將學到的策略運用於實際的學習中，並且與團體成員分享心得。

　　在八週的輔導中，學生分享彼此失敗的挫折感，疏解失敗帶來的羞愧與傷心的情緒，並且獲得他人的鼓勵與支持。由於透過不斷的檢討與自我檢查，學生能夠發現自己在學習與運用八種讀書策略上的缺失，並且獲得改進。也由於彼此間情感的交流，使他們能持續運用團體中所學到的讀書策略。

▶ ▶ ▶ ▶ 　關鍵詞彙

學習輔導	個別諮商（或個別輔導）
學習輔導策略	團體諮商（或團體輔導）
學習策略	團體討論
整體學習法與部分學習法	小組討論
過度學習	六六討論法
讀書計劃	配對討論法
精緻化策略	參議法
組織化策略	辯論法
收錄特定原則	腦力激盪法
後設認知策略	

▶ ▶ ▶ ▶ 　思考與評量

一、說明學習輔導的定義。

二、說明各級學校學習輔導的內涵。

三、請列舉自己常用的五種學習策略，並加以說明。

四、請列舉常見的學習輔導實施方式，並加以說明。

五、請舉一實例說明如何實施學習輔導。

▶ ▶ ▶ ▶ 　參考書目

1. 王連生（民 74）：教育輔導與技術。臺北市：五南。

2. 吳英璋（民 74）：如何克服考試焦慮。國立臺灣師範大學學生輔導中心主編，大學生的求知訣竅。未出版。

3. 宋湘玲、林幸台、鄭熙彥（民 74）：學校輔導工作的理論與實施。高雄市：復文。

4. 阮襄（民 73）：讀書術。永和市：武陵。

5. 林正洽（民 82）：行為學派的學習理論。李咏吟主編，學習輔導：應用性學習心理學。臺北市：心理，頁 3–50。

6. 林清山（民 79）：教育心理學——認知取向。臺北市：遠流。

7. 林寶貴（民 73）：特殊兒童心理與教育新論。臺北市：五南。

8. 紀文祥（民 76）：注意力不能集中，我該怎麼辦？楊極東等著，大學道上——做個快樂的大學生。臺北市：桂冠。

9. 胡永崇（民 83）：學習障礙者之教育。王文科主編，特殊教育導論。臺北市：心理，頁 95–137。

10. 高陽堂（民 79）：讀書用功法、記憶術。臺南市：大夏。

11. 張春興（民 71）：怎樣突破讀書的困境。臺北市：東華。

12. 張春興（民 78）：張氏心理學辭典。臺北市：東華。

13. 張德聰（民 82）：輔導原理與實務。臺北縣：空大。

14. 許天威（民 75）：學習障礙之教育。臺北市：心理。

15. 曾素梅（民 81）：學習技巧訓練對臺灣師大一年級僑生的輔導效果之研究。國立臺灣師範大學教育心理與輔導研究所碩士論文。

16. 馮觀富（民 78）：輔導與諮商。臺北市：心理。

17. 馮觀富（民 85）：輔導原理與實務。臺北市：心理。

18. 臺灣省政府教育廳、臺灣省教育局（民 74）：高級職業學校輔導手冊。

19. 鄭昭明（民 83）：認知心理學——理論與實踐。臺北市：桂冠。

20. Craik, F. I. M., & Locckhart, R. S. (1972). Levels of processing: A framework for memory research. *Journal of Verbal Learning and Verbal Behavior*, 11, pp. 671–684.

21. Cross, D. R., & Paris, S. G. (1988). Development and instructional analyzes of children's metacogniton and reading comprehension. *Journal of Educational*

Psychology, 80 (2), pp. 131–142.

22. DeWitz, P., Carr, E. M., & Paetberg, J. P. (1987). Effects of influence training on comprehension and comprehension monitoring reading. *Research Quartly*, 22, pp. 99–119.

23. Eysenck, M. W. (1990). *The Blackwell dictionary of cognition psychology.* Cambridge, Massachusetts: Basil Blackwell.

24. Jacobs, J. E., & Paris, S. G. (1987). Childrens' metacognition about reading: Issues in definition, measurement, and instruction. *Educational Psychology*, 22 (3 & 4), pp. 255–278.

25. Matlin, M. W. (1994). *Cognition* (3rd ed.). New York: Harccourt Brace.

26. Palincsar, A. S., & Brown, A. L. (1984). Reciprocal teaching of comprehension-fostering and comprehension-monitoring activities. *Cognition and Instruction*, 1 (2), pp. 117–175.

27. Paris, S. G., Lipson, M. Y., & Wixson, K. K. (1983). Becoming a strategic reader. *Comtemporary Educational Psychology*, 8 (3), pp. 293–316.

28. Paris, S. G., & Myer, MII (1981). Comprehension monitoring, memory, and study strategies of good and poor reader. *Journal of Reading Behavior*, 13, pp. 5–22.

29. Shapiro, J., & Riley, J. (1989). Ending the great debate in reading instruction. *Reading Horizons*, 30 (1), pp. 67–78.

30. Stevens, R. J. (1988). Effects of strategy training on the identification of the main idea of expository passage. *Journal of Educational Psychology*, 80 (1), pp. 21–26.

31. Swanson, B. B. (1988). Strategic preference of good and poor beginning readers. *Reading Horizons*, 28 (4), pp. 455–262.

*C*hapter 6

→ → →

生涯輔導

↘ 學習目標

學習本章後可以：

一、瞭解生涯輔導的意義與目的。

二、瞭解生涯輔導的內容。

三、瞭解生涯輔導的策略與方法。

↘ 本章大綱

第一節 —— 生涯輔導的意義與目的

生涯的意義

生涯輔導的意義

生涯輔導的目的

第二節 —— 生涯輔導的內容

自我探索

環境探索

生涯抉擇與規劃

生涯安置與追蹤輔導

第三節 —— 生涯輔導的策略與方法

生涯輔導的策略

生涯教育

生涯諮商

資訊提供

生涯輔導的方法

第四節 —— 生涯輔導實例

生涯教育方案

生涯諮商

導 言 → → →

自 1920 年至 1930 年間職業輔導興起至今，隨著時代變遷，人們需求的改變，對工作、職業的定位也有不同。林幸台（民 76）整理職業輔導與生涯輔導的不同包括下列幾個特點：

⑴輔導重點不同：職業輔導以職業選擇、準備、就業及適應為重心，生涯輔導則以自我瞭解、自我接受及自我發展為主；

⑵時機不同：職業輔導在個體遭遇求業困難或就業適應問題時提供協助，屬短期的輔導，生涯輔導則關懷個體終生的發展，屬長期的輔導；

⑶主題不同：職業輔導以職業選擇及適應為主，生涯輔導則以整體的生涯發展為主，不同時期有不同的主題；

⑷輔導型態不同：職業輔導以解決問題為主，注重輔導的處理功能，生涯輔導則以發展為主，注重刺激探索的功能；

⑸輔導過程不同：職業輔導以測驗、資料的使用為主，強調個人與職業的配合，生涯輔導強調知識、技能及觀念的培養與發展，以達成生涯成熟的目標。

由以上的整理可知，生涯輔導可說涵括了職業輔導，從全人發展的角度來看待個人的工作與生活。

本章共分四節，分別就生涯輔導的意義與目的、生涯輔導的內容及生涯輔導的策略與方法加以說明，最後並舉生涯輔導的實例供參考。

第一節　生涯輔導的意義與目的

一、生涯的意義

生涯 (Career)，意指「職業」、「事業」（專業性的），並有「一生的工

作經歷」之義 (Hoyt, 1974；朗文「當代英漢雙解詞典」，1993)。由此即可看出生涯這個詞的意義可狹可廣。在 1950 年代以前，「生涯」一詞出現得並不頻繁，即使出現，也只被視為「職業」的代名詞，爾後 McDaniels, C. 在 1965 年建議擴展生涯的概念，將休閒包含在內，使生涯＝工作＋休閒。此後因著社會及經濟結構的變遷及個體對追尋自我價值及生命意義的需求日殷等因素，使得生涯的定義及概念也不斷地改變 (Gibson & Mitchell, 1981)。1973 年美國的全國職業輔導協會 (NVGA) 出版的刊物上將「生涯」定義為：個體經年累月的經由所從事的工作而產生之有意義的生活型態 (McDaniels & Gysbers, 1992)。此一定義使生涯的涵義在時間向度上被延伸了。Super (1950, 1976, 1980, 1984) 提出生涯發展理論，認為生涯發展基本上是自我概念不斷的發展和實踐，而且這種實踐並不只限於工作的角色，還包含了個體在家庭、社會上所扮演的各種角色，由此表露出個體獨特的自我發展組型。這個主張使得生涯的概念不但在時間向度更加延伸——為一生之久，也擴展了生涯涵括的廣度至生活各層面。至 1990 年 Super 更以一生的時間（縱觀）及生活空間（橫觀）的角度來詮釋生涯及生涯發展，其概念如圖 6–1 所示。

在圖 6–1 的上端標示了生涯的三個要素：生活角色、生活情境及生活事件，圖的中央則示例各要素的內涵，如生活角色：包括父母、配偶等；生活情境：如家庭、學校、社區等；生活事件：則包括結婚、退休等；這些要素彼此影響並橫跨個體的一生。在圖 6–1 的下端標示出性別、種族、宗教等，意在提醒我們這些因素對生涯發展的影響力，在圖的最下端畫了一條時間線，表明生涯發展是一生之久的現象 (McDaniels & Gysbers, 1992)。由此可知，「生涯」的意義已由「職業」、「工作」的同義詞轉而具有在時間、及生活廣度上都較前延伸的新意義——個體一生中發生之生活角色、生活情境及生活事件的總合 (McDaniels, et al., 1992)，

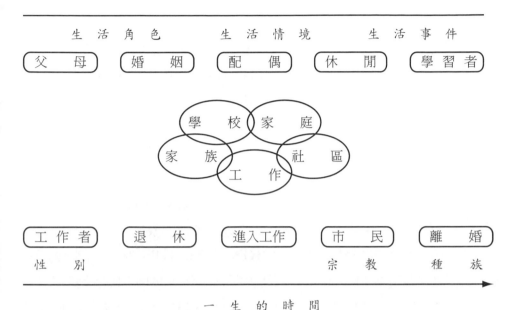

生活角色　　　生活情境　　　生活事件

父母　　婚姻　　配偶　　休閒　　學習者

工作者　　退休　　進入工作　　市民　　離婚

性別　　　　　　　　　　宗教　　種族

一 生 的 時 間

圖 6–1　生活—生涯發展

資料來源：譯自 McDaniels & Gysbers, 1992。

這些總合或可以「生活型態」稱之，因此「生涯」也就是指陳個體一生所經營而形成的獨特的生活型態。

二、生涯輔導的意義

隨著生涯定義的擴展，生涯輔導的意義也不斷的變化，Hansen (1981) 曾就當前社會變遷對生涯發展的影響深入分析，認為生涯輔導在整個方向上至少應有下述六個不同於傳統職業輔導的層面：

⑴由侷限於工作的選擇擴大為對生活型態的重視。

⑵協助當事人覺察自己的生涯社會化 (career socialization)。

⑶由安置當事人適合目前狀況的職業，轉而對未來可能選擇的生活型態做準備。

⑷由僅僅注意職業上的選擇擴大至更廣的生活層面以及個人與職業

的聯結。

⑸協助個人在急劇變遷的社會中能將自己的角色加以統整。

⑹改變傳統的男女刻版印象以擁有更大選擇的可能。（Herr & Cramer, 1993；劉焜輝、林幸台，民 81）

McDaniels 在 1978 年曾對生涯輔導定義如下：生涯輔導是指一套有系統的輔導計畫，在輔導人員的協助下，引導個人探索、統整並運用下述內涵有關的知識、經驗及價值評鑑的結果：⑴自我瞭解；⑵工作世界及其他有關的影響因素（如工作者的態度與訓練）；⑶休閒時間與活動對個人生活的影響；⑷生涯計畫中必需考慮的各種因素；⑸在工作與休閒中達成自我實現所必須具備的條件（Gibson, Mitchell, 1981；林幸台，民 76）。這個定義是在 McDaniels 主張「生涯 = 工作 + 休閒」概念下的陳述，在「生涯」等同於「個體獨特的生活型態」的趨勢下，上述定義的第⑶款及第⑸款中「休閒」二字宜擴充至生活中各角色。因此，生涯輔導可定義為「協助個體尋找並建構屬於自己獨特生活型態」的方式。

三、生涯輔導的目的

依據生涯輔導的意義,生涯輔導的主要目的在促進個體的生涯發展，協助個體建構屬於自己獨特的生活方式，並且鼓勵個體為自己的生涯發展負責。為達生涯輔導的目的，可羅列出生涯輔導的具體目標以為實施的依據。

Hansen (1972) 認為生涯輔導的目標，首在增進學生的生涯成熟，具體目標係在幫助個體：

⑴覺察自己所偏好的生活型態和工作價值。

⑵透過自己的選擇和計劃，從多種的選擇途徑中，選擇出適合自己的目標。

⑶熟悉各種可供選擇的就業機會，並瞭解進入的方式和從事該職業的心理滿意度。

⑷認識可使自己職業發展的教育途徑。

⑸熟悉生涯決策的歷程。

⑹綜合自己和工作世界的瞭解，並擬定完成目標的計畫。

Ard 和 Hyder (1978) 認為生涯輔導應達成下列目標：

⑴學生能評估自己的價值、興趣、技能及自我概念。

⑵學生能多方面瞭解職務訊息和工作世界。

⑶學生具有多種的一般性問題解決技術（目標設定、生涯決策、資源運用和自我評估）。

⑷學生能將生涯計畫的過程應用於其生活中的各層面（徐耀忠，民 76，摘自林蔚芳，民 79）。

此外不同的生涯發展階段也有不同的生涯輔導目標。依據 Super 的生涯發展理論，每一發展階段皆有其特殊的發展任務，Super (1957) 列舉各發展階段的生涯發展任務如下：

表 6-1　生涯發展階段與發展任務

成長期	探索期	建立期	維續期	衰退期
經與重要他人的認同結果發展自我概念；需要與幻想為此一時期最主要的特質；隨年齡增長，社會參與及現實考驗逐漸增加，興趣與能力亦逐漸重要。 (1)幻想期（4-10歲） 　需要為主；幻想中的角色扮演甚為重要。 (2)興趣期（11-12歲） 　喜好為其抱負與活動的主要決定因素。 (3)能力期（13-14歲） 　能力逐漸具有重要性，並能考慮工作條件（包括訓練）。 任務：發展自我形象，發展對工作世界的正確態度，並瞭解工作的意義。	在學校、休閒活動及各種工作經驗中，進行自我檢討、角色試探，及職業探索。 (1)試探期（15-17歲） 　考慮需要、興趣、能力及機會，作暫時的決定，並在幻想、討論、課業及工作中加以嘗試。 任務：職業偏好逐漸具體化。 (2)過渡期（18-21歲） 　進入就業市場或專業訓練，更重視現實的考慮，並企圖實現自我觀念；一般性的選擇轉為特定的選擇。 任務：職業偏好特殊化。 (3)試驗並稍作承諾期（22-24歲） 　職業初定並試驗其成為長期職業生活的可能性，若不適切則可能再經歷上述各時期以確定方向。 任務：實現職業偏好。	尋獲適當的職業領域，逐步建立穩固的地位；職位、工作可能變遷，但職業不會改變。 (1)試驗——承諾穩定期（25-30歲）尋求安定，可能因生活或工作上若干變動而尚未感滿意。 (2)建立期（31-44歲）致力於工作上的穩固；大部分人處於最具創意時期，資深、表現優良。 任務：統整、穩固並求上進。	（45-64歲）逐漸取得相當地位，重點置於如何維持地位，甚少新意；面對新進人員挑戰。 任務：維持既有成就與地位。	（65歲-）身心狀況衰退，原工作停止，發展新的角色，尋求不同方式以滿足需要。 任務：減速、解脫、退休。

資料來源：Herr & Cramer, 1984, p. 125. 摘自林幸台，民76。

上述發展階段的年齡劃分並非絕對不變，然每經歷一個發展階段，完成該階段的發展任務，即能再往下一個發展階段邁進。因此在面對不同生涯發展階段的個體時，應有不同的發展目標。目前國內各級學校制定的生涯輔導目標如下：

㈠國民小學

我國國民小學的輔導活動綱要僅有「生活輔導」及「學習輔導」兩大類，並未將生涯輔導單獨列出，然而在「生活輔導」的綱要項下則列出「協助兒童認識正確的職業觀念」之目標，顯示我國國小的生涯輔導工作係涵括在生活輔導項下。

㈡國民中學

依據「國民中學輔導活動課程標準」，國中輔導活動課程目標第四條：「協助學生瞭解生涯發展的理念，增進生涯覺知與探索能力，學習生涯抉擇與規劃的技巧，以為未來的生涯發展作準備，豐富個人人生，促進社會進步」。即標示了國中生涯輔導的目的。洪寶蓮（民 83）依據國中學生的生涯發展任務，更進一步地具體陳述國中學生的生涯輔導目標包括：

⑴幫助學生發展正確的人生觀，便能瞭解及接受自我積極的思想、成就與興趣等。透過生涯輔導的功效，讓學生發現自己，評鑑自己，進而確認自己能力、興趣，幫助他建立起一個屬於他自己的、合理的與堅定的價值系統。

⑵幫助學生熟知一切的教育機會、特性；並體認教育、生活方式，工作環境等之間的關係。

⑶幫助學生熟知各行各業的狀況，以為將來選擇職業之參考。

⑷幫助學生瞭解社會經濟的結構。

⑸幫助學生建立對事、物的價值觀，並培養其做決策的能力。

⑹協助學生選擇及評鑑就業或再進修的方向。

⑺讓學生熟知未來的目標，確定其所欲擔任的角色。

⑻有效的安排工作時間與休閒時間。

㈢高級中學

依據「高級中學學生輔導辦法」（教育部，民 74），高級中學的生涯輔導工作仍停留在職業輔導概念的階段，目的在協助學生認識職業，選擇職業目標。尚未擴及協助學生生涯發展的範疇。事實上，隨著入學方式的多元化及大學聯招錄取百分比日漸上升的趨勢，高中階段的升學輔導已不再以協助同學擠進大學窄門為唯一職志（楊世瑞，民 85）。高中生涯輔導除了協助學生認識職業，選擇職業目標之外，如何協助學生透過瞭解自己的興趣、能力，選擇適當的科系、學校，應是極需加入的輔導目的。

㈣大專院校

我國大專院校的學生輔導工作並無部頒的輔導辦法，林一真（民 81）「進行大學生涯輔導具體措施之規劃」研究認為，大學生涯輔導的目標首在協助學生瞭解自己、瞭解將來可能的就業及進修環境，學習做抉擇、規劃和預備，獲得適當的安置，並且在進修和就業後有良好的適應及再發展。

由各級學校生涯輔導目標來看，國小及高中階段的生涯發展目標仍停留在職業輔導的概念，若以全人發展的觀點來看，各級學校的生涯輔導目標應具整體性，依發展階段的任務有不同的實施重點，互相配合並逐步深入且具體，這是國內生涯輔導工作尚待加強整合之處。

第二節　生涯輔導的內容

　　傳統的職業輔導，主要在協助個體自我探索；瞭解自己的職業興趣及能力，同時也協助個體認識工作世界，然後再將兩方的訊息統合，以找到最合適從事的職業，係著重於人與事的媒合，即所謂「人人有事做，事事有人做」的觀念，因此職業輔導的主要內涵為職業選擇、職業準備、職業安置及追蹤輔導（林幸台，民 76，頁 10）。Tolbert (1974) 則認為個體在一生之中發展出的信念和價值觀、技巧和態度、興趣、人格特質及對工作世界的知識，都是生涯這個主題之下所關心的內涵。依據上一節所述生涯輔導意義及目的，生涯輔導的內容可分為：自我探索、環境探索、生涯抉擇與規劃、生涯安置與追蹤輔導四項，茲分別說明如下：

一、自我探索

　　Super 於 1953 年提出了生涯發展的十個基本主張，以後又擴大為十二項，綜其主張，可歸納出其主旨在於認為，個人選擇一種職業，係因為這種職業能使其扮演發揮符合其自我概念的角色；而自我概念的形成，受到過去個人發展歷史的影響。欲瞭解一個人的生涯選擇與決定的行為，不能不瞭解其自我概念。因此，由 Super 的觀點，協助個體瞭解自己，知覺自己對自己的「影像」(image) 為何，是協助個體踏上最佳生涯路徑的重要起點。因之，自我探索包括對個體過去經驗的探索（個體自我概念形成的探索）、現在所擁有的職業興趣、能力及人格的探索、個人需求、價值、人生觀及未來期待的探索等。其目的即在協助個體一點一滴地覺知自己對自己的影像，進而能選擇最佳的自我實踐途徑。

二、環境探索

　　環境探索目的在增加個體對現實工作世界的瞭解。Swain (1984) 提

出一生涯規劃模式，如下圖：

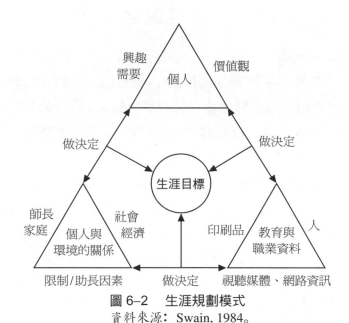

圖 6-2　生涯規劃模式
資料來源：Swain, 1984。

在圖中可以看到個體在作生涯決定時的三種訊息來源：個人、個人與環
境的關係及關於教育與職業的資料，其中個人的訊息可由上述自我探索
活動而來，環境探索則包括個人與環境關係的探索及資料探索兩方面。
個人與環境關係的訊息來源包括對社會、經濟發展的瞭解、可能產生的
生涯阻力與助力的分析、家人或重要他人的看法等，這些資料需要個體
對所處大環境作深入的觀察、分析及溝通來獲得。而在資料探索部分，
鄭熙彥（民 80）認為輔導工作中的「資料服務」，主要在供給學生或當
事人有關周圍環境的資料，以增進其對環境的認識，作為教育及職業選
擇的依據，同時增進其職業與生活調適。就一般而言，其範圍包括職業、
教育、及社會生活三方面。旨在提供個體就業、升學或進修及生活適應
方面的訊息。這些資料可由出版品、媒體或電腦網路訊息等來獲得。

綜上所言，環境探索包括對社會、經濟狀況的探索、生涯阻力與助力的探索、家人或重要他人看法的探索及職業、教育、社會生活資料的探索等，以增進個體對自我與環境間關係的認知。

三、生涯抉擇與規劃

此部分主要在協助個體根據對自我及環境的瞭解作適切的整合。

㈠生涯抉擇

個體在面對多元的選擇時，需要有自己做決定的能力。生涯輔導的主要目的之一，即在協助個體在關鍵時刻能為自己作出適當的決定，並能對自己的決定負責。為達此目的，生涯輔導需協助個體具備生涯發展的觀念，使生涯抉擇具有前瞻性，釐清生涯方向並發展生涯抉擇的技巧。

在作決定時，最大的恐懼來自於對未來的無可預知，對此，生涯心理學家提出了相當多的生涯決定模式，協助個體在決定生涯方向時知所依憑。決定理論源於經濟學，使個體能夠透過對每個選擇方案結果的預測，選擇一個可以有最大收穫及最小損失的方案。對於生涯決定歷程的描述，論者觀點或有不同，大體上不出 Tiedeman 在 1961 年所提出的兩大階段：預期 (anticipation)；實施與調整 (implementation and adjustment)。在預期的階段，個體藉著不同的方式先行擬出幾個可行的方案。這些方案的利弊得失在澄清到某個程度之後，即可落實為具體的選擇。在實施與調整階段，個體根據在現實世界實施之後，對結果滿意的程度，對選擇的方案再作調整或改變。如此周而復始。此歷程亦可以下列五個階段表示：

⑴探索不同的可行方案。

⑵比較不同方案後果的得失。

⑶根據對後果的詳估而作選擇。

⑷接受現實的考驗。

⑸評估實施的結果再作決定。

惟在生涯決定過程中除了環境因素及各個選項的利弊得失的考量以外，個體本身的變化如：個體的價值觀、生涯信念、冒險性、承擔責任的習慣、生涯自我效能等特性都會影響個體的生涯決定，因此個體生涯決定的過程是頗複雜的。

㈡生涯規劃

當個體選擇了一個暫時性的生涯目標之後，即可據此目標擬定計劃，以促進目標實現的可能性。生涯規劃包括下列幾個步驟：

⑴考慮個體目前的位置及未來的目標：首先要具體描繪目前的狀況（包括健康、家庭、經濟、教育背景、工作經驗……等）及對未來的期待，如此可明顯看到若要達到目標，待努力者為何。

⑵瞭解需要達到的標準：許多目標的達成必需先具備一定的資格及水準，因此明確瞭解需要達到的標準並預留充分的時間做準備或訓練，使自己符合要求。

⑶列出所有可能的路徑：要從個體目前的狀況到符合目標的水準中間有許多可行的方法，個體宜盡可能的列出，以使自己能有較多的選擇。

⑷選擇可行的路徑之一，並據此列出計劃表。

⑸將生活型態的改變性列入考慮：一份新的計劃對個體的生活多少會有影響，計劃若不考慮這些現實層面，將會遭遇不必要的挫折。

⑹預留彈性：任何計劃都有可能需要修訂的時候，故要預留修訂的空間，以使目標更能順利達成。

⑺執行及評估：執行的責任在個體本身，執行中個體也需要不斷自問「我是否仍然期待達成這個目標」，如果答案是肯定的，自然持續投入執行；如果答案是否定的，那麼就需要從「設定目標」重新開始，擬定更適合自己，更願意投入的生涯計劃。

四、生涯安置與追蹤輔導

㈠生涯安置

生涯安置係指諮商員在協助個體瞭解自己的興趣、能力後，按照自己的計劃及所擁有的機會選擇合適的課程、課外活動及職業等。由此可知，生涯安置可分為學校系統內的安置服務（如升學、選課等安置服務）及學校系統外的安置服務（就業安置服務）。若無安置服務，可能使個體付出了代價而達不到自己的生涯目標 (Stone & Shertzer, 1981)。

國內的學校系統內安置服務，往年多以升學輔導為主，所謂的升學輔導係以協助同學擠進大學窄門為唯一目標，近年來在選課、選系、選校的自由度日益擴大的趨勢下，如何做適才適性的選擇逐漸為大眾所重視，學校系統中的生涯安置服務也必需隨著調整，從生涯發展的角度協助學生探索及選擇合宜的學校、科系及課程，幫助學生以最省力的方式達到自己的生涯目標。

傳統的觀念中視就業安置為單一事件，獨立於生涯輔導之外，目的也僅止於協助學生具備找工作及適應工作的能力。要使就業安置與生涯輔導整合，就必須視就業安置為一過程而非事件；視就業安置為生涯準備及生涯計劃的結果，是職業偏好的具體實踐；視就業安置為獲得找工作的技巧、知識、態度與生涯輔導的過程有關 (Herr & Cramer, 1988, p. 300)。在此觀念下，就業安置為職業選擇與準備的結果，就業安置的任務不僅在為個人尋求就業機會，更重要的是為個人安置適當的工作，與職業選擇與準備階段貫連，不可分割（宋湘玲、林幸台、鄭熙彥，民 74，頁 414）。在高失業率的今日，就業安置及追蹤輔導服務特別成為生涯輔導是否成功的指標 (Gibson & Mitchell, 1989)。特別是對剛踏入工作世界的青年人而言，由學校生活步入社會生活是生活中極大的轉變，他們尋找工作的行動常沒有方向、沒有效益，而尋找工作的失敗會使得青年人

漸漸相信自己是沒有價值的。故滿足年輕人此現實性的需求是相當重要的 (Gibson, Mitchell, 1981)。典型的就業安置服務應包括下列四個部分 (Gibson & Mitchell, 1989, p. 328)：

⑴評估學生的需求在於兼職或全職工作、訓練、應徵技巧或進修。

⑵與工業、商業及勞工業界代表建立工作關係，有效促進就業機構與學校的合作及溝通。

⑶協助學生設法得到符合自己興趣及能力的工作（或工讀機會）。

⑷在學生、就業機構的人事單位、社區代表、父母、媒體及學校之間建立有效的參與式的「回饋—溝通」網絡。

目前國內各大專院校的職業輔導工作亦已朝此方向實施。

㈡追蹤輔導

追蹤輔導的目的在瞭解個體對生涯安置的滿意程度、適應狀況，並進一步協助其瞭解未來可能遇見的困難，促進個體發展，同時亦可做為評估及修正生涯輔導方式的訊息來源。追蹤輔導的實施並不容易，一方面是輔導人員人手不足，當新個案不斷湧進時，對原先個案的追蹤就心有餘而力不足了，另一方面是當學生離開學校就業之後，由於畢業生分散各地，聯絡不易，即使以書信聯絡，畢業生也可能因為工作忙碌或其他個人因素而不回信。然而追蹤輔導的重要性卻不容忽略，特別是生涯輔導工作，個案常常需要經過一段時間的生活實踐才能顯出輔導的功效，輔導工作也才算告一段落；如一位缺乏找工作技巧的個體，在參加完應徵技巧訓練工作坊之後，需要到就業市場中實際應徵，才能確實驗證其輔導成效，而這可能需要數週的時間，所以追蹤輔導不僅是評鑑輔導成效得失的來源，也是判斷輔導工作是否可結案的依據。

同樣的，輔導工作的內容也應按發展階段的不同而有不同的實施重點，例如：

‧國民中學的生涯輔導工作內容

以下僅羅列我國各級學校的生涯輔導工作內容以供參考：

表 6–2　國民中學的生涯輔導工作內容

一、協助學生瞭解生涯發展理念與擴展生涯覺知
　　1.協助學生瞭解生涯發展的概念。
　　2.協助學生自我瞭解並作自我評估。
　　3.協助學生認識青少年時期的發展任務。
　　4.協助學生認識基本的生涯發展理論。

二、協助學生作生涯探索
　　1.協助學生瞭解工作世界與行業、職業概況及需求。
　　2.協助學生認識職業訓練與就業輔導機構。
　　3.協助學生認識當前社會就業概況。
　　4.協助學生認識各種行業與職業。
　　5.協助學生認識工作所需的一般知能。
　　6.協助學生認識各種技能檢定考試與證照功能。
　　7.協助學生認識工作世界的未來發展趨勢。

三、協助學生具備基本的求職知能，並作生涯規劃
　　1.協助學生撰寫履歷表與自傳。
　　2.協助學生學習求職面試技巧。
　　3.協助學生如何正確獲得就業資訊。
　　4.協助學生認識基本的勞工法令。
　　5.協助學生認識推廣教育機構。
　　6.協助學生如何作生涯抉擇。
　　7.協助學生如何訂定生涯相關的行動計劃。
　　8.協助學生建立終身學習的觀念。

四、協助學生建立良好的職業道德觀念
　　1.協助學生體認「勞動神聖」與「職業無貴賤」的意義。
　　2.協助學生養成服務與勤勞的習慣。
　　3.協助學生認識職業道德的重要性。
　　4.協助學生向創業或就業楷模學習。
　　5.協助學生學習以正當方法與合法管道拓展人生。

五、協助學生為升學作充分準備
　　1.協助學生瞭解各種升學管道。
　　2.協助學生瞭解不同類型升學學校及其科別之特色與條件。
　　3.協助學生準備升學。
　　4.協助學生認識升學有關的分發、甄試與考試制度。
　　5.配合進路輔導，協助學生選擇適當的學校升學。

‧高級中學的生涯輔導工作內容

依據教育部（民 73）修訂的「高級中學學生輔導辦法」，我國高級中學的生涯輔導仍停留於傳統職業輔導的觀念，而未擴及協助學生自我探索、生涯發展的範圍，且仍以職業輔導稱之（編按：教育部已於民國九十年十二月二十日修訂「高級中學學生輔導辦法」，請參見附錄二）。有關工作項目如下：

⑴實施個別諮商，並與家長聯繫，以瞭解學生就業意願。

⑵協助學生認識職業道德、職業現況及建立正確就業觀念。

⑶輔導學生選定職業目標，選習職業課程或轉學職業學校或五年制專科學校。

⑷舉辦職業座談會及參觀工廠或建教合作機構。

⑸輔導學生就業或參加職業訓練。

⑹其他有關職業輔導之規劃與執行事宜。

事實上，高中的生涯輔導工作已不僅限於此，許多學者、專家已進行有關研究，開發生涯輔導方案（侯月瑞，民 75；陳金定，民 76；金樹人、林媛，民 80；呂承芬，民 80），協助推動高中的生涯輔導工作。近年來，隨著入學方式的多元化及大學聯招錄取百分比日漸上升的趨勢，高中階段的升學輔導已不再以協助同學擠進大學窄門為唯一職志（楊世瑞，民 85）。因此，協助學生澄清自己的價值觀，瞭解自己的興趣、性向，以具備適才適性的選校、選系之能力。

‧大專院校的生涯輔導工作內容

由於生涯輔導觀念的普及，近年來大專院校在教育部的極力推動下，生涯輔導活動的辦理極為頻繁，輔導工作內容亦按生涯輔導內涵及各校學生的特質所需而有不同的設計，然未加以統整。林一真（民 81）的研究則提出一完整的模式如下：

我國大學院校的生涯輔導工作目標及內容要項之綱要：

1.自我探索輔導：協助學生

⑴個人探索

⑵環境探索

⑶定向探索

2.工作世界和進修環境探索輔導：協助學生

⑴職業探索

⑵升學資訊探索

⑶瞭解進入專業的方法

⑷獲得並運用生涯資料

3.生涯抉擇與規劃輔導：協助學生

⑴培養生涯發展觀念

⑵發展生涯抉擇技巧

⑶釐清生涯方向

⑷培養生涯計劃的能力

4.生涯準備輔導：協助學生

⑴澄清工作倫理

⑵培養適當的工作態度

⑶培養適當的休閒風格

⑷瞭解適應工作與環境的方法

⑸學習克服壓力與職業倦怠

⑹增進人際溝通的技巧

⑺學習婚姻家庭與工作世界的協調

⑻才能補充訓練

⑼才能專精訓練

5.生涯安置輔導：協助學生

⑴學習求職技巧

⑵學習升學技巧

⑶探索就業及升學機會

⑷獲得適當就業及升學機會

　6.生涯進展輔導：協助學生

⑴生涯適應

⑵再教育

⑶轉業

　　這個生涯輔導的要項綱要從生涯發展理論的觀點出發，涵括各項生涯輔導內涵，兼顧大學生生涯發展需求之輔導模式，非常的完備。同時也可作為其他各級學校實施生涯輔導時的參考。

第三節　生涯輔導的策略與方法

　　由於生涯輔導的內容相當廣泛，為確實達到輔導效果，需要依據輔導目標擬定計劃，並運用不同的輔導策略與方法，本節即介紹各種生涯輔導的策略與方法。

一、生涯輔導的策略

　　生涯輔導的策略可分為教育、諮商及資訊提供三大類，茲分別說明如下：

㈠生涯教育

　　生涯輔導注重個體的發展性，著重協助個體達成每個階段的發展任務，在此觀念下，教育不啻為達成生涯輔導目的的極佳方法；將生涯的概念溶入課程中，或依生涯輔導的目標設計相關課程，教導個體生涯發展的觀念，都是極佳的生涯輔導實施方法。在 1960 年代，由於美國教育衍生出的一些問題：如學生進入工作場所後，缺乏職業倫理的觀念、學校所學與工作現實脫節等，因此積極尋求結合學校教育與工作世界的教育方式，期待能使教育與工作產生有意義的連結。Herr (1973) 主張發展

任務的概念與生涯發展的理論與原則，必需從幼稚園開始有系統、有組織地結構於教育系統之中，強調教育應配合各年級學生的生涯發展，運用最適宜的教學策略來引導學生認識自己與工作世界。Herr 的觀點整合了生涯發展理論，學校教育計劃，及職業教育的重新定向。這三者關係的確認與澄清即是生涯教育孕育的基礎（許淑穗，民 81）。

Hoyt (1978) 認為生涯教育是個體經由對工作及生活的認同、選擇、計劃及準備獲得對自己及工作的知識、態度及技巧過程中經驗的總合。目的在協助個體獲得並運用必要的知識、態度及技巧，使得工作成為個體生活中有意義、有成果及安全的一部分 (Herr & Cramer, 1996, p. 33)。依據 Hoyt (1971) 對生涯教育的定義 (Mortensen, Schmuller, 1976)，Hoyt (1984) 及 Hoyt & Shylo (1989) 對生涯教育及生涯輔導異同的澄清 (Herr & Cramer, 1996, p. 41)，可歸納出生涯教育的特色為：

⑴生涯教育同時擁有生涯發展理論、研究的基礎及教育／學習理論的基礎。

⑵生涯教育屬長期性的努力，促使個體由生涯覺察到生涯探索、生涯決定／計劃以至執行的發展歷程。

⑶生涯教育企圖滿足所有人的發展需求——生涯教育從兒童早期開始，貫穿各年級層，並且期待個體在工作後仍不斷地回到學校接受更進一步的教育。

⑷生涯教育目的在保護及促進所有個體最大的生涯選擇度。

⑸生涯教育強調教育與工作的關係。

⑹生涯教育由幼稚園開始，持續至退休以後。

⑺生涯教育視工作價值觀為個人價值觀的一部分，如此也視工作為與生活整合的一部分。

⑻生涯教育認為有酬或無酬的工作都是重要的。

⑼生涯教育強調受教育的目的在為未來的工作做準備。

⑽生涯教育的主導人員是社區全體，而不是生涯輔導專業人員，因

為生涯教育的學習環境包括學校、家庭、社區及工作場所。

由上可知，生涯教育係以全體國民為對象，以學校為中心，在整個社會生活中對於教育目標重新加以檢討，設計與個人生活密切關聯的教育體制（劉焜輝，民 75）。希望教育國民擁有符合現實工作取向社會的價值觀，使工作對個體而言成為有意義的活動，也就是將生涯準備的概念溶入所有的課程中。這個趨勢目前也廣及澳洲、法國、加拿大等國家(Herr & Cramer, 1996, p. 35)。教育部於 1998 年 9 月 30 日公布「國民教育階段九年一貫課程總綱綱要」，確定「生涯規劃與終身學習」為國民十大基本能力之一。生涯發展教育不應只是在傳統的課程中增加一個額外的科目或單元，而應將生涯發展的理念融入現有的課程中。

㈡生涯諮商

自二十世紀初 Parsons 實施生涯諮商至今，生涯諮商的發展可以說非常的緩慢。今日的生涯諮商雖然擷取了心理治療的理論，使生涯諮商中自我探索的層面能夠更深入，然而生涯諮商仍與一般諮商不同，生涯諮商具有下列六點特色（引自林蔚芳，民 84）：

⑴生涯諮商是以「工作」為重心的深度自我探索歷程

Crites (1981) 即指出生涯諮商是把來談者的角色放入工作世界的背景中作考量，因為工作是生活中最重要的領域，生涯諮商是以「工作」為進行的重心。然而諮商的困難通常產生在釐清目標的過程中。Brown & Brooks (1991) 即說，大部分尋求生涯諮商的人並不能運用「真實的理由」選擇職業。因此生涯諮商首在協助個體進行深度的自我探索以覺察其心理需求，並進一步釐清需求，使需求具象化。然而需求具象化也只是生涯諮商的起點，將探索的結果置入工作（生涯）選擇、決定的歷程中一併考量，才是探索的最終目的。故此，生涯諮商的第一個特色就是「以工作為重心的深度自我探索歷程」。

⑵生涯諮商重視生活角色動態的平衡

愈來愈多的生涯諮商實務工作者認為自己從事的是「全人生涯諮商」，因為如果只考慮職業角色的選擇，而所選擇的工作不與生活中其他角色協調的話，通常會製造更多的問題（Brown 等，1991）。因此全人角色的平衡、和諧是生涯諮商所關心的。

⑶生涯諮商普遍使用評量工具增進來談者的自我覺察

生涯諮商應用特別的評量工具，如興趣量表等測驗，是生涯諮商的一大特色，它使得生涯諮商的結果更結構化而且可預測 (Osipow, 1983)。這些測驗不僅增加來談者的自我覺察，也成為連接來談者特質與工作的媒介。借助測驗可以提供生涯諮商員相當多的資訊，節省許多探索的時間。雖然不同諮商學派會因著重點不同而使用不同性質的測驗，但使用評量工具的普遍性是一致的。然而測驗結果並不能替來談者決定什麼，來談者藉由測驗瞭解自己之後，仍需自負作決定的責任。而且並不是在諮商的任何階段都可使用任何測驗，解釋測驗結果時也需要小心謹慎，以免誤導。

⑷生涯諮商係問題解決與發展取向兼顧

Herr 等人 (1988) 整理學者們對各種生涯問題的分類之後，發現所有問題都呈現在「生涯決定」的點上，這些問題阻礙個體迎接新的生活，由此生涯諮商的主要功能即在協助個體解決生涯決定方面的問題。但 Super 認為除了採取問題解決取向以外，也要兼顧發展性的取向，生涯諮商也應讓來談者獲得有利生涯發展的知識、態度或技巧。以能因應生涯決定的情境，增進生涯成熟 (Herr & Cramer, 1988)。Osipow (1983) 提到：生涯發展具有連續性及不連續性的特質，個體必需在某些轉換階段（如高中畢業時）作重要的生涯決定，以需要持續的經由一系列小而連續的選擇中，發展其生涯認同 (career identity)。由此觀之，在生涯諮商中問題的瞭解是「經」，發展狀況的評估是「緯」，二者不可偏廢。任何情境都要同時置入「經」、「緯」中作周延的考慮，此為生涯諮商的第四個特色。

⑸生涯諮商較結構化且較認知取向

沿著上述問題解決及生涯發展的主軸而行，被視為足以影響行為，左右情緒的認知變項是特別被重視的。Walsh (1990) 綜合數個不同取向的生涯諮商過程發現：生涯諮商進行過程的主要成份是來談者與諮商員之間的互動，包括諮商關係及溝通，大量的溝通是生涯諮商的組成之一 (Herr, et al., 1988)。這些溝通也多屬於認知性的討論。除此以外，許多影響生涯決定或發展因素的研究，也多著重在個體生涯決定技能、生涯信念、價值觀等行為及認知的層次，所以生涯諮商多半較結構化也較多進行認知澄清的過程。當然這並不表示生涯諮商忽略個體的情緒問題或重架構甚於來談者的需求，彈性及個別化的諮商原則在生涯諮商中也是一樣看重的。

⑹生涯諮商需要考慮現實層面的因素

Herr 等人 (1988) 指出，影響個體生涯決定的因素包括個人特質因素、價值結構因素、機會因素及文化因素四項。Spokane (1991) 提到，社會環境普遍影響個體的生涯選擇及成就。因此生涯諮商員無法忽略社會、文化等因素。來談者的期待和就業市場架構間的衝突常是生涯諮商的重要課題。Gotteredson (1981) 也陳述人們的抱負及興趣會因社會因素而妥協的現象。由此可知，生涯諮商是無法脫離社會脈動、現實世界而實施的。所謂的「現實層面」不僅包含「現在」而且包括「未來」，也就是說，所關心的不只是來談者目前如何作決定，還關心這個決定對來談者的長期目標而言有無助益。雖然現實中的機會因素及市場結構使個體的自我掌握成分降低，但因其之必存性，個體必需學會面對、接受現實，並在此現實中尋找發展的途徑。

綜上所述，生涯諮商係以增進個體生涯決定能力及生涯發展為目標，為達此目標，諮商員必需協助個體對自己的心理狀態（包括認知、行為及情緒）做深度探索，並協助個體澄清生涯困擾的源頭，拓展個體對自我及工作世界的瞭解，學習以全人發展的角度思考自己的未來，也學習

生涯決定的技巧以能面對多變的社會現狀，規劃自己的生涯藍圖。

㈢資訊提供

在協助個體生涯探索的過程中，個體需要大量、正確的資訊來幫助他們作決定，因此資訊提供也成為生涯輔導中很重要的一部分。獲得資訊的方式可分為：⑴心理測驗；⑵書面及媒體資料；⑶電腦輔助生涯輔導資訊系統等三大項。一般而言，在生涯輔導中實施的心理測驗包括興趣測驗、性向或能力測驗、工作價值觀測驗及人格測驗等，協助個體自我探索；書面及媒體則提供有關工作世界資訊及生涯發展概念等教育類訊息，近年來由於人工智慧的發達，電腦也成為有力的生涯輔助工具，它可綜合前兩項的訊息提供方式，協助個體自我探索、探索環境、自我評量以找出合適的發展方向。Crites (1981) 認為電腦之所以適用於生涯輔導，乃由於其能達成：⑴協助當事人做生涯選擇；⑵協助當事人獲得作決策的技巧；⑶提高當事人的一般調適能力等三項成果。Katz (1983) 更指出電腦輔助系統不僅是將舊有事務應用新的科技加以處理，而且更進而刺激輔導的發展，以產生新而綜合性的功能；輔導的理論或方法藉由電腦輔助系統的傳播，將比學校或訓練機構訓練輔導人員更為普及；電腦也可同時考量各種因素來配合個人需要，不再如以往人工處理只囿於一、二項因素的考慮（曾淑惠，民 79）。張峰鶴（民 81）分析電腦輔助生涯輔導系統的典型成分包括下列三種：

⑴指導成分：係設計來指導一個觀念或程序。包括解釋生涯發展的過程、價值澄清的過程及如何作合理的決定，瞭解工作世界的結構，以及如何使用資訊或得到財務幫助。

⑵評量成分：生涯系統均至少有一個自我評量方式，常用之評量內涵包括性向、能力、技術、工人特質或工作特徵、價值或性格等。

⑶資訊成分：所有主要的生涯輔導系統大都提供描述職業之資訊，包括工作內容和具備的條件、待遇等。也提供教育訓練資訊，其內容包

括各種教育計畫和提供此類計畫的學校與訓練機構。部分系統也同時提供撰寫履歷、文件、尋找工作模式，也有專屬軍人、殘障、婦女的檔案。

並且，雖然電腦輔助生涯輔導系統的內容彼此差異頗大，多項研究結果顯示：

(1)使用者對具有使用電腦輔助生涯輔導系統的經驗予以肯定。

(2)使用者對自我及工作世界的認識擴大。

(3)在使用過生涯系統後，使用者對於自己的生涯和教育計畫較為明確。

(4)使用者對其生涯決定能力較有自信。

由此可知，電腦輔助生涯輔導系統在提供個體自我訊息、工作世界訊息及學習生涯決策技巧上確實較為快速而詳實。然而電腦輔助生涯輔導系統的軟體開發時程很長，也要搜集、建立臺灣地區完整職業資料以茲配合，需要相當的財力及人力。故國內軟體的設計多以國、高中生為使用對象（陳清平，民 74；吳正己，民 74；張蘭畹，民 75；陳宗賢，民 77；楊朝祥，民 79；曾淑惠，民 79）。林幸台（民 83）接受行政院勞委會職訓局委託，建立電腦輔助「職業資料探索系統」就搜集了目前國內就業人口最多之 400 種職業資料，供各種學歷背景者使用。並且備有職業興趣測驗、職業價值觀自我評估等提供使用者規劃其就業方向用。

二、生涯輔導的方法

上述生涯輔導策略可以配合各種不同的輔導方法實施，如林一真（民 81）以大學生為對象，提出上述三種輔導策略之下的各種輔導方法，如表 6-3 所示：

表 6–3　　大學生生涯輔導方法

措　施	方　　法	措　施	方　　法
A. 教育	1. 課程 　a. 職業能力陶冶課程 　b. 生涯發展課程 　c. 資料收集與運用課程 2. 參觀訪問 3. 專題演講 4. 座談會 　a. 系（校）友座談 　b. 資源人士座談 　c. 家長座談 　d. 研究所代表座談 　e. 相關法律說明座談 　f. 轉系座談會 5. 研習會 　a. 學習輔導營 　b. 研習營 6. 導師工作坊 7. 大團體輔導活動 　a. 大團體輔導活動 　b. 全年度新生輔導 　c. 新鮮人生活營 　d. 加袍、加冠授證等儀式 　e. 校園徵才說明會 8. 教育訓練 　a. 工讀 　b. 實習 　c. 建教合作 　d. 職業訓練 　e. 短期研究 9. 競賽活動	B. 諮商 C. 資訊	10. 心理測驗 　　問卷調查 11. 個別諮商 　a. 家庭訪問 　b. 就業及升學訪視 12. 小團體輔導 13. 轉介 14. 同儕輔導 15. 電腦輔助諮詢軟體 16. 資訊網路 　a. 服務網 　b. 聯絡網 17. 提供資料 　a. 書面資料 　b. 求才求職與招生快訊 18. 信函 19. 生涯圖書室或生涯資源中心 20. 資訊展 21. 手冊 22. 視聽媒體 　a. 書面資料 　b. 錄影帶（影片） 　c. 幻燈片

Herr & Cramer (1988) 也曾提出 50 種生涯輔導方法如表 6–4 所示。

表 6–4　生涯輔導方法例舉

* 影片觀賞
* 討論
* 佈告欄公告
* 編擬職業角色之書冊
* 表列個人特質與教育和職業對策之關係
* 工作期望的分析
* 搜集報章雜誌的報導
* 短評
* 與興趣有關的遊戲
* 自我評估
* 資源人士（座談）
* 求才廣告之檢查
* 工作研究
* 兼差工作
* 不同工作或教育群的畢業生現況
* 個別諮商
* 測驗
* 生涯團體輔導
* 社會楷模
* 減敏感法
* 行為矯治
* 生涯資源中心
* 技能問卷──工作適配系統
* 工作中訓練
* 工作流程
* 生涯進路或階梯工作坊
* 同儕討論團體
* 有關生涯進路 (career paths) 的出版品
* 家庭訪問生涯諮商員 (in-house career counselors)
* 名詞界定
* 研討會
* 角色扮演
* 工作分析
* 辯論
* 面談
* 遊戲
* 測驗解釋
* 海報

* 工作與教育特質的配對
* 請圖書館員協助找資料
* 個人資料分析
* 與生涯發展資訊有關的新聞
* 追蹤研究
* 生涯影子
* 學徒
* 實習
* 電腦輔助輔導
* 生涯輔導課程
* 工作模擬
* 放鬆錄影帶

資料來源：Herr & Cramer, 1988, p. 217；摘自林蔚芳，民 80。

金樹人（民 80）的「國民中學生涯輔導具體措施」研究報告中，陳列出國中輔導主任，學生等人員對各種生涯輔導內容實施方式的偏好，其中輔導主任及學生認定最好的實施方式則如表 6-5 所示：

表 6-5　生涯輔導內容及具體措施可行性

項　目	內　容	具體措施可行性	
		輔導主任	學　生
1. 生涯探索	(1)生涯探索 (2)環境探索	心理測驗 班級輔導活動	小團體 小團體
2. 認識工作世界	(1)升學資訊 (2)工作世界探索 (3)瞭解進入工作世界的方法 (4)工作中人際關係的探索 (5)工作適應過程的探索 (6)工作與休閒的探索 (7)建立職業道德觀	升學指導手冊 觀看錄影帶 觀看錄影帶 人際關係研習營 座談 班級輔導活動 小團體	參觀高中高職 職業研習營 求職技巧研習營 小團體 小團體 參觀休閒場所 演講
3. 生涯決策	(1)生涯進路阻力與助力之分析研習營 (2)決策技巧與實作	班級輔導活動	研習營（小團體） 研習營（小團體）

4.生涯計劃	(1)生涯發展觀念的建立	班級輔導活動	研習營 （小團體）
	(2)生涯計劃的技巧與實作	班級輔導活動	研習營 （小團體）
5.就業安置	(1)就業訓練與安置	座談	參觀職訓安排就業
	(2)追蹤輔導	同學互為聯絡網	參觀職訓安排就業

第四節　生涯輔導實例

本節分為生涯教育方案實例及生涯諮商範例兩部分：

一、生涯教育方案實例

生涯教育的觀念雖然在國內尚未普及，然近年來各大專院校也已陸續開設生涯規劃等相關的選修課程,惟有系統的生涯教育方案仍不多見,行政院青年輔導委員會於民國八十一年委託劉焜輝教授及林幸台教授研究編寫「五年制專科學生生涯輔導方案」,可說是以生涯為主體的有系統、完整的方案。其方案目標、單元設計大綱如下：

壹、五專學生生涯輔導方案目標

本研究依據前章所述之生涯輔導之內涵及我國大專青年所需之生涯輔導擬定方案目標如下：

⑴認識生涯發展：旨在協助同學建立生涯發展的基本觀念並進而探索個人生涯發展。

⑵認識自我：旨在協助同學自我評估與自我瞭解，以促進正確職業自我觀的發展。

⑶認識工作世界：旨在協助同學瞭解職業的意義，認識就業機會與管道，並能將工作與生活型態結合。

⑷學習生涯決策技巧：旨在協助同學瞭解生涯決策的重要性，並由

實做中培養同學決策的能力。

⑸擬定生涯計劃：旨在協助同學瞭解生涯計劃的意義並由實作中增加同學時間透視的能力，並培養同學擬定計劃的技巧。

⑹認識就業安置與工作適應的方法：旨在協助同學學習進入工作世界的技巧及探索工作適應過程及因應之道等。

在上述六個目標之下，再進一步發展次目標、參考範圍、參考資料等項，經專家學者修正後如表 6-6，作為研究者撰寫方案之架構。

貳、五專學生生涯輔導方案單元設計

・單元設計原則

每一單元均由各目標下的次目標發展而來，撰寫者並可就次目標所包括內涵的多寡再予細分，為讓使用者能清楚聯結各單元與次目標之關係，故單元別以三碼表示之，前二碼為次目標的代碼（詳表 6-6），後一碼則代表在此次目標之下所發展出的單元數，例如：單元 2-1-1 及 2-1-2 即代表次目標 2-1 之下所發展出的二個單元。

此外，為求單元所包括內涵可以完整的傳遞，因此各單元實施所需的節數（每節以五十分鐘計）也視需要而有所不同，有些單元只需一節（五十分鐘），有些單元則長達三節（一百五十分鐘）。

・單元架構

每一單元均包括單元目標、單元設計旨趣、實施方式、單元內容、單元評鑑、補充資料及參考文獻等七大項，茲分別說明如下：

⑴單元目標：旨在呈現單元設計欲使學生學習到的具體目標。

⑵單元設計旨趣：旨在陳明單元撰寫者在設計此單元時的理念。

⑶實施方式：以表格方式呈現單元內所包含各活動名稱、時間及事前所需的準備事項，使教師能快速掌握單元大綱，並有提綱挈領的作用。

⑷單元內容：亦以表列方式呈現，說明每一活動內容之步驟及可參考的資料，便於教師掌握活動真義。

(5)單元評鑑：包括教師評量及學生自評兩部分，第一部分旨在協助教師檢查單元設計及實施的優缺點，俾能累積經驗使各單元更切合學生需要，第二部分則在協助教師檢查學生的學習結果與單元目標的符合程度，各單元評量表並提供答案欄供教師參考。

(6)補充資料：由於單元內容中所涉及的各種資訊或材料不易在單元內容中做詳細陳述，故由撰寫者另行撰寫或節錄，置於此段。資訊部分主要提供教師參考。材料部分則請教師依需要印製分發學生，以利單元之進行。

(7)參考文獻：係陳列撰寫本單元之主要文獻，教師亦可參考使用。

表 6-6　五年制專科學生生涯輔導方案撰寫架構

目　標	次目標	參考範圍	參考資料
壹、認識生涯發展	1-1 建立生涯發展的觀念並探索個人之生涯發展	1-1a. 瞭解各發展階段的生涯發展任務，包括第二生涯觀念之建立 b. 瞭解工作、休閒與家庭生活的關係	
貳、認識自我	2-1 瞭解自己的興趣、性向、價值觀及態度等各方面	2-1 包括：興趣、能力、技能、價值觀、工作價值、工作經驗、工作習慣、對性別角色的態度、社會化程序、生活型態、對職業的態度等各方面的瞭解	陳金定（民 76） 何麗儀（民 79） 鄭芬蘭（民 78） 王淑敏（民 77） 林蔚芳（民 78） 侯月瑞（民 75） Zunker (1990) Herr & Cramer (1988)
	2-2 探索自己為何會具有這些特質，以及對自己各方面特質的看法與態度	2-2 以後設認知的方法設計活動	
參、認識工作世界	3-1 瞭解職業的意義 3-2 學習獲得有關資料的技巧	3-2 包括： 　a. 瞭解五專學生教	侯月瑞（民 75） 何麗儀（民 79）

	3–3 瞭解各項工作所需的能力及有關要求 3–4 探索自我特質與工作的關係 3–5 瞭解工讀（打工）的意義 3–6 瞭解休閒與工作的關係 3–7 瞭解未來工作世界的發展趨向	育途徑及管道 b. 認識就業工作的機會與管道	
肆、學習生涯決策技巧	4–1 瞭解生涯決策的重要性 4–2 能評估各種進路管道的優劣 4–3 獲得各種進路的資訊 4–4 學習生涯決策的技巧及實做 4–5 學習為自己的決定及決定的結果負責的態度	4–1 瞭解五專階段生涯決策的意義 4–5 包括對冒險性的理解，及對自己冒險性的探討	陳金定（民 76） 劉明秋（民 77） 林幸台（民 72） 袁志晃（民 73） 袁志晃（民 77） 袁志晃（民 78）
伍、擬定生涯計劃	5–1 瞭解生涯計劃的重要性 5–2 瞭解未來職業的生涯階梯 (Career Ladder) 5–3 探索個人的理想生活型態 5–4 培養休閒的方法 5–5 學習擬定生涯計劃的技巧 5–6 擬定個人之生涯計劃	 5–3 包括探索個人的理想工作型態 5–6 包括個人的生涯發展觀	Herr & Cramer (1988) Zunker, V. G. (1990) 林幸台（民 76） 金樹人（民 75） 侯月瑞（民 75） 王淑敏（民 77） 劉興郁（民 79） 臺灣省政府勞工處高雄區國民就業輔導中心編印（民 79） 臺北縣淡水國中編印（民 77），頁 205 漳和國中編印（民 77），頁

			1–10，164–170 夏林清（民72） 楊朝祥（民73），頁299–330 黃惠惠（民78），頁19–36
陸、認識就業安置與工作適應的方法	6–1 瞭解生涯決策的重要性	6–1 係包含面試技巧、自傳、履歷、工作機會搜尋等	楊朝祥（民73），頁177–209，222–225
	6–2 能評估各種進路管道的優劣	6–2 包括工作中之人際關係（與同事及上司相處的技巧及態度），合作能力等在工作適應中的重要性，工作適應過程之必然性及因應之道	職訓局就業通報職訓區、青輔會出版品 王瑪麗（民74） 鄔佩麗（民72） 廖鳳池（民76） 劉英台（民75） 楊孝濚（民75） 黃惠惠（民78）
	6–3 獲得各種進路的資訊	6–3 包含第二生涯的探索，自我認識的再評估，及轉業的可行途徑探討	
	6–4 學習生涯決策的技巧及實做		
	6–5 學習為自己的決定及決定的結果負責的態度		

・單元目錄

五年制專科學生生涯輔導方案之目標、次目標及單元名稱如表6–7。

表6–7　輔導方案之目標、次目標及單元名稱一覽表

目　標	次目標	單元別	單元名稱
壹、認識生涯發展	1–1 建立生涯發展的觀念並探索個人之生涯發展	1–1–1	如何過一生——檢視自己的生活角色型態與生活組型
貳、認識自我	2–1 瞭解自己的興趣、性向、價值觀及態度等各方面	2–1–1	對於職業自我，其實我們所知極少——認識職業自我概念
		2–1–2	職業自我概念初探——職業

		2-1-3	興趣探索
			細數個人的能力資產——職業能力探索
		2-1-4	其實「它」的影響很大——工作價值觀探索
		2-1-5	性別會影響你的職業選擇和發展嗎?——檢視個人的「性別與職業」
		2-1-6	展現自我的舞臺——談理想的生活型態
		2-1-7	指引方向的原動力——個人職業信念之探索
		2-1-8	統整篇——我的職業自我概念
	2-2 探索自己為何會具有這些特質,以及對自己各方面特質的看法與態度	2-2-1	追本溯源——職業自我概念的形成
參、認識工作世界	3-1 瞭解職業的意義	3-1-1	職業與我——瞭解職業的意義
	3-2 學習獲得有關資料的技巧	3-2-1	資料大觀園——學習獲得有關資料的技巧
		3-2-2	通羅馬之道——學習獲得有關資料的技巧
	3-3 瞭解各項工作所需的能力及有關要求	3-3-1	工作與能力——瞭解各項工作所需的能力及有關要求
	3-4 探索自我特質與工作的關係	3-4-1	我與工作——探索自我特質與工作的關係
	3-5 瞭解工讀(打工)的意義	3-5-1	工讀與我——瞭解工讀(打工)的意義
	3-6 瞭解休閒與工作的關係	3-6-1	休閒與工作——瞭解休閒與工作的關係
	3-7 瞭解未來工作世界的發展趨向	3-7-1	明日工作世界——瞭解未來工作世界的發展趨向
肆、學習生涯決策技巧	4-1 瞭解生涯決策的重要性	4-1-1	生涯決策的重要性
	4-2 能評估各種進路管道的優劣	4-2-1	仔細思量向前走

		4-3 獲得各種進路的資訊	4-3-1	掌握各種進路資訊
		4-4 學習生涯決策的技巧及實做	4-4-1	生涯決策練習
		4-5 學習為自己的決定及決定的結果負責的態度	4-5-1	我是決策的主人
伍、	擬定生涯計劃	5-1 瞭解生涯計劃的重要性	5-1-1	我的未來不是夢
		5-2 瞭解未來職業的生涯階梯 (Career Ladder)	5-2-1	未來職業的生涯進階
		5-3 探索個人的理想生活型態	5-3-1	生活型態與生涯計劃
		5-4 培養休閒的方法	5-4-1	我的休閒計劃
		5-5 學習擬定生涯計劃的技巧	5-5-1	圓一個人生的夢
		5-6 擬定個人之生涯計劃	5-6-1	畫出生命的彩虹
陸、	認識就業安置與工作適應的方法	6-1 學習進入工作世界的技巧	6-1-1	社會新鮮人開步走㈠──如何開始求職
			6-1-2	社會新鮮人開步走㈡──求職技巧面面觀
		6-2 探索工作適應過程及因應之道	6-2-1	蛻變的生命㈠──培養工作適應的能力
			6-2-2	蛻變的生命㈡──培養人際適應的能力
		6-3 瞭解職業倦怠的原因與克服之道	6-3-1	認識工作低潮──談職業倦怠的現象成因與調適之道
			6-3-2	滾石不生苔──談跳槽
		6-4 培養轉業的能力	6-4-1	人生的另一個春天──談轉業
		6-5 瞭解教育訓練與工作發展的關係	6-5-1	活到老、學到老──談上班族的教育

　　本方案各單元的設計雖依一定的架構撰寫，但實施時教師亦可依同學的需要選擇其中合適的單元實施，毋需拘泥其順序。

　　這個方案兼顧生涯教育的廣度及深度，可分在五專各年級以班級輔導的方式實施，協助學生探索及學習。

二、生涯諮商範例

生涯諮商因實施者的理念或來談者問題的性質，有許多不同的模式（Crites, 1981; Kinner & Krumboltz, 1984; Yost & Corbishley, 1987; Gysbers & Moor, 1987; Spokane, 1991; Peterson, Sanpson & Peardon, 1991；林蔚芳，民 84；許鶯珠，民 85；黃慧涵，民 85；吳珍梅，民 85），有興趣者可自行參閱。本節以編撰之「高中生的選組困擾」為範例，從自我探索、環境探索、生涯抉擇與規劃及追蹤輔導等輔導內涵來說明生涯諮商的實施方式：

㈠案主背景

案主是某私立高中一年級男生，上有一兄、一姊，兄姊皆就讀於職業學校，哥哥高工畢業，現在當兵；姊姊目前就讀於某私立高職。案主的父親在工廠上班，媽媽替人幫傭維持家計。家境小康。

㈡主要困擾

案主目前面臨選組的困擾。案主本身對工科有興趣，但案主的父親告訴案主讀工科的將來工作會很辛苦，案主也擔心自己能力不如別人，在大學聯考時失利。案主對史地等科目比較有把握，想選擇商學科系就讀，又擔心自己不適合從商。

㈢實施重點分析

1. 自我探索

⑴實施生涯興趣量表、學科性向測驗、工作價值觀量表及人格特質量表等，協助案主探索自己的興趣、能力範圍、工作價值觀與人格特質。

⑵進一步與案主晤談，協助案主探索在考慮未來發展時的期待及案主對達成目標的自我信念。

2. 環境探索

就高中生而言，許多的期待或自我評估多有想像的成分，故需鼓勵搜集有關資料，以對所處環境有更真確的認識，搜集資料的內容可包括：

⑴大學中工學、商學科系的學習內容，所需基礎能力及未來的發展為何？（可由書面資料，正在就讀之學長、學姊或專業輔導人員處得知）

⑵訪問符合案主理想的工業、商業從業人員，瞭解工作的實際狀況及資格要求。（可由案主的家族親友或同學的長輩中尋找）

3. 生涯抉擇

探索之後，需協助案主整合有關資料，並教導案主作決定的方法或技巧，協助案主評估及作決定，如果案主仍無法作決定，則需要再進一步瞭解無法作決定的原因，協助其面對之。

4. 生涯規劃

案主一旦有了決定，就可協助其朝達成生涯目標的方向找出具體可行的途徑，擬定計劃，鼓勵其執行之。若案主覺仍有不妥，則需再與之討論，或循環以上的步驟。

5. 追蹤輔導

待案主分組之後，諮商員仍需進行追蹤輔導，以瞭解其適應的情形。

附 錄 二

高級中學學生輔導辦法（民國 90 年 12 月 20 日修正）

第 1 條　本辦法依高級中學法第十條（以下簡稱本法）規定訂定之。

第 2 條　本辦法適用於國立高級中學及直轄市政府主管以外之私立高級中學。

第 3 條　輔導工作應以全校學生為主體，就其身心發展之特質，輔導其適性發展。

第 4 條　校長及全體教職員均負輔導之責任，透過教務、學務、總務與輔導相關人員互助合作之互動模式，與全體教師、家長及社會資源充分配合，對學生實施輔導工作。

第 5 條　輔導工作之目標在於輔導學生統整自我、認識環境、適應社會，並能正確選擇升學或就業方向。

第 6 條　輔導工作應視學生身心狀況，施予下列三種層級之輔導：

一、發展性輔導：針對學生身心健康發展進行一般性之輔導。

二、介入性輔導：針對適應困難或瀕臨行為偏差學生進行專業輔導與諮商。

三、矯治性輔導：針對嚴重適應困難或行為偏差學生進行諮商或轉介，並配合轉介後身心復健之輔導。

第 7 條　發展性輔導內容如下：

一、實施新生始業輔導，增進學生之生活適應能力。

二、協助學生瞭解高級中學之教育目標，並認清各學科之學習目標、學習內容及選課方式與原則。

三、實施各項輔導活動，增進學生解決問題之能力並建立健康之價值觀與人生觀。

四、提供相關活動與課程，輔導學生規劃生涯藍圖，增進生涯發展

知能。

五、輔導學生培養良好之學習態度、習慣與方法。

六、協助學生適應團體生活，建立良好人際關係，培養適應社會之能力。

七、參考評量結果、運用生涯資訊，進行選課輔導。

八、培養學生主動蒐集資料、運用資訊之能力。

九、輔導特殊才能之學生。

一○、實施學生升學、就業及延續輔導。

一一、其他相關發展性輔導事項。

第 8 條　介入性輔導內容如下：

一、進行生涯未定向學生之生涯諮商。

二、協助適應困難學生轉換學習環境。

三、提供學習困難學生之學習輔導。

四、提供行為偏差或適應困難學生之心理諮商。

五、熟悉校園危機處理小組之運作方式，以減低危機事件對學校及師生之傷害。

六、其他相關介入性輔導事項。

第 9 條　矯治性輔導內容如下：

一、提供長期中輟生之延續輔導與生涯諮商。

二、實施行為偏差或嚴重適應困難學生之學習輔導。

三、對行為偏差或嚴重適應困難學生進行心理諮商或心理治療。

四、配合社區資源與精神醫療機構，實施精神疾病學生之轉介與延續輔導。

五、進行校園危機事件之緊急處理。

六、其他相關矯治性輔導事項。

第 10 條　高級中學應依據學生身心發展特質，廣泛運用測驗、觀察、調查、諮商、訪談等方式獲取之資料，作為學生輔導之基礎。

第 11 條　輔導工作之實施，得依課程教學、社團活動、個別談話、團體輔導、測驗實施、個別諮商、個案研討、諮詢與轉介等方式進行之。

第 12 條　高級中學輔導工作委員會之設置與專任輔導教師之遴聘，依本法第十五條規定辦理。

輔導工作委員會依相關規定，得視學校規模大小與業務需要，分組辦事。

第一項所稱之專任輔導教師，係指領有中等學校輔導科教師證書或加註輔導教師資格者。

第 13 條　輔導工作委員會議由校長主持，每學期至少召開一次，討論重大輔導工作計畫與評鑑等相關事宜。

輔導會議由主任輔導教師主持，每學期至少召開一次，討論輔導工作執行內容。

第 14 條　輔導工作委員會應依本辦法之精神，針對學校特性，兼顧各級學校之垂直銜接與社區、家庭及社會之水平聯繫，擬定年度輔導工作計畫。

校內各有關單位應依年度計畫配合執行，並加強與學校所在地之社區、機關、醫院、學校、團體及學生家庭等密切聯繫，以建立輔導網路，發揮輔導之整體功能。

第 15 條　為落實與強化輔導工作成效，各校應辦理相關人員之輔導知能研習。

第 16 條　輔導活動相關場地、設備與器材，應依照高級中學設備標準辦理。

第 17 條　輔導工作所需經費應編列年度預算，按預定計畫實施。

第 18 條　高級中學應於每學年結束時，對年度計畫執行成果進行檢討，藉以改進。

教育部得視需要委託或委任辦理輔導工作評鑑，評鑑結果作為年度表揚及追蹤輔導之依據。

第 19 條　本辦法自發布日施行。

▶ ▶ ▶ ▶ 關鍵詞彙

生涯 生涯自我探索

生涯輔導 生涯抉擇與規劃

生涯諮商 生涯安置

生涯教育 追蹤輔導

電腦輔助生涯輔導系統

▶ ▶ ▶ ▶ 思考與評量

一、試述生涯輔導的意義及目的為何。

二、試述生涯輔導的內涵。

三、試說明電腦輔助生涯輔導系統的特色。

四、試說明生涯個別諮商特點。

五、面對未來有許多的不確定因素，生涯規劃是否仍有實施的價值？並請說明原因。

▶ ▶ ▶ ▶ 參考書目

1. 吳正己（民 74）：電腦輔助職業輔導之應用研究。國立臺灣師範大學工業教育研究所碩士論文。

2. 吳珍梅（民 85）：中年期生計改變的相關議題與諮商處理模式。輔導季刊，第 32 卷，第 3 期，頁 34-42。

3. 呂承芬（民 80）：「生涯輔導活動計劃」實例。諮商與輔導，第 62 期，頁 19-21。

4. 宋湘玲、林幸台、鄭熙彥（民 74）：學校輔導工作的理論與實施（修訂初版）。高雄市：復文。

5. 林幸台（民 76）：生計輔導的理論與實施。臺北市：五南。

6. 林幸台（民 83）：職業資料探索系統。行政院勞工委員會職業訓練局委託。

7. 林蔚芳（民 79）：青少年生涯發展問題的輔導。諮商與輔導，第 53 期，頁 33–36。

8. 林蔚芳（民 80）：如何建立學校生涯輔導計劃。學生輔導通訊，第 14 期，頁 20–24。

9. 林蔚芳（民 84）：談生涯個別諮商的實施。載於行政院青年輔導委員會出版之青年輔導學報，頁 181–194。

10. 金樹人（民 77）：生計發展與輔導。臺北市：天馬。

11. 金樹人（民 80）：國民中學生涯輔導具體措施。教育部委託研究。

12. 金樹人、林媛（民 80）：高一學生生涯發展研究。諮商與輔導，第 62 期，頁 15–18。

13. 侯月瑞（民 75）：生計發展課程對高中（職）學生生計成熟與職業自我概念之輔導效果研究。國立臺灣師範大學輔導研究所碩士論文。

14. 洪寶蓮（民 82）：臺北市國民中學生涯輔導實驗報告。臺北市政府教育局。

15. 張峰鶴（民 81）：美國電腦輔助生計輔導系統。行政院青年輔導委員會出版。

16. 張蘭畹（民 75）：電腦輔助擇業選校輔導對國中學生生計發展之成效研究。國立臺灣師範大學輔導研究所碩士論文。

17. 許淑穗（民 81）：臺灣的學校教育為什麼不是生涯教育？現代教育，第 7 卷，第 27 期，頁 149–160。

18. 許鶯珠（民 85）：工專女生生涯抉擇問題及其諮商模式。輔導季刊，第 32 卷，第 3 期，頁 26–33。

19. 陳宗賢（民 77）：電腦輔助生計輔導系統之建立與應用。國立臺灣師範大學工業教育研究所碩士論文。

20. 陳金定（民 76）：生計決策訓練課程對高一男生生計決策之實驗研究。國立臺灣師範大學教育心理與輔導研究所碩士論文。

21. 陳清平（民 74）：微電腦化的職業自我探索量表對高中學生職業決策行為發

展之影響研究。國立臺灣師範大學輔導研究所碩士論文。

22. 曾淑惠（民79）：「生計輔導決策支援系統」——高職工科學生的生計輔導。國立臺灣師範大學工業教育研究所碩士論文。

23. 黃慧涵（民85）：生涯不確定狀態的相關議題及其處理。輔導季刊，第32卷，第3期，頁20–25。

24. 楊世瑞（民85）：高中輔導工作之現況與展望。輔導季刊，第32卷，第2期，頁2–4。

25. 楊朝祥（民79）：電腦輔助生計輔導系統的發展及效果評估研究。行政院國科會。

26. 劉焜輝（民75）：人生需要藍圖——生計輔導亟待積極推展。諮商與輔導，第10期。

27. 劉焜輝（民79）：脫胎換骨——從「職業輔導」到「生涯輔導」。諮商與輔導，第55期。

28. 劉焜輝、林幸台（民81）：五年制專科學生生涯輔導方案之探討。行政院青年輔導委員會委託研究。

29. 鄭熙彥（民80）：個人屬性資料之評量與搜集。載於行政院勞委會職業訓練局印製生計輔導專題研習——「生計資料之搜集與應用」研習手冊，頁23–38。（未出版）

30. Gibson, R. L., Mitchell, M. H. (1981). *Introduction to guidance.* New York: Macmillan Publishing Co., Inc.

31. Gibson, R. L., Mitchell, M. H. (1989). *Introduction to counseling and guidance.* New York: Macmillan Publishing Co., Inc.

32. Herr, E. L. & Cramer, S. H. (1996). *Career guidance and counseling through the life span: Systematic approaches* (fifth edition). Boston: Little Brown & Company.

33. Herr, E. L. & Cramer, S. H. (1988). *Career guidance and counseling through the life span: Systematic approaches* (third edition). Boston: Little Brown &

Company.

34. Hoyt, K. B. (1974). *An introduction to career education.* U.S. Office of Education Policy Paper. Washington, D.C.: U.S. Office of Education.

35. McDaniels, C., Gysbers, N. C. (1992). *Counseling for career development: Theories, resources and practice.* San Francisco: Jossey-Bass Publisher.

36. Mortensen, D. G., Schmuller, A. M. (1976). *Guidance in Today's Schools* (third edition). John Wiley & Sons, Inc., New York.

37. Stone, S. C., Shertzer, B. (1981). *Fundamentals of Guidance* (fourth edition). Boston: Houghton Mifflin Company.

38. Super, D. E. (1951). Vocational adjustment: Implementing a self-concept. *Occupations*, 30, pp. 88–92.

39. Super, D. E. (1976). *Career education and the meaning of work.* Monographs on career education. Washington, DC: The Office of Career Education, U.S. Office of Education.

40. Super, D. E. (1980). A life-span, life space approach to career development. *Journal of Vocational Behavior*, 16 (30), pp. 282–298.

41. Super, D. E. (1984). Career and life development. In D. Brown & L. Brooks (eds.). *Career choice and development: Applying contemporary approaches to practice.* San Francisco: Jossey-Bass.

42. Swain, R. (1984). Easing the transition: A career planning course for college student. *The Personnel and Guidance Journal*, 62 (9), pp. 529–532.

Chapter 7

→ → →

學生資料的搜集與
運用

↘ 學習目標

學習本章後可以：

一、瞭解學生資料的價值與功能。

二、清楚學生資料的搜集方法——測驗法。

三、清楚學生資料的搜集方法——非測驗法。

四、瞭解學生資料的管理與應用。

↘ 本章大綱

第一節 ── 學生資料的價值與功能
　　　　　學生資料之價值
　　　　　學生資料之功能
　　　　　學生資料之內容

第二節 ── 學生資料的搜集方法──測驗法
　　　　　測驗法

第三節 ── 學生資料的搜集方法──非測驗法
　　　　　觀察法
　　　　　晤談法
　　　　　問卷法
　　　　　自述法

第四節 ── 學生資料的管理與應用
　　　　　學生資料之管理
　　　　　學生資料之應用

導 言 → → →

　　輔導的目的，在於使每個學生能充分發展他的個性和潛在的能力，針對每個學生的個別差異，協助他們獲得最大的發展。因此，瞭解學生乃是輔導工作的起點，而學生資料的搜集與運用則是瞭解學生，協助學生適當發展的基礎。

　　學生資料的主要價值在於提供瞭解學生各方面的特質與需求，讓學校在輔導、教學、行政、研究以及學生本身等各方面發揮其功能。學生資料所涵蓋的內容包括：⑴學生個人的基本資料、⑵家庭環境有關的資料、⑶健康和生長資料、⑷心理特質的資料、⑸與學習經驗有關的資料、⑹自我概念、⑺生活適應、⑻生涯計畫等。

　　搜集學生資料的方法有二大類型，一類是比較客觀、科學，由專業人員使用的測驗法，另外一類則是一般教師比較常用的方法，包括：觀察法、晤談法、問卷法以及自述法。管理學生資料的方式主要分三種：⑴集中式保管、⑵分散式保管以及⑶分類式保管。學生資料應提供有關人員使用，並充分發揮其在輔導、行政、教學、或研究上的功能。

　　本章分成四節，依序分別就學生資料的價值與功能、搜集學生資料的方法之測驗法、非測驗法以及學生資料的管理與應用加以說明。

第一節　學生資料的價值與功能

一、學生資料之價值

　　學生資料的主要價值在於提供瞭解學生各方面的特質及需求，依宋湘玲等（民 85）、賴保禎等（民 82）的觀點，學生資料可以在下列五方面發揮其作用：

(1)輔導工作：輔導人員在瞭解有關學生身心發展的具體事實之後，一方面可以設計相關的生活、學習、升學與職業等輔導計畫，協助學生完成每個發展階段的任務；另一方面也可以在學生產生困擾時，參考學生資料提供適合其需要的輔導與諮商服務，協助學生解決困擾，以落實輔導的功效。

(2)教學工作：學生資料中提供了各項學生的社經背景與身心特質等有關資料，增加教師對學生身心狀況的瞭解，教師可以從中加以分析、歸納，設計適合學生個別差異與需求的教學材料與學習活動，以提昇教學效果。

(3)學校行政：學生資料可做為學校擬訂行政措施的重要參考。例如，可參考學生的社經背景資料，擬訂與學生家長的溝通策略或親職教育計畫，或依據學生的性向、興趣及學業成績等資料，擬訂編班或課程計畫。

(4)研究發展：學生資料提供了研究工作上現成且原始的資料。通常學校在新生入學或學期當中都會收集有關學生的一些資料，如果能夠妥善的加以運用，就可以成為從事教育或輔導研究的最佳原始資料。

(5)學生本身：學校可以藉由詳實、客觀、及正確之學生資料的提供，協助學生自我瞭解，而且根據此種自我瞭解訂定切合實際的生涯目標，以充分發揮其潛能，並且達到生活上的良好適應。

二、學生資料之功能

王勝賢（民 69）認為學生資料的功能可分為兩方面，一是幫助學生增進自我瞭解，使學生更能把握本身未來的情況；二是對想幫助學生的教師、輔導人員、行政人員或學生家長，提供有價值的資料，有效地幫助學生。

馮觀富（民 85）歸納學生資料的功能有下述兩種：

㈠對一般學生而言

⑴幫助學生瞭解自己的性向、興趣、能力以及所處環境，以適應未來，並達到自我發展的目的。

⑵幫助學生家長瞭解其子弟，俾訂定適當的期望水準，計劃其未來。

⑶幫助教師瞭解學生個別差異，以達到因材施教及提高教學效果的目的。

⑷作為教師或輔導人員實施延續輔導的依據，亦可在學生升級轉班或轉校移送資料中，使另一班級或學校教師或輔導人員，於短期內可以迅速瞭解其學生。

⑸作為教師或輔導人員評鑑學生行為改變的基準，亦可作為調整輔導策略的依據。

⑹幫助學校行政人員以及教育行政當局，瞭解學生實況趨向，及學生的普遍需要，對課程、教法、訓導等措施，隨時作最合理的調整。

⑺幫助政治、社會及教育等專家統計和研究資料，以謀教育政策及教育措施的改進。

㈡對特殊適應困難學生而言

⑴積極方面

在防患未然，學生不可能跟著一位教師，永遠不會變動，學生總有晉級、轉校、升學的過程，前一任教師或輔導人員對該生不良適應行為記錄，有助於後一位教師或輔導人員對該生這種不良適應行為的延續輔導，預防問題之繼續或惡化。

⑵消極方面

有利教師或輔導人員迅速找尋問題的癥結。若該教師或輔導人員事前於資料中已知某生有某種不良行為，當某事件發生，未悉為何人所為，而該事件又與該生以前資料所示不良行為相似，教師或輔導人員即可據

此加以研判，當不致失之過遠。

綜合而言，學生資料如果能夠妥善的搜集與運用，不僅對落實學校輔導工作有幫助，還可以提供學校、教師各項教學策略的參考，最重要的是，將資料回饋給學生，協助學生瞭解自己、發揮最大的潛能。

三、學生資料之內容

凡是有助於瞭解學生的資料，均屬學生資料應涵蓋的內容。

㈠一般資料

一般資料或稱綜合資料，我國教育部關心學校輔導工作，曾多次邀集各有關機關暨學者專家開會研議，與會者咸認學生資料表格有簡化及統一的必要，乃根據學校階段及學生性質，擬定國小、國中、高中、高職及專科學校，大學暨研究所五種學生綜合資料紀錄表（有的學校稱為學生輔導資料紀錄表）。學生綜合資料紀錄表是每個學生都必須建立的，分 A、B 兩表，A 表由學生自填，B 表由學校相關單位及教師填寫。茲以國中學生綜合資料紀錄表為例，說明一般資料的主要內容。

國中學生綜合資料紀錄表 (A)：

⑴本人概況：包括身分證統一編號、出生（籍貫、出生地、生日）、血型、家庭住址、學歷及入學史、身高及體重、生理缺陷、曾患特殊疾病等八項。

⑵家庭狀況：包括直系血親、父母教育程度、家長、監護人、兄弟姊妹（排行）、父母關係、家庭氣氛、父母管教方式、居住環境、本人住宿、經濟狀況、每星期零用錢等十二項。

⑶學習狀況：包括最喜歡的科目、最感困難的科目、特殊才藝、休閒興趣、參加校內社團及擔任班級幹部等五項。

⑷自傳：包括家中最瞭解我的人是、常指導我做功課的人是、我在家中最怕的人是、我覺得我家的優點是、我覺得我家的缺點是、我最要

好的朋友是、我最喜歡的國小老師是、小學老師或同學常說我是、小學時我曾在班上擔任過的職務有、我在小學得過的獎有、我覺得自己的過去最滿意的是、我覺得自己的過去最失敗的是、我最喜歡做的事是、我最不喜歡做的事是、我排遣休閒時間的方法是、我最難忘的一件事是、最足以描述自己的幾句話是等十七項。

(5)自我認識：包括我的個性、我的優點、我需要改進的地方等三項。

(6)我的心聲：包括我目前遇到最大的困難是、我目前最需要的協助是等二項。

(7)畢業後計畫：包括升學意願、就業意願、將來職業意願、如未能升學希望參加的職業訓練種類及地區等四項。

(8)備註：

由教師填寫的國中學生綜合資料紀錄表 (B) 內含：

(1)成績考查記錄：記載不同年級各科目的成績。

(2)導師評語：包括不同年級級任導師的評語。

(3)異動情形：包括升級、留級、轉學、休學、復學、升學等記事。

(4)獎懲記錄：包括事蹟的簡要描述。

(5)心理測驗記錄：包括智力測驗、學習態度測驗、國民中學行為困擾調查表，以及其他測驗的結果與分析。

(6)生活適應：包括生活習慣、人際關係、外向性行為、內向性行為、學習行為、不良習慣、焦慮症狀等。

(7)重要輔導記錄：包括瞭解學生所處社區之生活環境及其與家人之相處情形、瞭解學生放學後之作息內容與交友範圍、學生在生活、學業或職業等方面的適應情形、瞭解家人對學生之期望與平日督導情形、特殊優良表現及軼事等、其他特殊事件之有效處理（如學生無故曠課、缺席、獎懲輔導情形）等。

(8)勤惰記錄：包括事假、公假、病假、喪假、曠課、遲到、早退等。

㈡**參考資料**

通常一般資料是由學生或導師就紀錄表上所詢問的內容填寫，事實上學生資料的內容尚有其他的部分，如各項調查問卷的資料，或學生的日記、週記、作文、課堂上的表現、藝能課的作品，或教師對學生在校期間的觀察記錄（如軼事紀錄、評定量表、項目檢核表等——本章第三節有較詳細的介紹）都可列為瞭解學生的參考資料。

㈢**特殊資料**

有時為了協助某些學習或適應有困難的學生，而實施的心理測驗或個別、團體諮商等記錄也都是瞭解學生的重要特殊資料。

綜合上述的學生資料，我們可以將學生資料所涵蓋的內容簡化分類如下：

⑴學生個人的基本資料。

⑵家庭環境有關的資料。

⑶健康和生長資料。

⑷心理特質的資料：包括能力、性向、成就、興趣、性格、情緒、態度、價值觀等。

⑸與學習經驗有關的資料。

⑹自我概念：主要是學生對自己的認識和評估。

⑺生活適應。

⑻生涯計畫：主要是學生對自己未來的規畫。

第二節　學生資料的搜集方法——測驗法

測驗法或稱心理測驗法，指以心理測驗為主要工具，測量個體的能力或人格方面的特徵，從而分析與其他變項之間的關係的方法（張春興，

民78，頁650)。用在學校情境中則是指用心理測驗來瞭解學生、搜集學生資料。例如想瞭解學生的智能、性向、興趣或人格等心理特質，則可以透過智力、性向、興趣或人格等有關的心理測驗來評量，如果想知道學生的學業成就水準，則可以實施學科成就測驗。

一、測驗的意義

測驗是指在標準化的情境下，測量個人心理特質的工具。一份好的測驗應至少具備下列五個條件：⑴信度：指測驗分數的一致性或穩定性；⑵效度：指測驗能夠測量到它所欲測量之特質的程度；⑶常模：指某特定團體在測驗上的得分，通常以平均數來表示；⑷客觀性：指測驗實施程序、計分與測驗結果解釋的客觀化；⑸實用性：指易於使用該測驗，包括容易實施、容易計分、容易解釋和應用以及施測時間與費用的經濟等。

二、測驗的優點與限制

一般視測驗為搜集學生資料的主要工具，是因為測驗具有其特殊的優點與功能，主要有下列幾點：⑴測驗具有客觀性，可以避免主觀的判斷；⑵時間上很經濟，可在短時間內利用多種測驗瞭解學生在各方面的情況；⑶測驗結果可以數量化，易於瞭解，亦便於說明；⑷測驗的結果具有評估、診斷與預測三大功能；⑸測驗結果在教育上可做多方面的應用，如幫助學生瞭解自己、建立教師和父母適當的預期水準、作為編班或分組的參考、作為成績考查的參考、診斷學習的困難、實施個別化教學等。

測驗雖然有上述的優點，但是，在應用上還是有其限制：⑴測驗是一門專業知識，舉凡測驗的涵義、施測步驟、結果計分與解釋，都須專業人員才能勝任；⑵測驗所能測量的只限於某一方面（效度），因此，測驗的選擇與運用，必須非常謹慎，否則很容易流於測驗的誤用或濫用；

⑶測驗結果的解釋與應用，要考慮到各種條件，不能以單獨一種測驗結果輕易下判斷，必須與其他相關資料做綜合性的應用。

三、測驗的種類

測驗可以從不同的角度或層面來加以分類，但是，無論如何分類，各種測驗都有其特殊的用途和使用的限制，而且，一個測驗可以同時屬於幾種類別之中（郭生玉，民 74）。

根據測驗的功能來分，測驗有兩種：

1.認知測驗：認知測驗主要在測量心理的能力，由智力測驗、性向測驗和成就測驗所測得的能力，即為此種能力。

⑴智力測驗：智力測驗是在測量普通的學習能力，故又稱為普通能力測驗或學業性向測驗。

⑵性向測驗：性向測驗是在測量學習的潛在能力，亦即測驗未來發展的可能性。通常包含兩種性向：一是普通性向，即學習一般事務所共同需要的能力，智力測驗所測量的能力，即是此種性向。另一是特殊性向，即學習某些特殊才能所需要的能力，如音樂、美術、機械、科學或體育等特殊才能，即為此種能力。

⑶成就測驗：成就測驗是在測量由教育或訓練所獲得的實際能力。通常有三種成就測驗：綜合成就測驗、特殊成就測驗和診斷測驗。綜合成就測驗的目的是在測量各科的成就水準；特殊成就測驗則在測量某一學科的成就水準；而診斷測驗目的是在測量學習的困難所在，以為學習輔導之依據。

2.情意測驗：情意測驗主要在測量個人的人格。包括態度、動機、興趣、價值觀、自我概念、情緒、人際關係及人格特質等。

根據測驗的材料來分，測驗有兩種：

1.文字測驗：文字測驗是以文字為測驗的主要材料，指導說明使用語言，受試的反應也可用語言。

2. 非文字測驗: 非文字測驗是以非文字為測驗材料, 如圖形、物體、方塊、迷津、拼圖與儀器等。

根據測驗的人數來分, 測驗有兩種:

1. 個別測驗: 個別測驗是一種在同一時間內, 只能實施於一個人的測驗。

2. 團體測驗: 團體測驗是一種在同一時間內, 可以同時實施於許多人的測驗。一般而言, 團體測驗也可以採用個別方式實施, 但個別測驗則否。

根據測驗標準化的程度來分, 測驗有兩種:

1. 標準化測驗: 標準化測驗是由測驗專家, 根據測驗的編製程序而編成的一種測驗。測驗題目均經過試題分析選擇而來, 而且, 測驗的實施、計分和解釋, 也都有一定的程序, 必需依照指導手冊辦理。同時, 測驗也都建立常模、信度和效度的資料。大多數的智力或性向測驗都屬於標準化測驗。

2. 非標準化測驗: 非標準化測驗是由教師以非正式的方式, 依自己教學的需要而自編的測驗, 故又稱教師自編測驗或非正式測驗。

根據測驗分數的解釋方式來分, 測驗有兩種:

1. 常模參照測驗: 常模參照測驗, 是指測驗的結果, 根據分數在團體中的相對位置而加以解釋的一種測驗。主要目的, 是在區分學生之間的成就水準。

2. 標準參照測驗: 標準參照測驗, 是指測驗的結果, 根據教學前所訂定的標準而加以解釋的一種測驗。一般凡是達標準者, 稱為精熟學習, 而未達標準者, 稱為非精熟學習。此種測驗的目的在瞭解學生的學習是否有困難存在。

四、學校適用之測驗資料來源

各級學校有那些測驗可以使用, 一般除了可從有經驗的人員中得到

訊息外，還可以從評論性的專文或測驗彙編中獲得。例如，「測驗年刊」、「測驗與輔導雙月刊」兩種是屬於測驗評論性的專業期刊，而「我國心理與教育測驗彙編」（陳明終等，民 77）、「特殊學生評量工具彙編」（張蓓莉主編，民 80，國立臺灣師範大學特殊教育中心）和「我國心理與教育測驗彙編（一）」（簡茂發等，民 81）則屬於測驗彙編。測驗彙編內記載每種測驗的介紹內容包括：⑴測驗名稱；⑵修訂者；⑶出版單位；⑷出版日期；⑸測驗功能；⑹測驗來源；⑺測驗內容；⑻適用範圍；⑼測驗時間；⑽實施方式；⑾信度；⑿效度；⒀計分與常模；⒁資料來源；⒂相關文獻；⒃發行單位。都是選擇測驗使用的重要參考。

我國各級學校使用測驗的情況已甚為普遍，民國八十三年六月以後，受到新頒著作權法的影響，許多測驗涉及到版權的問題，在使用上應小心謹慎，先查明版權確定沒有問題後才能使用，以免觸法。

五、測驗實施的原則

1.運用測驗時要考慮本身的專業知識及經驗：運用測驗結果來解釋行為，或用以協助當事人做抉擇，或提供做政策性決定時，應先對測驗之性質、目的、評量信度和效度，以及研究方法等，具有適當的瞭解。

2.測驗實施必須要有一套完整的計畫：從測驗計畫的擬定到實施，應由有關的教師、行政人員、輔導員共同參與擬定。除非相關人員的通力合作和支持，否則，測驗計畫難以發揮應有的效果。

3.測驗實施要遵循一定的程序：一般測驗實施的基本步驟包括⑴確定測驗計畫的目的；⑵選擇符合目的的測驗；⑶安排實施測驗的時間表；⑷安排測驗前的教師研討會；⑸實施測驗；⑹評閱測驗分數；⑺登記測驗的結果；⑻使用測驗結果（郭生玉，民 74）。影響測驗實施的成功因素，決定在上述各步驟是否能夠徹底執行。

4.測驗實施要有明確的目的和運用，應避免測驗的濫用和誤用：凡⑴可不用而用測驗；⑵不依測驗計畫而實施測驗；⑶未針對問題而選用

測驗，或不注意心理計量特性而運用測驗，是為測驗的濫用。凡(1)超出常模限制的運用；(2)超越信度和效度證據的運用；(3)未對測驗內容、目的、編製程序作充分瞭解的運用，是為測驗的誤用（路君約，民 82）。可見實施測驗要很謹慎。

5.測驗結果要回饋給學生知道：如何解釋測驗分數，以幫助學生自我瞭解，可參考下列的原則：(1)解釋測驗者應瞭解測驗的性質與功能；(2)測驗分數應為學生保密，分數的解釋以採用個人的解釋為宜，不宜採用團體解釋或公告週知的方式行之；(3)解釋分數應盡可能參考其他有關的資料；(4)解釋分數應避免只給數字，應口頭或附加文字說明數字所隱含的意義；(5)對低分者的解釋應謹慎小心；(6)解釋分數時應設法瞭解學生的感受；(7)解釋分數只做積極性的建議，切勿為學生做決定，以免解釋流於武斷；(8)測驗都有測量誤差，解釋分數時，需考慮誤差的大小，應以一段可信範圍來解釋較為適宜（郭生玉，民 74）。

第三節　學生資料的搜集方法——非測驗法

使用測驗搜集學生資料，需要考慮本身的專業知識和經驗，一般教師往往只能知其然，而不知其所以然，在應用上難免受到一些限制。本節介紹一般教師可以使用的方法，包括觀察法、晤談法、問卷法以及自述法。

一、觀察法

㈠觀察法的意義

觀察法是指由研究者直接觀察記錄個體或群體的活動，從而分析研判與有關因素之關係的一種方法。在性質上，觀察法大致分為控制觀察與非控制觀察兩類。前者多用於實驗室內；如經由單向透視窗觀察兒童

遊戲即屬之。後者用於自然情境；如在球場邊觀察球員們爭球的表現即屬之（張春興，民78，頁447-448）。我們可以將學校視為自然情境，從觀察學生在教室內外的行為中，可以知道他們的人際關係、做事態度或情緒反應。

㈡觀察法的優點與缺點

觀察法最大的優點在於實施與記錄資料都很方便，可在任何時間地點進行。對於一些害羞、膽怯、不擅言詞或防衛心重的學生，利用觀察法可以搜集到不少的資料，而且是在行為發生的當時觀察，要較事後追憶的方法來得完整與客觀。觀察法亦有其限制，如：⑴觀察所得的資料變項在運用時，只能做連帶關係的推測，無從確定其間的因果關係；⑵觀察所得的資料變項在解釋上，易受觀察者本身主觀因素的影響，失卻其準確性；⑶欲觀察的事項有時可遇不可求，而有些行為不適宜或無法直接觀察；⑷觀察與記錄工作很難同時進行，有時學生意識到被觀察，會影響其行為表現。

㈢觀察法的類型

一般將觀察法分為無結構式觀察法 (unstructured observation) 與結構式觀察法 (structured observation) 兩種（楊國樞等，民67）：

⑴無結構式觀察法

這種觀察法對於所要觀察的行為、項目或進行的步驟，大都沒有明確的界定。通常是被用在有系統研究計畫的初步工作，此法依觀察者是否參與當時的情境而分為參與及非參與觀察，前者指觀察者介入或進入被觀察者的情境中，後者則是指觀察者並不介入或進入被觀察者的情境中。

⑵結構式觀察法

這種觀察法對於所要觀察的行為、項目或進行的步驟，有明確的規

劃與界定，並且有相當程度的控制，在方式上與控制觀察法很接近，不同之處是結構式觀察法只在自然的情境中進行。此觀察法的觀察者採非參與的方式觀察，並儘量使被觀察者不察覺有人在觀察他。此觀察法不但在觀察程序的設計上極為嚴謹，而且觀察資料的記錄方式亦相當有系統。

㈣觀察法的原則

為提高觀察的正確性與客觀性，有一些觀察的原則可以參考：

⑴觀察是有目的性的，所以觀察之前要先確定所要觀察的目標行為或特徵。

⑵同一時間只觀察一個人，如果想觀察研究的是團體行為，則需要考慮使用錄影設備以記錄同一時間所發生的情況。

⑶觀察有意義的行為。什麼是行為的意義，行為發生時它的意義是什麼，不是馬上就能完全清楚，需要耐心思索。

⑷觀察的時間取樣很重要，應將觀察的時間分散在不同的時段進行。

⑸學習觀察期間不做記錄，以免影響觀察的進行。

⑹觀察告一段落，儘可能立即進行記錄與摘要的工作 (Shertzer & Stone, 1981)。

⑺觀察的資料必須與其他資料綜合起來運用，因此使用觀察資料時，須兼顧考慮其他的相關資料 (Gibson & Mitchell, 1990)。

㈤觀察法的記錄工具

⑴項目檢核表

項目檢核表是列出一些具體的行為或特質，然後進行觀察，根據觀察的結果，記錄那些行為或特質是否出現。

項目檢核表通常由三個部分所構成：一是基本資料；二是所要觀察檢核的行為或特質；三是表示該行為或特質是否出現。項目檢核表的記

錄方式可參考如表 7-1。

表 7-1　項目檢核表

學生行為或特質項目檢核表				
學生姓名：　　　班級：　　　日期：　　　評量者：				
行為描述	是否出現該行為	是	否	不確定
1.有自信的		-	-	-
2.善於社交的		-	-	-
3.友善的		-	-	-
4.有敵意的		-	-	-
5.		-	-	-

⑵評定量表

　　評定量表是對所觀察的行為或特質，給予一個等級，用來表示該行為或特質出現的頻率。它的特色是以定量的方法，亦即用等級量化的方式來描述行為或特質。它的目的不在記錄行為或特質是否出現，而在評定所觀察的行為或特質的品質。

　　評定量表通常由三個部分所構成：一是基本資料；二是所要觀察評定的行為或特質；三是表示行為或特質程度的量表。一般常用的評定量表有三種：數字評定量表、圖示評定量表和敘述的圖示評定量表。數字評定量表是以數字來表示某項行為特質的等級或強度。圖示評定量表通常是以一條水平線的圖示來表示某項行為特質的強度。敘述的圖示評定量表是使用水平線的圖示加上描述各點所代表的行為意義。敘述的圖示評定量表很清楚敘述了各評分點所代表的行為意義，最適合觀察記錄使用。評定量表的記錄方式可參考如表 7-2、表 7-3、表 7-4 所示。

表 7-2 數字評定量表

學生行為評定量表				
學生姓名: 班級: 日期: 評量者:				
1 = 從未如此				
2 = 很少如此				
3 = 有時如此				
4 = 經常如此				
5 = 總是如此				
1.上課發問	1	2	3	4	5
2.上課專心	1	2	3	4	5
3.	1	2	3	4	5

表 7-3 圖示評定量表

學生行為評定量表				
學生姓名: 班級: 日期: 評量者:				
	1	2	3	4	5
1.上課發問					
2.上課專心					
3.					

表 7–4　敘述的圖示評定量表

學生行為評定量表

學生姓名:　　　　班級:　　　　　日期:　　　　評量者:

1.上課發問

|　1　|　2　|　3　|　4　|　5　|

1　　　　　2　　　　　3　　　　　4　　　　　5

從未發問　　　　　有時候會發問　　　　經常發問

2.上課專心

1　　　　　2　　　　　3　　　　　4　　　　　5

沒有專心上課　　　有時候很專心　　　　總是很專心

3.

　3.軼事記錄法

　　軼事記錄法是在一特殊情境或偶發事件中，對學生相關行為的觀察描述。它的特徵是：⑴客觀、實際的記錄所觀察到的行為；⑵只對某一情境的偶發事件簡潔的記述；⑶連續、累積的持續進行；⑷描述性的。

　　軼事記錄的格式可以不拘形式，通常分三個部分：⑴基本資料：含學生姓名、班級、觀察者姓名、地點和日期等；⑵軼事資料；⑶解釋或評論。記錄軼事時，只要求對某一情境偶發的事件描述清楚，不必對事件或學生行為做立即的解釋或評論，可以等累積足夠的資料再做解釋或評論。軼事記錄的方式可參考表 7–5、表 7–6、表 7–7 所示。

表 7–5　軼事記錄表㈠

學生姓名:　　　　　　　　日　期:	
班　級:　　　　　　　　　地　點:	
軼　事:	
觀察者:	

表 7–6　軼事記錄表㈡

學生姓名:		班　級:
日　期	軼　事	評　論
	觀察者:	

表 7–7　軼事記錄表㈢

學生姓名：		班　級：	
日　　期	觀察者	軼　事	

二、晤談法

㈠晤談法的意義

　　晤談法是指有目的性的談話，是兩個或兩個以上的人，面對面的談話，主要用來發現事實 (Shertzer & Stone, 1981)。透過晤談，教師不僅可以搜集學生相關的資料，以做為學生現有資料的佐證或彌補現有資料的不足，同時可以有計劃的觀察學生的態度、表情、情緒等以探索、評鑑學生行為的真象。晤談法是在搜集學生資料上應用最廣的方法。

㈡晤談法的優點與限制

　　晤談法的優點，在於面對面的交談，可以較深入的瞭解或澄清學生的內在想法、意見或感受。同時面對面可以清楚觀察學生的態度、情緒表現等，增加所得資料的正確性。晤談法的限制：⑴晤談費時費力，不利大量施行；⑵教師若非稍具晤談技術，則所搜集的資料可能會有偏差；⑶學生可能提供不實的資料；⑷晤談所得資料不易量化。

㈢晤談法的種類

依晤談的結構來分：

⑴結構性晤談法：有明確的晤談綱要，即事先擬妥晤談的主題，按一定的程序進行晤談。

⑵非結構性晤談法：沒有明確的晤談主題，也沒有預設的程序，學生可以自由的陳述、表達。

依晤談的對象人數來分：

⑴個別晤談：僅一位教師與一位學生進行晤談。

⑵團體晤談：由一位或數位教師與一位或數位學生進行晤談。

㈣晤談法的原則

⑴晤談前最好先有所準備，如人、事、時、地、物的考慮，亦即要和誰談、談什麼、什麼時候談、在什麼地方談較恰當，以及紙筆或錄音機等輔助工具的使用考量。

⑵要建立良好的晤談氣氛，教師的態度很重要，如真誠、尊重、接納、溫暖以及支持等。

⑶晤談是有目的性的談話，熟練一些晤談技術有助於晤談的進行，如起始技術、專注、傾聽、引導、澄清或同理心等技術。

⑷晤談結束，不論是否當場記錄，要即時將晤談內容加以整理記錄下來，並視為保密資料處理。

三、問卷法

㈠問卷法的意義

問卷法是採用問卷為研究工具搜集研究資料的一種方法（張春興，民 78，頁 534）。在搜集學生資料的應用上，我們可以就某一既定的主題

範圍，設計一組問題，用以調查學生的主觀意見或客觀的事實。例如：將「學生綜合資料記錄表」交由學生自行填寫，我們就可以大概瞭解有關學生的基本身分資料、家庭狀況、學習情況、自我概念等。

(二)問卷法的優點與限制

問卷法的優點：(1)實施簡單方便；(2)可以在很短的時間內，搜集許多學生在同一性質的資料，節省人力和時間；(3)對拙於言詞或害羞的學生，可免於面對面的侷促不安，可以細心的考慮作答；(4)問卷資料可以量化也可以藉由電腦處理，一方面節省分析的時間，另一方面也可提供相關研究的素材。

問卷法的限制：(1)問卷的內容有其既定的範圍，只能取得一定範圍內的資料；(2)作答者的合作態度、認真程度以及是否理解題意都會影響資料的正確性；(3)問卷上一些量化的資料，同樣的數值，對不同的學生可能隱含不同的個人意義，在解讀上易生困難。

(三)問卷法的種類

普通的分法為二種：

(1)結構型問卷

結構型問卷是指根據假設需要，把所有問題完全印出來，受測者只要依照自己的想法，每題圈選其中一個答案，或者偶爾填上一兩句話即可。結構型問卷又可分為二種，一種以圖畫指示回答的方式，一種以文字指示回答的方式。後者因回答方式的差異，可再分為限制式問卷與開放式問卷。限制式問卷的特點是在所提供的有限答案中，強迫挑選，易於統計與整理。開放式問卷則是以開放式問題呈現，不限制受測者如何回答，可以獲得較多的資料，但不易統計整理。

(2)無結構型問卷

所謂無結構，嚴格的說，應該是結構較鬆散或較少，並非完全沒有

結構。這種型式多半用在深度訪問的場合，被訪人數比較少，不必將資料量化，卻又必須向被訪人問差不多相同的問題，對訪員與被訪人而言，都有適當的彈性自由，這點與一般問卷極不相同（楊國樞等，民 67）。

㈣問卷法的原則

⑴問卷法的使用，要針對研究目的或清楚所欲獲得的資料，通常需要自行設計問卷或慎重選擇合適的現成問卷來使用。

⑵使用問卷法，最好能熟悉問卷設計的一些基本概念。例如：如何設計問卷、如何分析、解釋資料等。

⑶如欲自行設計問卷搜集學生資料，可以先從比較小的研究範圍或針對特定的資料分析著手，設計簡單的問卷，待熟練後可以將資料搜集的範圍或分析工作再擴大。

四、自述法

㈠自述法的意義

自述法是個人對自我的描述，亦即由學生本人對其生活經驗所做的撰寫。在學生資料的搜集上，它能表達學生本身的觀點，我們可以透過自述法深入瞭解學生內心的感受、想法以及他對外在世界的知覺。學生的日記、週記、作文、自傳、學習心得、學習報告等資料都是搜集自述法資料的主要來源。

㈡自述法的優點與限制

自述法的優點，很明顯的是此法可以顧及資料來源的主體性，由學生本人陳述其觀點，而且撰寫工作即有增進其自我瞭解的機會，對於內向、不善口語表達的學生提供抒發的管道，透過學生自述的資料，可以藉此瞭解他某方面的生活體驗，如果仔細研讀，說不定可以看出一些端

倪，及早發現一些問題。

自述法的限制，一方面來自學生，例如撰寫的態度是否認真以及寫作的能力都會影響學生的表達；另一方面則來自解讀資料的人是否對學生所提供的自述資料有所誤解。

㈢自述法的種類

從形式上分：

⑴結構式：有明確的主題，指導或要求學生在這些主題上陳述。

⑵非結構式：沒有明確的主題，由學生自由發揮。

㈣自述法的原則

⑴建立良好的互動基礎，營造信任、安全的關係。

⑵引發學生撰寫的興趣和動機。

⑶在解讀資料時，宜參考其它相關資料再加以解釋。

第四節　學生資料的管理與應用

一、學生資料之管理

㈠學生資料的管理方式

學生資料的管理方式大致上分三種類型：

⑴集中式保管：指學校有特定地點設置資料專櫃、專人管理學生資料。

⑵分散式保管：指學校未提供特定的地點存放資料，亦不設專人管理，通常將學生資料交由班級導師自行管理。

⑶分類式保管：指依照學生資料的不同性質，交由專人或相關人員

管理。

㈡學生資料的管理原則

(1)要注意保密。

(2)要儘量讓有關人員取閱方便。

(3)要顧及保管場所的安全。

(4)宜採集中式專人管理。

(5)要有明確的管制措施，如新填、更新、補填或資料檢驗等。

(6)學生資料的借閱、更新與轉移都要經過一定的程序，且留下記錄以供查考和追蹤。

二、學生資料之應用

學生資料如不應用，有資料等於沒有資料。學生資料應提供有關人員使用，並充分發揮其在輔導、行政、教學、或研究上的功能。

㈠應用學生資料的主要人員有

(1)校長：瞭解本校學生的一般特質和需要，以作校務發展的參考。

(2)教務主任及教務處人員：瞭解學生能力、興趣、學業成就和學業適應等問題，以便改進教務措施。

(3)訓導主任及訓導人員：瞭解學生身心特質和各項行為記錄，以便適當處理操行問題或實施獎懲。

(4)導師或級任老師：瞭解本班學生個人及其環境之資料，以便於實施個別輔導。

(5)輔導教師：分析學生資料，提供有關單位或教師參考，以預防問題發生或便於提供學生發展機會；對於有特殊問題或需要的學生，協調有關人員進行適當處理或個別輔導。

(6)學生家長：可向學校查閱其子女資料，以瞭解其子女的身心狀況

和學習情形，以便作適當的期待，並採取和學校相配合的管教措施。

(7)治安機關：學生如在校外發生某種問題，須由警察機關或法院處理者，可配合學校訓導與輔導人員調閱該生資料，以瞭解其犯過原因並作適當處理。

(8)就業機關：學生離校後，若就業機關須瞭解該生之家庭與生活背景或能力、性向等資料，以便作適當安置時，可協同學校輔導人員，審慎查閱有關資料（劉焜輝，民75）。

㈡學生資料的應用類型有

1. 輔導上的應用

可依下列輔導基本模式加以應用：

(1)間接的初級預防：輔導人員利用學生資料來分析全體學生的長處和短處，以作為課程設計、訓導計畫擬定、人員聘用和環境布置的參考。其目的在建立一個健康的生長環境、誘發學生的潛能並防範問題於未然。

(2)直接的初級預防：輔導人員或有關教師將學生資料（教育的、職業的、適應的等）提供給學生，藉回饋作用，幫助學生瞭解自己、接納自己，進而自我肯定和充分發展。其目的在使個別學生由自知而增進自我調適能力，防範個別問題的發生。

(3)間接的次級預防：輔導人員將學生資料提供給學生有關的「重要他人」（如導師、家長），此種訊息應包括學生形成某種問題的可能性及避免惡化之道（如學生家庭破碎，又缺乏成就，可能有心理困擾或交友的偏差，應多個別關懷並安排良友）。其目的在及早發現問題徵候，勿使惡化。

(4)直接的次級預防：輔導人員或教師根據學生資料，找出那些學生在教育、職業或生活適應等方面有較高造成問題的可能性，並直接與之接觸（如晤談、家庭訪視等）。其目的在減少不良事件的發生及減低問題的嚴重性。

(5)間接的診斷治療：輔導人員從學生紀錄中獲得特殊的診斷資料(如智能不足或嚴重情緒困擾)，協調有關單位，將學生安置在適當的特殊教育措施或接受特殊的課程，其用意在使學生的學習或生活環境作暫時性的改變或較佳的改進，以便實施矯治。

(6)直接的診斷治療：輔導人員藉由學生資料對學生有特殊學習或適應困難者，組成「個案輔導小組」，進行個案研究，必要時實施轉介。其目的在針對有特殊問題的學生，直接施以深度的個別輔導或心理治療(劉焜輝，民 75)。

2.行政上的應用

(1)學校各項行政會議（校務會議、教務會議、訓導會議、導師會議、輔導會議、申訴委員會議、獎懲委員會議等）上，用以討論學生相關事宜。

(2)提供學校甄選學生的參考，例如，音樂美術、舞蹈或科學資優學生的選拔等，都需要學生各種不同的資料以做為甄選的參考。

(3)提供學校團體活動課程設計與分組。

(4)學生編班的參考。

(5)通知學生家長，學生在校的各方面表現（如各科成績通知）。

(6)課程與教學計劃的決定。

3.教學上的應用

(1)教師可以參考學生資料對學生有適當的期望。

(2)參考學生資料，教師可以訂定切實可行的教學目標。

(3)根據學生資料，教師可以調整或改進教學方法。

4.研究上的應用

收集學生的各項特質，並作適當的分析研究，如：

(1)調查研究，從學生所填各項基本資料或以問卷、晤談的方法收集學生資料，用來描述、說明學生的各項特質。例如以次數、百分比、平均數、標準差等數據呈現學生的性別、興趣、健康情形、學習狀況等。

⑵相關研究，根據所搜集的學生資料，分析研究學生各項特質間的關係，以便更深入瞭解實際的情況。如父母教育程度與學生學業成績的關係或人格特質與生活適應的關係等。

⑶發展研究，根據逐年累積資料，分析探討學生特質因時間的更易所產生的變化，如身高體重的變化、學科興趣的變化、行為困擾或生活適應的變化等。

⑷實驗研究，教師可以根據相關的專業理論，參考實驗研究的方法，提出假設，做一些實驗處理，從事課程或教學的實驗研究。

▶▶▶▶ 關鍵詞彙

學生綜合資料記錄表　　　　項目檢核表

認知測驗　　　　　　　　　評定量表

情意測驗　　　　　　　　　軼事記錄法

標準化測驗　　　　　　　　結構性晤談法

非標準化測驗　　　　　　　非結構性晤談法

無結構式觀察法　　　　　　結構型問卷

結構式觀察法　　　　　　　無結構型問卷

▶▶▶▶ 思考與評量

一、試述學生資料的功能為何。

二、簡述學生資料所涵蓋的內容有哪些?

三、使用測驗法搜集學生資料時應該注意哪些原則?

四、使用觀察法搜集學生資料時有那些記錄工具可以加以利用?

五、晤談法在搜集學生資料上有什麼限制?

六、問卷法在搜集學生資料上有哪些優點?

七、如何經由學生的週記瞭解學生?

八、學生資料的管理方式有哪幾種?

九、有哪些人可以應用學生資料?

十、試說明如何有效應用學生資料。

▶▶▶▶ 參考書目

1. 王勝賢 (民 69):學生資料的搜集與運用。載於吳武典主編:學校輔導工作。

臺北市：張老師。頁 219–231。

2. 宋湘玲、林幸台、鄭熙彥等合著（民81）：學校輔導工作的理論與實施（五版）。高雄市：復文。

3. 張春興（民78）：張氏心理學辭典。臺北市：東華。

4. 張蓓莉編（民80）：特殊學生評量工具彙編。國立臺灣師範大學特殊教育中心。

5. 郭生玉（民74）：心理與教育測驗。臺北市：精華。

6. 陳明終、許勝哲、吳清山、林天佑等（民77）：我國心理與教育測驗彙編。高雄市：復文。

7. 馮觀富編著（民85）：輔導原理與實務。臺北市：心理。

8. 楊國樞、文崇一、吳聰賢、李亦園等編（民67）：社會及行為科學研究法。臺北市：東華。

9. 路君約（民82）：我國心理測驗發展和應用所遇到的問題。測驗與輔導雙月刊，120期，頁 2445–2447。

10. 劉焜輝編（民75）：輔導工作實務手冊。臺北市：天馬。

11. 賴保禎、周文欽、張德聰等合著（民83）：輔導原理與實務。臺北縣：空大。

12. 簡茂發等（民81）：我國心理與教育測驗彙編（一）。教育部輔導工作六年計劃。

13. Gibson, R. L., & Mitchell, M. H. (1990). *Introduction to Counseling and Guidance* (3rd ed.). New York: Acmillan Publishing Co.

14. Shertzer, B., & Stone, S. C. (1981). *Fundamentals of Guidance* (4th ed.). Boston: Houghton Mifflin Co.

Chapter 8

個別輔導

學習本章後可以:

一、瞭解個別輔導的意義、目的及目標。

二、培養輔導的基本助人態度。

三、瞭解個別輔導的助人關係。

四、練習個別輔導的基本技術。

五、瞭解個別輔導的助人歷程。

六、建立個別諮商理論的基本概念。

七、討論個別輔導的爭議。

↘ 本章大綱

第一節 —— 個別輔導的意義、目的及目標

個別輔導的意義

教育、輔導、諮商、心理治療的比較

個別輔導的目的

個別輔導的目標

第二節 —— 個別輔導的助人關係

輔導關係的特性

輔導的基本態度

第三節 —— 個別輔導的基本技術

輔導之原則

輔導之內容

第四節 —— 個別輔導的助人歷程

關係建立階段

自我探索階段

自我瞭解階段

問題解決階段

第五節 —— 個別諮商理論概述

心理動力取向諮商理論

認知行為取向諮商理論

情感經驗取向諮商理論

第六節 —— 實施個別輔導與諮商的一些爭議

導　言　→ → →

　　個別輔導乃是最基本的助人方式之一，在輔導的歷程中係由受過專業訓練的輔導人員與有困擾的當事人進行一對一的晤談，以協助當事人成長與改變。本章主要目的在簡要介紹個別輔導的意義、目的及目標、個別輔導的助人關係與技術、個別輔導的助人歷程、以及主要的個別輔導理論，並探討實務中所可能產生的倫理議題，期能經由對本章的閱讀，對個別輔導的基本架構與助人歷程有所瞭解，同時對輔導人員所依據的主要理論有概括性的認識。

　　跟隨心理學主流發展出的諮商理論，大多採因果觀，可概分為三大類：心理動力取向（以古典心理分析、新心理分析及客體關係為代表）、認知行為取向（包括有行為治療、理情治療及認知治療）與情感經驗取向（以個人中心治療及完形治療兩派為代表），簡要介紹於各學派的人性觀、人格形成與困擾形成理論、治療觀與技術，期能建立概括性的認識。

　　在學校系統中實施個別輔導與諮商常發生一些爭議，本章探討「輔導老師與諮商員的角色與專業分工」、「學生受輔應否有對象上的優先考量？」以及「個別學生福祉與學校衝突時的權衡」，期能提醒學校輔導與諮商工作者，能對專業倫理與學校實際環境的適切性有一番考量。

第一節　個別輔導的意義、目的及目標

一、個別輔導的意義

　　輔導一詞英文為 guidance，有輔助引導的意涵，有時和諮商 (counseling) 有相近的意義，國外輔導學者 Shertzer & Stone (1981) 認為輔導是協助個人瞭解自己與適應環境的歷程；而另一位著名學者 Jones

(1970) 則認為輔導是輔導員給予受輔者的協助，使其能做明智的抉擇與適應並解決問題（賴保禎、周文欽、張德聰，民 82）；國內學者張春興（民 78）在「張氏心理學辭典」中，則對輔導作了以下的詮釋：

「輔導是一種教育的歷程，在輔導歷程中，受過專業的輔導人員，運用其專業知能，協助受輔者瞭解自己，認識世界，根據其自身條件（如能力、興趣、經驗、需求等），建立其有益於個人與社會的生活目標，並使之在教育、職業及人際關係等各方面的發展上，能充分展現其性向，從而獲得最佳的生活適應。準此界說，輔導包括以下四個特徵：⑴輔導是連續不斷的歷程，人的一生中任何階段均需輔導。⑵輔導是合作與民主式的協助，根據受輔者的需求而輔導，而非強迫式的指導。⑶輔導重視個別差異，旨在配合個人條件，輔其自主，導其自立。⑷輔導的目標是個人與社會兼顧的，期使個體在發展中既利於己，也利於人。輔導的範圍甚廣，一般包括學業、職業、生活三大方面。」

綜合學者所見，輔導乃是一項專業的助人活動或助人改變的專業設計，也是有關人格與行為改變的歷程，當事人為自己的心理困擾而來尋求協助，其意圖即在使自己的人格與行為能有所調整與改變，而輔導者則是透過心理的介入 (intervention) 或處理 (process)，用以改變人們認知、情感、行為或態度，因此輔導員常被比喻為人性的園丁（柯永河，民 80），而諮商與輔導則為專業的助人關係與歷程，此種專業的助人關係與歷程主要是基於諮商員對人的看法、對人的成長發展與學習、及人如何產生困擾、人如何改變的系統的瞭解，而形成的一套系統改變的專業設計 (design)。

因此 Rogers 認為要產生人格與行為的積極改變，在輔導過程中，必需要有下列六個充分且必要的條件 (Rogers, 1957)：

⑴兩個人有心理的接觸。

⑵第一個人──稱為當事人，是處於不一致的狀態（即被知覺到的自我與有機體的經驗不一致）、焦慮或脆弱狀態 (vulnerable)。

(3)第二個人——稱為治療者，在治療關係中是一致且統整的。

(4)治療者在諮商關係中，對當事人是無條件積極的尊重。

(5)治療者對當事人內在的參考架構能經驗到共鳴性的瞭解，並致力於將此經驗溝通給當事人。

(6)治療者至少要能將共鳴性的瞭解、無條件積極的尊重傳遞給當事人，而當事人至少也能有所知覺。

根據以上學者對輔導的定義，可以發現個別輔導乃是輔導員與受輔者（或當事人）雙方之間，透過語言溝通的一對一的專業助人互動關係，其中一方為受過專業訓練，具有專業知識與方法的輔導者，另一方則為感到困擾而來求助的當事人，在專業的助人歷程中，協助當事人獲得更深的自我瞭解與更好的適應。歸納言之，個別輔導具有以下的特點：

(1)輔導是助人自助：輔導乃是從旁輔助引導，陪當事人走一段路，是教他釣魚的方法而不是直接送魚給他，是協助當事人自己做決定與解決問題的歷程。

(2)輔導是一種歷程：一般而言，輔導的助人歷程乃是協助當事人從自我探索 ⟶ 自我瞭解 ⟶ 自我認識 ⟶ 自我覺察 ⟶ 自我接納 ⟶ 自我肯定 ⟶ 自我實現 ⟶ 超越自我的歷程。

(3)輔導是一種關係：輔導的歷程得以開展乃是建基在良好的助人關係上，此種關係包括：信任、安全、溫暖、合作、尊重、接納、真誠、同理的瞭解等。

(4)輔導是一種專業：輔導者要具備專業的知識與方法，以協助當事人進行有計畫下的改變與學習。

二、教育、輔導、諮商、心理治療的比較

在助人的專業 (helping professions) 中，教育、輔導、諮商、心理治療四者的關係非常密切，基本上這四者均以助人關係為基礎，其目的均在協助個人自我探索、自我瞭解、自我接納，進而自我實現，以促進個

人成長或解決問題，但在程度與範圍上雖彼此有些重疊但也有所區分，其關係如下圖：

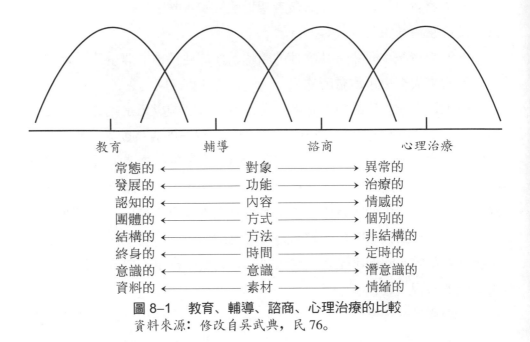

| 教育 | 輔導 | 諮商 | 心理治療 |

| 常態的 ←——————— 對象 ———————→ 異常的 |
| 發展的 ←——————— 功能 ———————→ 治療的 |
| 認知的 ←——————— 內容 ———————→ 情感的 |
| 團體的 ←——————— 方式 ———————→ 個別的 |
| 結構的 ←——————— 方法 ———————→ 非結構的 |
| 終身的 ←——————— 時間 ———————→ 定時的 |
| 意識的 ←——————— 意識 ———————→ 潛意識的 |
| 資料的 ←——————— 素材 ———————→ 情緒的 |

圖 8-1　教育、輔導、諮商、心理治療的比較
資料來源：修改自吳武典，民 76。

三、個別輔導的目的

　　根據以上對輔導的瞭解，可以發現輔導的目的乃是透過輔導員專業的助人歷程，以協助當事人學習良好的行為或修正改變不適應的行為，具體言之，輔導的目的乃在經由認知、行為學習、自我覺察、及情緒紓解的路徑，以達到在認知、行為、態度、性格及情緒上的改變，進而產生整體的好的改變，以使其身心健康，社會適應良好，進而發揮潛能，以達到自我實現的目的。

　　至於個人在什麼情況下需要輔導？Rogers (1957) 認為當個人經驗到處於不一致、焦慮或脆弱的狀態時便是可以接受個別輔導的時機。以下

列舉一些需要考慮接受輔導的例子：

(1)渴望瞭解自己（興趣、能力、個性……）。

(2)想對未來作一明確規劃。

(3)努力追求成長，試圖充分發揮潛能。

(4)心情鬱悶超過兩週，似乎還會持續下去時。

(5)與家人或師長、朋友發生嚴重衝突，對個人造成很大壓力時。

(6)課業方面出現困擾時。

(7)考慮選組選系、或畢業後升學與就業時。

(8)身心方面產生變化而帶來煩惱時。

(9)無故害怕某人、某事或出現一些縈繞不去的念頭時。

此外，學生或個人如何接受輔導？以學校而言，有以下幾個途徑：

(1)學生可以與個人所信賴之科任老師或班導師約定時間進行晤談。

(2)到輔導室登記晤談，輔導室均採開放式服務，亦即只要學生想與輔導老師談話，便可立即到輔導室來晤談，也可以事先預約談話時間。

(3)主動要求心理測驗服務。

(4)輔導老師主動約學生來談。

(5)主動向社會資源機構求助，如生命線、張老師等。

四、個別輔導的目標

國外學者 Kanfer & Goldstein (1986) 將諮商與輔導的目標分為下列五大項：

(1)特定問題行為的改變。

(2)對個人問題能有洞察或情緒性的瞭解。

(3)改變個人主觀的情緒狀態，如焦慮與緊張的改變。

(4)自我知覺的改變，如目標或自信心。

(5)個人生活型態或人格結構的改變。

而 George & Cristiani (1990) 則將輔導的目標概分為以下五個基本

目標:
  ⑴催化行為改變。
  ⑵增進因應技巧。
  ⑶提升做決定能力。
  ⑷增進人際關係。
  ⑸催化當事人的潛能。

Baruth & Robinson (1987) 更將諮商的目標細分成七大項:
  ⑴將治療性的學習遷移至外在情境。
  ⑵覺察與接納自我的衝突。
  ⑶特定症狀的減除。
  ⑷強化自我功能。
  ⑸積極內在資源的覺察。
  ⑹學習對環境的反應與控制。
  ⑺負向思考與情感的覺察。

此外輔導的目標也因不同的輔導諮商理論而有不同,以個人中心諮商學派而言,其諮商的目標在於:

  ⑴提供一個安全有利於當事人自我探索的氣氛,使他能認出阻礙自我成長的經驗與障礙,以協助其成為一個比較成熟的人,期能走向自我實現之路。

  ⑵協助當事人發展其潛能,使他能自然的解決真實我與理想我的不一致,探索複雜的情緒,促進獨特的個人成長,以朝向積極與建設性的發展。

  ⑶最後目標就是要使當事人成為一個充分發揮功能的人,Rogers (1961) 認為一個充分發揮功能的人應該是一個不斷在自我實現的人,並且對經驗開放 (openness to experience),信任自己 (self-trust),有評價的內在資源 (internal source of evaluation),以及願意繼續成長 (willingness to continue growing)(Corey, 1991)。

第二節 個別輔導的助人關係

一、輔導關係的特性

　　輔導關係是一種專業的助人關係，是輔導者透過語言的互動，在安全、尊重、信任、同理的氣氛中，催化當事人改變與成長，在此互動的關係中，輔導者的系統輔導和表現，與當事人的問題困擾，會受到自我知覺、價值觀、心理需求、情緒反應、過去的經驗、期望與感受的影響，因此個別輔導或諮商乃是輔導者與當事人在安全的環境中進行面對面的溝通，其中輔導者具有專業的助人知識與方法，可以幫助當事人進行自我瞭解與問題解決，而當事人則透過與輔導者的晤談，提出其問題與困擾以尋求解決之道，其中輔導者是協助當事人進行成長與改變的專家，而當事人則是對自己困擾問題最瞭解的專家，彼此的互動關係如下：

圖 8-2　輔導的助人互動關係
資料來源：修改自 Gibson & Mitchell, 1995: 144。

二、輔導的基本態度

　　輔導員在與當事人晤談時，建立良好的輔導關係乃是首要之務，不同的輔導學派所強調者雖有不同，但均強調輔導關係在整個輔導歷程中

的重要性，也是影響輔導成效的關鍵因素，因此輔導者要能營造安全和信任的氣氛，對當事人表達出關心、接納、支持與瞭解，並且真誠地表現出與當事人共同面對問題及尋求解決之道的意願，因此若輔導員具備下列輔導的基本態度，可以有助於良好關係的建立與朝向問題的解決：

⑴傾聽 (listening)：傾聽不同於一般的聽 (hearing)，傾聽乃是專注而主動地用心、耳、眼、身去聽，因此傾聽包括行為上的傾聽與心理上的傾聽，而一般的聽只是感官上用耳去聽而已。此外傾聽乃是輔導員專注於當事人的語言及非語言訊息，透過傾聽，可以表達輔導員對當事人積極的尊重與關注，如此不僅可以使當事人感到受重視，減低防衛與焦慮，更能鼓勵當事人表達其內在的情緒，進而有助於對問題的瞭解。

⑵同理心：同理心是指輔導者站在當事人的立場，就好像 (as if) 自己是當事人一樣，能正確地辨識與瞭解當事人內在的感受與想法，並能夠清楚地傳遞回饋給當事人，表達出對當事人的瞭解，也就是設身處地、站在對方立場、感同身受、人同此心、心同此理、將心比心地去感受當事人的經驗。因此同理心包括兩個部分：一為瞭解，輔導員要站在對方立場，從對方的觀點去瞭解當事人的想法與感受，二為溝通，輔導員要將所瞭解到的正確而清楚地反映表達給當事人，除了讓當事人增進自我瞭解外，也可以讓當事人感受到輔導員對他的專注與瞭解，並有機會檢核輔導員所瞭解的是否正確。

⑶真誠、關懷、接納：輔導員願意真心誠意地協助當事人，並對當事人以不評價的態度，催化當事人的表達，讓當事人能感受到輔導員對他的尊重、關懷與溫暖。

在所有的輔導學派中，大都認為 Rogers 所提出的三個基本的輔導態度是必要的要素，Rogers 一向主張治療者應具備三種特質以製造一種促進成長的氣氛，這些特質是：⑴正確的同理心 (accurate empathy) 或同理的瞭解 (empathetic understanding)、⑵無條件積極的尊重或溫暖地接納 (unconditional positive regard or warm acceptance)、⑶真誠一致

(genuineness or congruence)。根據 Rogers 的看法，如果助人者能具備這些態度，則接受協助的人將會減少防衛並對自己及世界更開放，進而朝自我實現的方向成長 (Corey, 1991)。

第三節　個別輔導的基本技術

輔導員除了要具備真誠一致、無條件積極的尊重及同理的瞭解的輔導態度外，在輔導過程中，也要恰當地使用輔導的技術，以催化輔導歷程的進行及增進輔導的效果。以下僅就各輔導學者所較常提及的輔導員必備的基本技術簡述如下（黃惠惠，民 81；張德聰等，民 84；林建平，民 82；宋湘玲、林幸台、鄭熙彥，民 78）：

1.專注：包括生理專注與心理專注，例如身體微向前傾，面向當事人，眼睛保持與當事人接觸 (eyes contact)，專注於當事人的語言及非語言訊息。

2.傾聽：不只是用耳朵聽而已，而是要用心去感受當事人所表達的訊息。

3.初層次同理心：就當事人所表達的客觀事件、主觀的想法及內在的感受與情緒，以當事人習慣的用語正確地反映給當事人。

4.簡述語意：將當事人所表達出來的內容、想法或意義，以摘要的方式回應給當事人，以鼓勵當事人進一步的探索與表達。

5.尊重：對於前來接受輔導的當事人，輔導者要以當事人的利益為最大的考量，充分尊重當事人為獨特的個體，具有選擇與做決定的能力，輔導者願意與當事人在一起，願意無條件的接納當事人，以協助開發當事人的內在資源。

6.真誠一致：輔導者要具有真心誠意的態度和一致性的行為，不拘泥於自己的角色，以人對人 (person to person) 的方式，並以自己為治療工具，真誠一致地與當事人互動。

7.觀察：從當事人表現出來的外表、敘述的內容、語言、表情、姿態來瞭解當事人外顯和隱含的訊息，並適當地反映給當事人。

8.具體：具體是指當當事人對自己的經驗、行為、感覺做不完全或模糊的表達時，輔導員以明確而不抽象的話，以引導當事人針對特定的方向，探索其想法、感覺與行為，以避免漫無目的的談話。

9.引導：輔導員以直接或間接的方式引發當事人將話題集中在某一主題或方向作表達與探索，通常以開放性的問題發問，例如：「關於這件事你覺得怎樣?」或是以具體的方式做確切的引導，例如以六 W (WHAT、WHERE、WHO、WHEN、WHY、HOW) 來探究人、事、時、地、物等訊息：

(1)何事： 你所說的難過是什麼意思?

(2)何時： 這種痛苦的感覺多半在什麼時候發生? 有多久了?

(3)何人： 跟誰在一起有這種痛苦的感覺?

(4)何地： 這種痛苦的感覺，經常在哪裡發生?

(5)如何： 痛苦的情形如何? 請說明一下。

(6)為何： 你認為形成痛苦的原因何在?

(7)感受： 考試不理想的時候，你的感受如何? 看法如何?

(8)處理： 難過的時候，你通常怎麼辦?

10.高層次同理心：與初層次同理心不同的是輔導員不只針對當事人明白表示出來的想法與情感作反映，同時也對其表達中隱含的、說了一半、沒有明白表達出來的、甚或當事人未意識到的部分作反映，使當事人經由輔導員的反映而能對其想法與感受有更充分與深入的探索與瞭解。

11.面質：當輔導員覺察到當事人有矛盾、扭曲、逃避、衝突或不一致的現象時，負責任地指出當事人行為中扭曲、矛盾及逃避的部分，協助當事人瞭解其破壞性的行為以及未曾善加利用的資源，例如：

(1)指出當事人的困擾是來自矛盾與歪曲：

　　①指出當事人的困擾是來自理想與現實的差距。

　　②指出當事人的困擾是來自認知與行為上的不一致、矛盾與歪曲。

　　③指出當事人的困擾是來自某一種觀點，同時提供當事人另一種觀點。

⑵指出當事人逃避，不願面對現實之處，或把責任推給別人的地方。

⑶不一致：所知與事實不一致，知與行的矛盾，期望與結果的差異，所要的和結果不同，「自己所認為的」和「別人所認為的」不符合，口語行為與非口語行為的矛盾。

⑷挑戰自我破壞的內在經驗與行為。

⑸把戲、詭計或煙幕。

⑹逃避或藉口。

　　由於面質涉及指出當事人的不當之處，因此要在彼此關係較為信任時使用，否則被面質的當事人可能會有以下反應：

⑴貶低諮商員的聲望或能力。

⑵試著勸解諮商員改變他的觀點。

⑶貶低所談論主題的重要性。

⑷引用別人的意見來支持自己的立場。

⑸表面上同意。

　　12.自我表露：或稱自我開放，是指輔導員分享自己的經驗及感受，以提供當事人一相似問題的處理方式或參照架構，刺激當事人有突破性的思考或尋求可行的解決方法。

　　13.立即性：指在輔導過程中輔導員與當事人就所發生的一些狀況作立即、直接、坦承的雙向溝通，包括：

⑴關係的立即性：

　　①雙方的關係中出現了不信任。

　　②雙方的關係緊張或僵硬。

　　③吸引現象產生。

④當事人有依賴現象。

⑵此時此地的立即性：暫停目前談話的進行，針對輔導員與當事人此時此刻所經驗到的感受或關係進行澄清與反映。

14.摘要、整理：在當事人的談話告一段落時，由輔導員或當事人自己對前面所談的內容與歷程作一摘要與整理。

15.反映：即輔導員針對當事人所表達的內容、意義與情緒，如同鏡子一般反映給當事人，而不加入輔導員個人主觀的反應。

16.問題解決：當事人在經過深入的自我探索與自我瞭解後，已能較清楚地認識其問題，因此需要進一步擬具行動計畫以解決其問題，包括：確定問題、決定問題處理的先後順序（例如：⑴先選擇在自己控制下的問題、⑵先選擇壓力大的或最危急問題、⑶先選擇比較容易處理或較小的問題、⑷先選擇一旦處理完畢就能造成全面性改善的問題），找出可行的解決方法以及行動與評估。

17.角色扮演：由當事人以假想的「親臨其境」的方式，透過扮演自己、他人而更能澄清和瞭解自己與別人，也可以預演行動計畫以增強當事人未來在實際情境中因應的能力與信心。

18.結束的技術：輔導員在結束一個話題、一次晤談、或結束整個輔導過程時，均可使用不同的終結技術，例如：由輔導員或當事人對此次或整個輔導過程的談話作一摘要、整理或回顧，或是提示時間的限制，並提及未來晤談的計畫，也可以口頭說明或作最後的總結等。

第四節　個別輔導的助人歷程

輔導乃是一個輔導者協助當事人在認知、情感與行為上的改變過程，它也是有關輔導者對此改變歷程的專業設計，因此，就輔導者的立場言，個別輔導主要乃在就個案的問題從其背景資料、個案主訴、觀察資料、測驗資料及面談之中收集相關資料，進而界定問題或對問題形成一個較

完整的診斷與瞭解，對形成問題的原因進一步做暫時性的假設，從而推演出可行的輔導策略或執行步驟，進而實施介入的行動，因此從輔導員的立場，個別輔導的助人歷程可以表述如下：

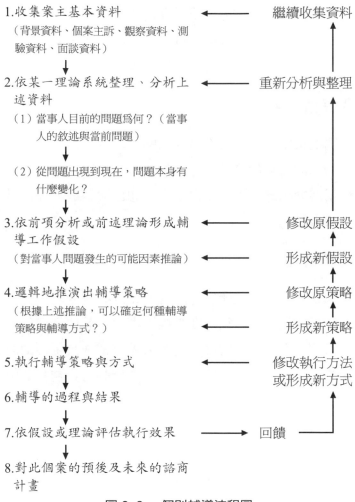

圖 8-3　個別輔導流程圖
資料來源：修改自吳英璋，民 81。

此外從當事人的立場言，根據 Egan (1975) 的觀點，輔導歷程可分為：

關係建立期、自我探索期、自我瞭解期及問題解決期等四個階段：

一、關係建立階段

　　當事人進入諮商情境，為覺而不察其困擾階段，感覺到自己正面臨困擾情境而有求助行為，輔導員要以專注、傾聽等方式，表達對當事人問題的興趣與尊重，並表現溫暖、真誠、開放、接納等態度以營造良好的輔導關係，增進當事人的求助與表達意願。

二、自我探索階段

　　當事人開始覺察其適應與不適應狀態，輔導的目標在引導當事人自我探索和主訴問題有關的經驗、行為、想法和感覺，輔導員要以尊重真誠的態度與初層次同理心以反映當事人的想法與情緒，並以具體的技術引導當事人澄清其問題。

三、自我瞭解階段

　　輔導員開始整理當事人所表達的資料，以高層次同理心、面質、自我表露、立即性或摘要等技術協助當事人產生一想要採取行動與改變的動力性自我瞭解。在充分覺察後，當事人瞭解造成其困擾的原因與困擾的現象，而產生情緒的激起狀態，並產生改變動力，包括對兩部分的覺察擴充：

　　⑴內視：增進對困擾本身的訊息的瞭解與覺察，亦即對情緒性經驗的身心反應的覺察與瞭解。

　　⑵外觀：擴充與困擾相關的因素與因果訊息。

四、問題解決階段

　　當事人進入改變調整狀態，包括自我調節、自我控制與問題解決，輔導員主要在根據當事人對自我的瞭解，協助當事人確立問題所在，尋

求可行的解決方法，並協助當事人預演其行動計畫，進而作追蹤輔導。

Peterson & Nisenholz (1995) 則綜合不同階段中輔導員與當事人的特質與行為，將輔導的助人歷程分為專注 (attending)、探索 (exploration)、瞭解 (understanding)、行動 (action) 及結束 (termination) 等五個階段，列表如下：

表 8–1 輔導助人歷程的特質與行為

第一階段——專注	
當事人的特質與行為	輔導員的特質與行為
檢核程序	營造輔導環境
測試關係	澄清輔導歷程
小心翼翼地陳述目前關心的問題	專注在當事人及自己
	觀察、傾聽、接納當事人
	對當事人的陳述不做價值判斷
第二階段——探索	
開始探索	建立信任感
對輔導員較少防衛	表示關懷
問題逐漸明朗	給予同理的回應
對情感與關注的問題有更多的覺察	表達尊重與溫暖
	接納當事人的感受
對自我破壞的行為開始有所覺察	專注在此時此刻
對此時此刻的行為開始有所覺察	給予回饋
更能自我開放	輕微的面質
	協助當事人探索更深層的意義
	摘要
第三階段——瞭解	
對自己的問題負起責任	協助當事人為其問題負責
更為投入	處理強烈的情感
能辨識差異與不一致	使用高層次的同理心
發展洞察	面質與自我開放
更能面對僵局	引導、解釋、試探
經驗到能量的釋放	使用立即性
可以終止對問題的辨識與瞭解	

第四階段——行動	
將理念與洞察付諸行動	協助當事人提出並評估可能的解決方法
進一步澄清想法與感受	協助當事人決定實施的方法
設定目標、實施計畫並評估行動	給予鼓勵
若未達成目標則修改行動計畫；	對當事人行動的結果給予回饋
若達成目標則解決新的問題或準	
備結束輔導	
第五階段——結束	
評估收穫	協助當事人完成未完成的事件
欣賞自己的改變	評量當事人準備結束輔導的程度
處理關係的失落	給予回饋與肯定
安排未來的計畫	回顧輔導歷程
	安排追蹤事宜

資料來源：引自 Peterson & Nisenholz, 1995: 96。

第五節　諮商理論概述

　　諮商是個別輔導的核心工作，諮商理論可大概區分為兩大類：一類是跟隨心理學主流發展所衍生的理論，如心理分析論、行為論及人本論等都各自產生相應的諮商理論。這類理論大多認為人格發展中的某些因素是造成困擾產生的關鍵，可能是性壓抑、可能是缺乏無條件的接納，或是錯誤的學習，不良的思考模式……，故這類理論可統括在「因果觀」之下；另一類理論最初並非心理學主流，甚至是從實務中累積經驗而形成理論，多應用在家庭諮商上，視整個家庭為一個完整的系統，不強調個人內在困擾的因果探究，而注重成員間互動的模式，不企圖改變個人內在的人格，而著重調整彼此間溝通的模式。晚近，這一類理論有漸漸應用到個別諮商中的趨勢。由於是以系統的觀點看待家庭或個人問題，所以可統稱為系統觀理論。對於初學習諮商者而言，因果觀諮商理論是基礎，本節僅就較重要的理論分為心理動力類、行為認知類及情感經驗

類分別介紹，其中除了完形諮商理論外，多深具因果觀色彩，盼能為初
學者作一番精要的導覽。

一、心理動力取向諮商理論

㈠古典心理分析論

弗洛伊德 (Sigmund Freud) 是心理分析論的創始者，他強調本我
(id)、潛意識 (unconscious)、與早年經驗決定個人的行為表現。本我是人
格結構中表現本能的部份，負責追求性、飢渴、攻擊等需求立即被滿足，
但現實環境不可能隨時滿足需求，故需自我 (ego) 用各種防衛方法來調
節；又因為社會化歷程發展出超我 (superego) 來扮演符合社會規範的角
色，超我以「良心」(conscience) 責備本我的放縱，更需要自我從中協調，
以免內在過大的焦慮。這三個部分的微妙運作多在潛意識中進行，不為
意識所覺知。這三個「我」在潛意識內的運作是否能和諧端視 5、6 歲前
的心性發展情況，如果照顧者能適當地滿足前三階段：口腔期、肛門期
及性器期的需求，則日後潛伏期、兩性期的成長也將順利，若照顧者不
能滿足其需求則產生戀親情結、固著行為 (fixation) 及各種過度的防衛。

因此，心理分析論的諮商目標放在洞察早年生活經驗的影響，主要
的技術是防衛分析、夢的解析、自由聯想、抗拒與移情分析等。

㈡新心理分析論

弗洛伊德認為人是被決定的，人的行為取決於潛意識動機以及本能
的趨力，也受過去的性心理經驗所決定。弗洛伊德的徒弟榮格 (Carl Jung)
與阿德勒 (Alfred Adler) 不同意人是被決定的觀點，榮格還提出集體潛意
識 (collective unconscious)，強調人類共同的歷史文化有重大的影響，而
阿德勒則創「個體心理諮商」，強調自我的功能及人的自主性，另外艾瑞
克森 (Erik. Erikson) 則加入社會影響的觀點，提出心理社會發展論，這些

改革統稱為「新心理分析」。以下以阿德勒的個體心理諮商為代表簡介之。

阿德勒的理論有幾個重點：⑴人格固然受早年生活經驗深遠影響而形成每個人獨特的生活型態 (life style)，但不必追溯原因，而應注意人們是如何解釋過去經驗。所以非常重視當事人的主觀知覺。⑵人是自主的，自我有很強的功能，意識才是人格的核心，而非潛意識，人有追求自我實現的傾向，每個行為都是有目的的，人可以自己做決定。⑶人天生有自卑感，為對抗自卑感，人會不斷地追求超越自己，這就是「補償作用」，人們藉由追求權力與優越感以克服自卑。⑷人皆受社會互動影響，無法孤立，並且會發展出社會興趣 (social interest)，一旦發展出社會興趣則自卑感與疏離感便漸漸消失，會覺得有歸屬感。社會興趣可經由教導、學習及應用而獲得。缺乏社會興趣則個人容易產生心理困擾與焦慮，阿德勒認為人惟有滿足歸屬感的需求，才有勇氣去面對並解決問題。⑸家庭星座 (family constellation) 意指手足間的關係及個人在家中的地位，受出生順序而有所影響，但更重要的是個人對此順序及地位的看法，這些看法會影響日後與人互動的模式。

阿德勒在許多觀點上與弗洛伊德大相逕庭，事實上他對人性的看法採較為樂觀的角度，把人的價值感提升了許多，所以他並不把當事人當作患者或需要被治療的人，而認為當事人需要的是再教育，因此，諮商的過程著重在瞭解當事人的主觀世界，提供教導與鼓勵，挑戰當事人的想法，協助建立自信，找尋生活目標，擴展社會興趣，克服自卑與疏離感。主要的技術有家庭星座探索、瞭解當事人對早年回憶的解釋、解夢、價值選擇的澄清與教育等。

㈢客體關係論

弗洛伊德理論的修正者一直不斷，除新心理分析論時代（約 1930–1950）眾家爭鳴外，到了 1970 年代，更新的改革又出現了，這些新的改革被稱為「自我心理學」(self-psychology) 或「客體關係論」(object-relations theory)，最大的特色是反對弗洛伊德心性發展階段論以性為最大動力的說法，而認為早期生活中自我 (self) 與重要照顧者（特別是母親）的關係才是影響人格發展的最主要因素，深切影響日後的人際互動，亦即早年的親子關係會不斷在內心重覆出現，反映到現今與他人的關係中。

較重要的客體關係論者有馬勒 (Mahler)、科哈特 (Kohut) 及溫尼科特 (Winnicotte) 等，馬勒認為自我經過四個階段發展而成：

⑴自閉期：出生後至 3、4 週間，嬰兒生理上無法區分自我與母親，沒有完整的自我感。

⑵共生期：約 2、3 個月到 8 個月間，嬰兒完全依賴母親，期待與母親有緊密的情緒相連。

⑶分離—個體化期：約第 4、5 個月起嬰兒開始把注意力分到母親以外的事物，也會有自己的活動，在依賴與獨立之間找尋平衡，這個階段與自我價值的建立有密切關連。

⑷穩定的自我與客體（重要他人）間的關係建立：約 3 歲左右，幼兒能將自己與他人明確區分，理想上能與他人建立關係而不必過度擔心自己被遺棄。要協助孩子順利發展，其關鍵就在早期的親子關係，嬰兒會攝入 (introjection) 母親對待他的態度，因以形成對自我的評價，並反映到行為上。當母親對孩子施予太多控制時，孩子日後容易依賴或相反地害怕親密；而當母親拒絕、忽略或疏離嬰兒，則孩子日後容易疏離、自我懷疑、低價值感、或相反地渴望與人建立關係卻屢屢受挫。所以最佳的親子心理距離是「剛剛好」(just make) 的距離，最理想的母親並不是一直「給予」的母親，而是「夠好就好」(good enough) 的母親。

客體關係論的諮商目標是關係的重建，諮商員與當事人彷彿親子，藉由彼此的關係修復早年的親子關係，學會在生活中運用新的人際互動模式，基本上這必須是人格的改變，所以常需較長的時間。關係本身就是諮商的工具與技術，所以一開始建立完全的信任關係非常重要，諮商員於諮商歷程中觀察當事人對彼此關係的反應，若當事人較退卻，則諮

商員要以對方接受的方式主動靠近，若當事人過於主導，則諮商員也需以當事人能接受的方式後退些，務求「剛剛好」的關係，故諮商歷程彷彿「共舞」。

整體而言，心理動力取向諮商理論的共同特色是(1)都相信早年的生活經驗很重要，決定性地影響後期的人格，困擾的產生均根源於童年的焦慮。(2)諮商方式多為解析，多半必須回到過去經驗中探討。

二、認知行為取向諮商理論

行為論是繼弗洛伊德心理分析論後，心理學主流的第二大勢力，最初行為論用到諮商上時，可以很清楚地看到古典制約與操作制約原理別於其他諮商理論的特色，但自七〇年代認知理論興起後，兩者交融，晚近又開始注重情感及生物因素在諮商過程中的角色，以致行為論已趨向多樣化，不易界定。

㈠行為諮商

事實上，與其說行為「諮商」，不如說是「治療」，因為行為論對於改變的定義，是指祛除特定的病癥。行為治療的源頭來自古典制約 (classical condition) 與操作制約 (operant condition) 兩個原理。古典制約是指把原本不會引起個體反應的刺激（如白兔）與原本就會引起個體反射反應的刺激（如雷聲使人自然而然害怕）連結在一起同時出現多次，則個體會學到對原先沒有反應的刺激也作相似的反應（如害怕白兔）。因為人類的恐怖症反應是基於這種歷程學習而來，所以也可以重新學習 (unlearning)，以解除先前的學習結果。渥佩 (Wolpe) 發展出系統減敏技術，將所害怕的刺激程度建立層級，逐級與當事人喜愛的刺激一同呈現，漸次解除原先的害怕。

操作制約的創始人是史金納 (Burrhus F. Skinner)，他發現當個體表現出某種行為時，立刻給予喜歡（或厭惡）的刺激物，則該種行為出現

的可能性便會增加（或減少）。如小孩拿畫筆畫在紙上，立刻給予稱讚，則以後繼續畫的可能性增高；又如畫在牆上，立刻予以責備，則以後再畫的可能性降低。應用到治療上常被用於建立新行為，或袪除不良行為，如訓練智能不足兒童及重度精神病患生活基本自理能力時常會使用操作制約。

由上可知，不論是古典制約或是操作制約，都相信人的行為是學習來的，可以再學習而改變。人是被控制的、被外在環境所決定的，只要掌握環境中的重要因素便可塑造人的行為。

實施行為治療必須設定具體而明確的目標，治療的程序是：⑴確定問題行為；⑵評估當事人的資源；⑶找出問題行為的因果關係；⑷測量問題行為的發生頻率，畫出基準線；⑸找到可用的增強物；⑹訂定階層目標。可見行為治療是相當講求科學化的治療方法。

行為治療可應用的技術很多，如鬆弛訓練、系統減敏法、代幣制度、自我管理策略、示範法等。現今的行為治療家多主張任何可用來改變行為的技術都可以引用到治療計劃中，已有技術折衷的色彩。

㈡認知行為諮商

艾里斯 (Albert Ellis) 被稱為認知－行為治療之祖，他最大的貢獻是提出 RET (Rational-Emotive Therapy) 理性情緒治療法，早年 RET 跟行為論扯不上關係，最多只有艾里斯在治療技術上也採用行為技術，而在理論上看不到任何與行為論的關連，RET 之所以也被納入認知行為諮商理論，是因為艾里斯強調人的思考是決定困擾發生與否的最大關鍵,「思考」就是認知，當貝克 (Aaron T. Beck) 及出身行為論的治療者如梅根堡 (Donald Meichenbaum) 注意到外在刺激要引起行為反應，端視當事人內在如何思考，這個原本被行為論認為是看不見的黑盒子開始登上檯面，卻發現艾里斯老早提倡認知的重要性，於是出現認知與行為折衷融合的趨勢。

　　艾里斯的 RET 假設人類天生具有理性與非理性的思考潛能，人有保護自己、追求愛、價值感與自我實現的傾向，也有毀滅自己、逃避責任、扭曲現實、自責的傾向。所以人會犯錯是很自然的，沒有人必須完美。人的困擾主要來自非理性的信念，這些信念源自童年從重要照顧者學到的教條，也可能自己創造而來，藉著不斷重複的自我暗示，以致形成自動化的反應。但是人有能力改變信念為合理性的想法，合理的信念帶來愉快的情緒及適應的行為表現。這就是 A–B–C 理論：

A（事件）　◀────　B（信念）　────▶　C（情緒和行為結果）

D（駁斥非理性信念）　────▶　E（新效果）　────▶　F（新的感覺）

圖 8–4　　A–B–C 理論

　　A 是既存的事實或事件，C 是個人情緒和行為的反應結果，C 究竟會不會成為困擾端視 B 而定，B 是信念，也就是思考、想法、認知，若 B 是合理性的，則結果也將是適應的，若 B 是非理性的，則結果將是不適應的、困擾的，一旦有不合理的 B 就必須藉著 D 駁斥非理性的想法，以獲得新的想法，也就是 E，與新的情緒及行為結果，即 F。這就是 RET 的治療歷程。在實施的程序上宜先與當事人建立合作的關係，但不會給予過多的溫暖，而把關係建立的重點放在建立默契，讓當事人作好被教導及接受面質的準備。然後鼓勵當事人自由談話，訂定治療目標。接著教導當事人瞭解 A–B–C 理論，並挑戰當事人的非理性信念，並設計家庭作業作為練習新信念、新行為的方法。

　　艾里斯指出那些口語上出現「應該」、「必須」、「絕對」、「一定」字眼的內容都可能潛藏著非理性想法，如：

　　「我必須得到別人的愛與讚美。」

　　「別人應該公平待我。」

「事情如果不照我要的方式發展，那一定無法忍受。」

「我應該為所有的事負責，做到最好。」

當諮商員發現當事人出現這些字眼時，便可加以駁斥。RET 的主要技術有駁斥、教導、面質、矯正語言習慣、幽默、內在想像、角色扮演、以及行為技術，基本上艾里斯在技術上採折衷的態度。

貝克的認知治療 (cognitive therapy) 與 RET 有許多相似之處，他把導致困擾的想法稱作不良認知 (dysfunction cognition)，大致可分六類：

⑴獨斷的推論 (arbitrary inference)：沒有充足證據便驟下結論。

⑵選擇性的偏差推論 (selective abstration)：只選擇性地看局部，形成有偏見的結論。

⑶過度類化 (overgenalization)：把某個特定的經驗擴大到對所有相似事件都做同樣的解釋。

⑷擴大與誇張 (magnification and exaggeration)：過度強調事情的嚴重性。

⑸人格化 (personalization)：把所發生的事歸因於自己的因素。

⑹兩極化思考 (polarized thinking)：用全有或全無的方式思考，或用二分法的方式思考，如「不成功便成仁，沒有餘地」。

當這些不良的認知放在腦海中不斷重複時，就成了自動化思考 (automatic thoughts)。跟 RET 一樣，諮商員教導當事人如何評估不良認知，透過合作的關係檢查自動化思考，並與現實做比對，治療的歷程也包括收集不良認知的資料、進行驗證比對、家庭作業等，在技術上也借用許多行為治療技術。

不過，認知治療與 RET 也有不同之處：⑴貝克較少用直接的駁斥、說理，而是像蘇格拉底式的辯證性對話，引導當事人一步步自己做檢驗，可說是循循善誘。⑵貝克認為困擾的種類與不良認知的類別有關，因此宜視情況使用不同的治療方法，而 RET 幾乎都用指導性、教育性的方式進行。⑶貝克認為「不良認知」指的是「不正確的結論」(inaccurate conclusions)，比「非理性信念」涵蓋更廣。

從梅根堡的認知行為改變法可以看到更濃厚的行為治療色彩，梅根堡認為行為改變是透過一系列的中介歷程，包括內在語言的交互作用、認知結構、行為表現及行為結果，所以他主張最主要的改變應著重在當事人的自我語言 (self-verbalizations)，當事人必須監控自己的內在對話，才能評估自己在困擾情境中的行為，麥根堡把這種方法稱作「自我指導治療」(self-instructional therapy)，步驟為：

⑴自我觀察——傾聽自己內在的改變意願與能力，觀察內在對話的內容與歷程。

⑵開始新的內在對話——引用與原來內在對話不相容的對話，介入原來的對話鎖鍊中，以打斷原來的歷程。

⑶學習新的技巧——教導當事人更有效的因應技巧，並在生活中練習。

梅根堡將自我教導法應用在壓力免疫訓練上，獲得很好的效果，共分三階段進行：

⑴知覺階段——建立良好的治療關係，找出當事人在壓力情境下的反應方式，包括內在對話、情緒反應及因應行為，透過教導及蘇格拉底式的辯證引導當事人自己發現內在語言及其歷程。

⑵技能獲得與複習階段——教導當事人自我監控，記錄自己的思想、感覺及行為，提供當事人運用於壓力情境的行為與認知技術，包括內隱想像、思考中斷法、鬆弛練習等因應技巧，不斷重複地練習。

⑶應用與持續改變階段——實際應用到生活中，預防故態復萌，一同檢驗可能的阻礙因素。除了壓力管理，自我教導法也被應用到生氣控制、肯定訓練、焦慮管理等方面。

整體觀之，人們如何感覺與如何表現，大大地受到他們對情境主觀的評估與解釋，而這些評估與解釋受到信念、思考、認知或內在對話的影響，這便是認知行為、諮商取向的主要焦點。發展至今不只認知與行

為已統整折衷，即使在情感部分也受到重視，RET 的技術中採用情感的內在想像即是一例，這種多模式的整合趨勢已發展成熟。

三、情感經驗取向諮商理論

存在主義與人本主義的結合蔚成心理學的第三勢力，羅吉斯 (Carl Rogers) 的個人中心諮商 (personal-centered) 與波爾斯 (Fritz Perls) 的完形諮商 (Gestalt therapy) 都具有存在主義與人本主義的色彩，都注重個人的情感經驗。

個人中心諮商對人性的基本假定是：人具有積極及建設性的成長傾向，只要提供促進成長的氣氛，則人可以自我導向地成長，促進成長的關係有三個要素：(1)真誠一致 (congruence)；(2)無條件的積極尊重：包括關懷與接納；(3)同理的瞭解：深入當事人的主觀世界，瞭解其感受。羅吉斯認為如果諮商員能具備這三種態度，則當事人會放下防衛並對自己接納，而能覺察原本扭曲僵固的知覺予以改變。

羅吉斯提出人格發展理論來解釋困擾產生的原因：嬰幼兒從重要照顧者（父母）內攝 (introjection) 入外界的評價，並內化之形成自我評價，當父母親給予有條件的接納時，嬰幼兒便形成有條件的自我評價，不是完全接納自己，同時也不能完全接納他人，當現實環境的經驗與內在的評價系統抵觸時，個體感到受威脅，焦慮便產生，防衛也因之而起。要化解困擾必須使個人重新感受到被無條件的接納，當能感受到被無條件接納後，個人內在的評價系統與知覺才會開始放鬆，才有改變的可能性。所以諮商員的態度是最重要的諮商工具。

個人中心諮商的目的是希望個人能成為一個朝向自我實現的人，有四個特徵：(1)對經驗開放，(2)信任自己，(3)自我評價，(4)有繼續成長的意願。不過要達到這個目標之前，當事人必須先放下防衛的面具，而這有賴諮商關係中成長氣氛的提供。

由於強調態度與關係，羅吉斯在一般諮商技術上的討論很少，事實

上，態度即是技術。目前這個觀點已為其他諮商學派所接納，即使不完全相信只要上述三個要素就可充分促成改變的發生，各學派也都重視諮商關係的建立，至少這是必要的因素。

波爾斯的完形諮商相信人是整體且不可切割的系統，而人真正的存在只有在現在這一刻，人有自我調節 (self-regulation) 的機能，能有效地處理問題，但是當人用各種行為模式阻斷自我調節時，困擾便產生，形成成長中的僵局。這些行為模式包括對未完成事件的沈溺、活在過去或預想未來、想像、思考、評價、逃避現在、否認自己的某些部分、不與自己及當下的環境做接觸，所以人發展出內攝 (introjection)、投射 (projection)、迴射 (retrojection) 等防衛模式，內攝是硬生生地吞進外界的標準，不清楚自己要的是什麼；投射是把自己不承認的人格屬性加諸別人身上，以免自己痛苦或是把對方當成過去曾讓自己不舒服的人，將情緒投注於對方；迴射則是應對別人做的事卻對自己做，或應向別人要的支持，卻叫自己撐著自己。這些都會阻礙自我調節機能，而一個人的能量也因而被卡住。

完形諮商的目標放在覺察，這種覺察是在此時此地而非對過去的探究，是對當下自己做了些什麼、感覺到什麼的覺察，而非對原因的思考分析。所以完形強調直觀的體驗，直接進入情境中體驗，而非談論情境，當事人藉著在治療中做一些「實驗」以增加覺察，當事人必須自己去看、去聽、去感受，而非等待諮商員給予教導或答案。

基本上波爾斯是反對因果論的，完形諮商不會問當事人「為什麼」的問題，而會問「是什麼」(what) 與「如何」(how) 的問題，因為「為什麼」會使當事人落入探究原因的思考，而結果可能是活在過去或合理化地自我欺騙，而「什麼」與「如何」卻能使當事人聚焦於當下，觀察到做了什麼、感受到什麼，也就是模式 (pattern) 的覺察。

實施完形諮商時最大的特色莫過於完形實驗，實驗中使用的技術很多，主要的有你一我對話、空椅技術、繞圈、倒轉角色技術、誇大練習、

預演練習、演夢等。

　　個人中心諮商與完形諮商都是著重從情緒層面進入當事人主觀世界的作法，不過個人中心講求的是跟著當事人的情緒，給予同理及支持，而完形諮商較為急進，使用各種技術促使當事人產生覺察。

第六節　實施個別輔導與諮商的一些爭議

㈠輔導老師與諮商員的定位

　　在學校內的輔導單位，常可見到輔導老師要不要上課，要不要為學生評分的問題，這個問題反映出學校輔導員雙重身分對專業工作上的阻礙，學校文化內師生是兩個次系統，學生與老師的關係中明顯地包含被評價的意義，這與輔導員或諮商員意欲傳達不評價當事人的態度正好相違。當學生以「老師」界定輔導員或諮商員時，未必能完全信任這分輔導關係。另外，輔導員與諮商員的區分似乎也是必要的，在諮商專業中，諮商員不會也不該跑到教室找學生，甚至不適合處理無改變動機的學生，諮商基本上是對有意願改變者的服務，而非強制實施的制度。但是在學校的轉介系統中，的確有不少非志願個案經由導師或其他處室轉介而來，也的確有許多發展性的輔導待輔導單位推廣，如果這些能由輔導員而非諮商員擔任的話，較能保護專業關係。理想上諮商員的訓練與輔導員的訓練在內容上也應有所不同，諮商員需要更深入的諮商理論及實務背景，而輔導員需要有推展發展性方案的能力。

㈡學生接受個別輔導或諮商是否應有對象上的優先考量？

　　贊成將學生略作分類以區分個別輔導或諮商先後順序者認為適應好的學生可取得的資源很多，很容易從一般學校內互動中學到如何處理問題，而情緒障礙學生、低成就學生、行為偏差學生需要專業的協助，輔

導單位應主動提供個別輔導或諮商給這些孩子，以他們為優先考量。反對者則認為所有的孩子應有平等的機會使用個別輔導資源，只要有主動改變意願的孩子都應享有此項服務，就算沒有動機的孩子也應被告知有此資源。這項爭議至今仍是許多學校輔導單位的難題，若將學生做細部的分類，那麼輔導單位必須也有相當細緻的專業分工，同時要有更充足的時間提供給各類學生，但若不作分類，對於沒有動機的學生又不能強迫接受輔導，可能又形成資源的浪費。

㈢當學生個人的福祉與學校衝突時，輔導員或諮商員應以學生為重或忠於學校？

輔導員或諮商員對個案的基本義務是尊重其隱私並促進其福祉，如果諮商中的保密關係無法維持，必然損害諮商的效能。而輔導員或諮商員對學校的基本責任是考量全體師生的利益。學校輔導員常發現明知行為偏差學生的輔導很重要，並努力加以輔導，但學生改變的速度似乎總令學校不夠滿意，學校當局為免其他學生的學習受干擾，傾向於予以開除，輔導員既想協助偏差學生繼續受教育又想照顧其他學生的學習，陷入兩難。其他如自傷事件處理、性行為問題處理時，輔導員也在守密或應告知家長之間常有掙扎，顯然明確的輔導倫理規約或制定法令是相當迫切需要的。

▶ ▶ ▶ ▶ 關鍵詞彙

同理心	因果觀
面質	系統觀
反映	心理動力取向
諮商	認知行為取向
輔導	情感經驗取向
助人歷程	

▶ ▶ ▶ ▶ 思考與評量

一、試說明個別輔導的性質。

二、試就個人助人或接受個別輔導的經驗，舉例說明個別輔導的歷程。

三、試就本章所述及個人經驗，說明影響個別輔導效果的因素。

四、試就心理動力、認知行為與情感經驗三種取向之個別諮商理論中各舉一學派為例，說明三取向之差異。

五、「輔導老師」與「諮商員」在訓練、功能與責任上的區分如何？在學校系統中，「輔導老師」擔任「諮商員」會有怎樣的得失？試述己見。

▶ ▶ ▶ ▶ 參考書目

1. 中國輔導學會（民80）：輔導原理與實務。臺北市：心理。

2. 吳武典（民76）：學校輔導工作。臺北市：張老師。

3. 吳武典（民80）：輔導原理。臺北市：心理。

4. 吳英璋（民81）：心理評量與心理衡鑑及其在心理輔導上之應用。中國輔導學會年會講義。

5. 宋湘玲、林幸台、鄭熙彥（民 78）：學校輔導工作的理論與實施。高雄市：復文。

6. 林建平（民 82）：輔導原理與技術。臺北市：五南。

7. 張春興（民 78）：張氏心理學辭典。臺北市：東華。

8. 張德聰等（民 84）：諮商技巧訓練手冊。臺北市：天馬。

9. 教育局（民 75）：臺北市高級中學輔導工作手冊。臺北市：臺北市教育局。

10. 黃惠惠（民 81）：助人歷程與技巧。臺北市：張老師。

11. 劉焜輝（民 79）：輔導原理與實施。臺北市：天馬。

12. 賴保禎、周文欽、張德聰（民 82）：輔導原理與實務。臺北市：空大。

13. Baruth, L. G. & Robinson, E. H. (1987). *An introduction to the counseling profession.* N. J.: Prentice-Hall, Inc.

14. Corey, G. (1991). *Theory and practice of counseling and psychotherapy.*

15. Egan, G. (1975). *The skilled helper.* California: Brooks/Cole.

16. George, R. L. & Cristiani, T. S. (1990). *Counseling: theory and practice.* New Jersey: Prentice-Hall.

17. Gysber, N. C. & Henderson, P. (1988). *Developing and managing your school guidance program.* American Association for Counseling and Development.

18. Gibson, R. L. & Mitchell, M. H. (1995). *Introduction to counseling and guidance.* New Jersey: Prentice-Hall.

19. Kanfer, F. H. & Goldstein, A. P. (1988). *Helping people change.* New York: Pergamon Press.

20. Peterson, J. V. & Nisenholz, B. (1995). *Orientation to counseling.* Boston: Allyn and Bacon.

*C*hapter 9

→ → →

團體輔導

↘ 學習目標

學習本章後可以：

一、瞭解團體之意義及目的。

二、瞭解團體之種類與功能。

三、清楚團體輔導的方法。

四、瞭解團體輔導歷程階段之特徵及任務。

↘ 本章大綱

第一節 —— 團體的意義及目的
團體的意義
團體輔導的意義
團體輔導的目的

第二節 —— 團體的種類與功能
團體的分類
團體的功能與特性

第三節 —— 團體輔導的方法
團體領導者的人格特質
團體輔導的技術

第四節 —— 團體輔導的歷程
團體發展階段的分類
團體發展階段的特徵及團體領導者的主要
任務

導言 → → →

　　團體的歷史如同人類歷史一樣長久，自生民以來人類即聚集、群居的生活，由夫妻、家庭、宗族、部落、村莊、城市以至學校、社區、社會、國家、國際世界皆為團體之生活。如同荀子所言：「人之生也，不能無群」；孔子：「人不能離群而索居。」由原始部落的祭神儀式到現代宗教之崇拜典儀；家庭之互動、學校班級教學、企業組織之經營管理、各級政府之運作、民間之金蘭結拜、社團如扶輪社及獅子會亦皆為人類之團體生活。

　　而團體為心理輔導、諮商治療之使用，於文獻上卻於二十世紀之初期才出現，Gladding (1996) 曾歸納於 1900 年前，其實團體之觀念已為醫療及社會機構所重視，但開始時多用於資訊之提供及行為之矯正，例如社會工作者對於移民、貧民或醫療體系，常利用團體之結構方式，討論問題或分享有關經驗。而第一個正式團體經驗為 Joseph Hersey Pratt (1905) 於波士頓之麻州綜合醫院對結核病之門診病人實施 (Appley & Winder, 1973)，亦有人認為是 J. H. Draff (1905) 運用班級方法 (class method) 於團體心理治療首創新例（陳禹等，民 69）。幾乎於同時，密西根州之格蘭得拉匹得斯 (Grand Rapids) 公立高中校長 Jesse B. Davis (1907) 亦於學生班級每週實施職業及道德輔導，不同於 Pratt 之運用團體歷程，Davis 之重點在提供團體之學習環境，使學生由團體互動中學到生活技巧及價值觀 (Glanz & Hayers, 1967)。

　　其後由於社會之發展迅速，如工商社會之進步、社會福利制度之改善，因應工業社會所帶來之壓力如猝死病 (stress)、經濟之恐慌；其他有關專業之發展，如團體社會工作、婚姻諮商、團體心理治療、教育哲學之演變如杜威之由做中學 (learning by doing)、企業管理科學、電腦資訊科技之突飛猛進；研究技術之發展，如心理分析模式、實徵模式、增強

模式、團體過程分析方法等團體研究之分析方法紛紛興起，增進團體工作者對於團體之分析瞭解及效果評估改進團體之方法；人性之需求，基本上由於人本主義之興起、人類潛能開發運動、教育觀點演進，使得團體工作突飛猛進。

本章分成四節，依序分別就團體之意義及目的、團體之種類與功能、團體輔導的方法以及團體輔導之階段之特徵及領導者之任務加以說明。

第一節　團體的意義及目的

就運用團體方法於心理輔導之專業，除類似班級團體輔導之教育性團體外，通常則概指為「小團體」(small group)，包含所謂訓練團體(Training Group)、成長團體 (Growth Group)、會心團體 (Encounter Group)、團體諮商 (Group Counseling)、完形團體 (Gestalt Group) ……等。

一、團體的意義

有關團體之定義雖各有不同，綜合國內外學者之觀點分述如下：

「團體至少要有二個或更多的人，面對面之互動，對團體有歸屬感，共同朝向共同之團體目標努力。」(Jonson & Jonson, 1991)

「一個有意義、有功能之團體，除了具備兩個或兩個以上的人的形式組合條件之外，尚需結合共識、互動及規範三要素。」(吳武典，民 82，83)

「團體是有組織、有秩序、彼此相互依存、有歸屬感和認同感，並持續互動的兩人或以上之結合體。」(賈樂安，民 77)

綜言之團體之條件如下 (吳武典，民 85；潘正德，民 84；李美枝，民 68；Knows, 1972)：

⑴團體成員之特定性：需具備二人或以上之個體所組成，且由名稱或型態可加以辨識。

(2)團體共識性：自覺為團體之一分子，認同於團體目標，接納其他成員亦為團體其他成員接納。

(3)相互依存及互動性：成員覺察到其他成員之存在，並與他們互動而發展出相互之依賴及歸屬感。

(4)團體之獨特性：每個團體雖其基本特性接近，但於不同成員組合其團體之互動過程，會因其團體之特殊組合而有不同，團體為一單位實體，非單純之個體組合，因而有其團體之獨特性，或稱之為團性(Syntality)。

(5)團體之規範性：團體有能力於其相同之方式下行動，像有機體般地運作自如，其重點在於團體能藉由團體之互動及共識，形成團體皆可遵守之規範，團體之規範愈清楚明白，愈為成員所遵守，團體愈健全，愈可朝向團體目標前進。

二、團體輔導的意義

團體輔導之定義，亦因各學者之觀點而有所不同，茲分述如下：

「團體輔導(group guidance)是基於發展人類『群性』觀念，養成學生適應社會生活之態度和習慣，使其能瞭解人類互助合作的重要，與負責守法的精神。」（賴保禎，民82）

「團體輔導或團體工作，乃是在團體中藉著人際互動以幫助個人的歷程。……透過團體之歷程進行的學習，是既真實又有價值的。這種學習包括『瞭解自己』、『改變自己』和『實現自我』。」（吳武典，民 76）

「泛指凡運用團體理論或團體過程，於合格之團體專業人員帶領下，達成團體之任務朝向團體目標，以達成個人及團體之目標之工作即為團體工作(Group Work)。」（ASGW, 1991）

「廣義而言，輔導就是影響個體擬定未來計畫的一切活動，輔導活動便是以援助個人擬定此項計畫為目的而採取的一種或多種活動。團體輔導就是以促進整個輔導計畫為目的而採取的一切團體的活動。團體輔

導的旨趣，在於彌補並且促進個別諮商之功能。最理想之輔導計畫，就是不偏頗於其一，並可兼顧二者之長。」（劉焜輝，民62）

「團體輔導必須具備四個要素，包括適宜之團體情境（氣氛）如溫暖、真誠、支持、信任、同理；團體歷程、團體領導者（即接受過團體輔導專業訓練，包括接受過團體之專業知能外，並參加過完整之團體經驗、團體觀察員訓練、於督導下擔任合格團體領導者之協同團體領導者、於督導下擔任團體領導者。包含領導者及協同領導者（亦有人以團體輔導員或團體催化員為名））、以及適切之團體壓力。」（吳武典，民85）

綜而言之，團體輔導所必須考量之因素可歸納如下：

(1)團體成員之背景：如成員過去所參加團體之經驗，成員之基本人文變項及人數（一般小團體之輔導人數包含團體領導者為8至15人）。

(2)團體之目標：如偏向工作取向或情感取向，是輔導性、諮商性或治療性？

(3)團體成員之參與型態：是志願參加或非志願參加，積極或被動。

(4)團體溝通型態：是單向之對領導者或成員間之多元互動溝通方式。

(5)團體凝聚力：是強或弱，團體對成員之吸引力之大小，一般而言，團體愈能滿足成員之團體目標及合理之需求其凝聚力愈大。

(6)次團體的型式：團體中是否有其他「小團體」，其因應團體之方式是否有利於團體之進行。

(7)團體之氣氛：是否安全、信任、接納，具生產性。

(8)團體規範：即由團體成員共同討論擬定於團體共同遵守之規範，是否可行合理及確實執行。

(9)領導者因素：必須考量領導者需具備之條件，是否有協同領導者？是否接受合適之督導？

(10)成員條件之界定及合適之篩選效標及過程。

(11)團體之聚會地點是否隱密、安全、通風良好。

(12)團體聚會時間之合適性：一般之團體輔導約為8-12週，每週一

次，每次二至三小時，視團體性質而定。

三、團體輔導的目的

有關團體之目的，過去曾有許多專家學者加以研究，洪清香（民68）曾加以綜合整理如下：

⑴提供一近似真實之環境，或小型同儕團體，藉此使得團體成員能試驗事實、練習新行為，獲得回饋及支持，分享經驗、感受，而導致個人之成長和人際關係之改善。

⑵將問題一般化：使成員發現其他成員亦有類似之問題。

⑶鼓勵來談者經由團體之接納及支持，面對現實，向問題挑戰。

⑷使成員由團體中學習如何接受幫助及給予幫助。

⑸提供成員機會觀摩團體中其他成員如何解決類似之問題。

⑹由團體輔導經驗使個人有意願做進一步之個別輔導。

⑺對某些問題運用團體輔導時間上較為經濟。

第二節　團體的種類與功能

於本節中，將團體之分類依團體之性質及文獻中一般常見小團體分別加以介紹，此外亦對團體之特性及功能加以探討。

一、團體的分類

團體之分類基本上可有下列分類方式：

㈠依據團體性質的分類方式

・正式團體與非正式團體

依潘正德（民84），吳秉恩（民75），Dalton (1959) 對團體之分類觀點依組織程序區分團體可分為下列兩種類型。

1. 正式團體：團體之組成乃基於特定之目標或政策，藉由成員之互動團體達成目標，如任務性團體，團體之目標、成員職位、成員職權、權利義務均有明確之訂定。

2. 非正式團體：團體之組成係藉由成員之互動自然產生，或成員相互吸引而組成。又可分為：

⑴水平團體：由相似階級或同一工作領域之成員組成，如專業工會，人事經理聯誼會。

⑵垂直團體：係由同一部門不同階級之人員代表組成。

⑶混合式團體：係由不同部門、不同工作性質之人員組成。

・開放式團體、封閉式團體

1. 開放式團體：凡是團體成員不斷更迭之團體稱之為開放式團體，此種團體中，新成員必須是有興趣的介入，而新成員之參與應先經過團體成員之共同決定，但其幅度不宜過大，以免因新成員過多而影響原有團體之穩定性，但適量之新成員可以給團體帶來催化之力量，如書報討論團體，可適時邀請與研討主題有關之專家學者參與提供諮詢及刺激。輔導性團體亦較適宜。但有些婚姻懇談適當之邀請不同夫妻分享其婚姻經驗亦被應用於婚姻諮商。

2. 封閉式團體：一個團體若由第一次聚會至最後一次聚會，團體成員皆不更動，稱之為封閉式團體。一般之諮商性或治療性團體因牽連到需較長期之探討及穩私性，故以封閉式團體較適宜。

・同質團體、異質團體

同質團體或異質團體之別在於團體成員之條件之相似或相異，有時是一種相對性之程度。通常以成員之問題是否類似區別，例如團體成員有一般性之共同問題，如戒酒者所組成之「戒酒無名會」(Alchol Association, A.A.) 為同質團體，此種團體之好處在於成員間由於共同之特性或問題，較可相互關懷支持，及切磋對於共同問題之解決方法。異質團體則指較繁雜之團體，如以「當事人中心」之團體，因此當討論某

一當事人之問題時，團體中有些成員無法感受到此一問題與自己的關係，但其好處在於其他成員亦可以提供客觀之經驗及資料有利於問題之解決，然而若無法產生團體之共識，亦成為各說各話，影響團體之發展。

・結構、非結構團體

結構式團體係指由團體領導者計畫安排較固定程序之活動，引導成員藉由結構式之團體活動催化成員之參與，團體領導者肩負較多之指導責任，團體於開始形成時的活動如「迴旋溝通（藉由他人之訪問介紹自己）」、「疊棉被（重複記名字）」能減緩成員之焦慮，擴大成員之參與促成團體之凝聚力，但活動只是一種催化之方法，團體領導者宜適當藉此催化往團體目標探討，而非「為活動而活動」忘了團體之目標，一般較適合於年齡較輕，表達力較差，或較保守被動，於時間較有限之團體。

相對之非結構團體不安排有程序之固定活動，團體領導者以彈性及引發團體之互動，指導性較不明顯，但於團體開始時，團體之過程較易曖昧不清，若能順利發展團體過程則凝聚力更強。但亦視團體之性質，通常自主性較高、年齡較長、表達性較高之成員較合適。

亦可二種形式混合使用，將某些結構式活動僅作為某些主題之催化，尤其於團體初期。

・志願、非志願團體

於團體輔導中有些成員是被迫或非意願之參加團體，如學校對於「違規犯過」之學生，或學業適應不良之學生，加以團體輔導，此參加團體非志願之成員於團體初期較有防衛抗拒之行為，需於團體開始前或開始時先處理情緒。

相對之，志願性團體乃成員自發性報名參加，其參與團體之意願高，配合度較強，對團體之目標亦較瞭解。

・時間集中、時間分散團體之聚會方式

團體之實施有些是集中於某些時段，如「馬拉松團體」於連續二十四小時中實施，其假設為人於疲勞之狀態下，加上團體之互動催化下，

可能易於拋棄防衛，自我坦露；亦有連續數天之工作坊；有一週一次，亦有二週一次甚至一個月一次。視團體之性質而定，於輔導性團體通常為一週一次，每次二至三小時，為期六至十次。有些治療性之團體甚至為期幾個月、一年甚至數年之久。

・團體輔導、團體諮詢、團體心理治療

團體運用於心理輔導方式亦因其對象、特性、時機、內涵、服務場合、需要時間、技術層次、目標、實施之專業人員而有所不同，張德聰（民 83）整理如圖 9–1。

・美國團體工作者協會 (ASGW, 1990) 之分類

美國團體工作者協會 (ASGW, 1990) 依據團體目標、工作重點、和領導資格界定四種類型之團體分別為：

⑴輔導或心理教育性團體 (guidance/psychoeducation group)。

⑵諮商或人際問題解決團體 (counseling/interpersonal problem-solving group)。

⑶心理治療或人格重整團體 (psychotherapy/personality reconstruction group)。

⑷工作團體 (task/work group)。

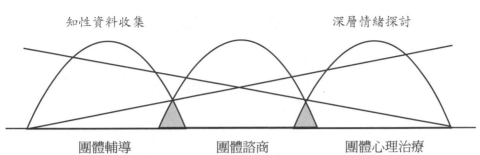

知性資料收集　　　　　　　　　　　　　　　深層情緒探討

團體輔導　　　　　團體諮商　　　　　團體心理治療

	團體輔導	團體諮商	團體心理治療
1. 服務對象	一般正常人	一般正常人但心理適應須調整者	心理失常者 精神病患
2. 特性	1. 發展性 2. 預防性	1. 發展性 2. 解決問題	1. 補救性 2. 重新復健性
3. 重視時機	現在與未來	現在與未來	過去之歷史與影響
4. 助人內涵	1. 強調資料的提供與獲得 2. 強調認知與環境因素	1. 強調諮商關係 2. 以意識內容為主	1. 強調助人者之權威性與專家專業性 2. 偏重潛意識過程內容之分析
5. 服務場合	學校 教會 社團 志願服務組織	學生輔導中心 社區心理衛生中心 專業輔導機構 家庭協談中心	醫院精神科 專業精神科診所
6. 需要時間	短期	短期但密集 因需要而定	長期 甚可長達一年以上
7. 目標	自我成長	自我瞭解 自我接納 發展潛能 心理平衡 社會適應	人格重建 人格統整
8. 助人技術層次	一般性	中度	深度診斷與治療
9. 專業人員	學校輔導員	諮商心理學家	臨床心理學家 精神科醫師 精神科護理人員 精神科社工員 復健醫師

圖 9–1　團體輔導、團體諮商、團體心理治療之分析比較一覽圖
資料來源: 張德聰，民 83，頁 166–167。

・團體之預防、成長、矯治性之分類方式

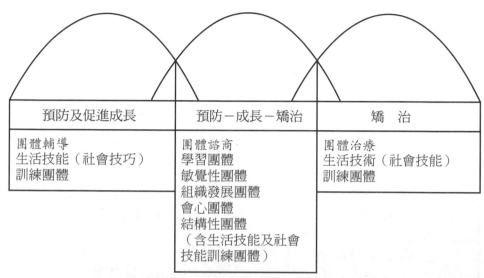

預防及促進成長	預防－成長－矯治	矯　治
團體輔導 生活技能（社會技巧） 訓練團體	團體諮商 學習團體 敏覺性團體 組織發展團體 會心團體 結構性團體 （含生活技能及社會 技能訓練團體）	團體治療 生活技術（社會技能） 訓練團體

圖 9–2　團體之預防、成長、矯治性之分類方式圖示
資料來源：Gazda, 1989, p. 9；吳武典，民 85，頁 10。

㈡一般文獻常見之小團體分類（Rogers, C. R., 1970；劉焜輝，民 67）

⑴訓練團體 (T group)
強調藉由小團體之人際互動回饋，增進人際關係技巧之發展。
⑵基本會心團體 (Basic encounter group)
強調透過經驗分享及體驗過程促進個人之心理成長或人際溝通以改善人際關係。
⑶敏感訓練團體 (sensitive-training group, S-T group)
與前二者接近，都是藉由團體中之良好關係下，瞭解自己、接納自己、瞭解別人、接納別人增進個人之心理成長、人際溝通與關係。
⑷任務導向團體 (Task oriented group)

為企業界所運用，針對某一專案或某一特定任務，以此為團體之目標，重視任務之完成，例如品管圈 (Q.C.C.) 團體。

⑸感覺覺察團體 (sensory awareness group)

強調身體感覺之覺察，透過運動、自發性舞蹈或動作，促使個體對其身體之覺醒及自然表現。

⑹創造性團體 (creativity workshop)

透過種種藝術媒介進行創造性表現，於團體互動及領導者之催化下，使得個體可以自由的、創造性的表現，增進個體之體驗與覺察。

⑺組織或領導功能發展團體 (orgnization or leadership development group)

以發展領導者之領導技能或領導功能為目的之團體。

⑻團隊建立團體 (team building group)

以適切且有效之團隊組合，以便達成團體目標或團體任務為目的之團體。

⑼治療性團體 (therapeautic group)

根據各種心理治療理論，運用其團體心理治療方法，進行心理治療之團體。如完形治療團體、現實治療團體、理情治療團體、溝通分析團體、心理分析治療團體……等。

⑽藥物治療團體 (Synanon group)

對於吸食煙毒上癮者 (drug addition) 之團體支持性治療，如類似戒酒無名會 (AA)。

⑾病患支持團體 (patient support group)

對於患上同一種疾病之病人或家屬組成團體於心理上之相互支持。

二、團體的功能與特性

㈠團體的功能

吳武典（民 85）歸納團體功能有下述三種：

⑴教育性之功能：如於團體中可以資訊交流、互相示範模仿、嘗試創造、學習人際技巧⋯⋯等皆具有教育之功能。

⑵預防性之功能：如於團體之安全氣氛下，學習適當之自我開放、互相分享、瞭解自己、接納自己、瞭解別人、接納別人，滿足於歸屬感，增進心理健康，並由成員之開放經驗中學習，達到預防之功能。

⑶治療性之功能：經由團體之安全及領導者之催化，漸漸開放自己之問題，藉由成員之相互支持、關懷接納，一方面可以達到問題宣洩，藉由成員之回饋亦可以澄清之效果，由成員開放類似經驗之處理，亦有一般化、及學習合適自己解決之方法，達治療性之效能。

而林振春（民 81）則歸納團體至少有以下兩種功能：

⑴引導成員進行團體活動，促進團體之發展。

⑵激勵成員之向心力及歸屬感。

此外有些學者 (Hartford, 1972)，對於團體目標之探討，認為團體目標有關之要素，要考量「機構服務之目標」即團體領導者所服務機構之目標，「團體領導者」本身之目標，「團體成員」個別之目標，以及「整個團體」經由團體過程擬定之目標，凡能滿足上述各項目標之功能，亦為團體之功能。

㈡團體的特性

進一步分析團體之特性，可歸納有下列幾點：

⑴同理心：於團體中大多具同質性，因此更能去體會其他成員之感受，即使異質性成員於團體氣氛下，亦可發展出對其他成員之關心。

⑵頭腦多：團體之成員至少為二人以上，因此易產生多元思考，及許多回饋之機會。

⑶客觀性：團體中由於有不同之成員，可以分享不同之觀點，增加對於問題觀點有更客觀之瞭解。

⑷示範性：於團體中，藉著領導者或成員對於某些正向行為之示範，可以提供模仿學習之機會。

⑸練習多：團體中可以提供成員許多角色扮演或練習之機會。

⑹歸屬感：團體中之接納氣氛，可以讓成員感受到被接受、關懷之歸屬感。

⑺變環境：團體中由於不同之時空，並經由與原有環境之差異，使成員有機會跳開其原有環境之限制。

⑻經濟性：團體中由於人數較多，對於同一問題之處理具有相互支持，觀摩學習之效果，較具經濟效果。

⑼其他：如藉由團體輔導亦有助於個別輔導之實施，二者相輔相成。

第三節　團體輔導的方法

本節共分兩個部分介紹，首先介紹文獻中有關團體領導者之人格特質與團體行為之相關型態；其次介紹有關團體輔導之各種技術，並列表說明。

團體輔導之方法或技術，基本上個別諮商之技術皆可用於團體輔導，如引導、澄清、簡述語意、摘要……等。而個別諮商強調之同理心、真誠、尊重、接納等輔導之基本態度於團體輔導亦相同，但於技術之前仍宜由團體領導者之態度或人格特質加以探討，因為方法及技術亦取決於「人」之執行。

一、團體領導者的人格特質

團體領導者之人格特質亦為學者所重視，基本上包括下列幾種：如自我覺知、開放、彈性、適切之敏感度、容忍模糊、積極創造、對人有興趣、成熟統整（宋湘玲，民 70）。Ralph M. Stogdill (1974) 之研究亦發現有些人格特質與領導行為有關，整理如表 9–1：

表 9–1　人格特質與領導行為之相關

人格特質	相關之形式
成就趨力	正相關
適應力	正相關
敏捷的	正相關
專業權威性	正相關
吸引力	不確定
支配性	負相關
情緒平衡	正相關
有活力的	正相關
外向性	不確定
撫育性	不確定
負責性	正相關
自信心	正相關
社交性	正相關

資料來源：Gladding (1996) 團體工作，頁 58，引自領導功能教科書：理論及研究之調查 (Ralph M. Stogdill, 1974)。

此外 Stockton 和 Morran (1982) 發現於類似會心團體之小團體輔導或諮商，若團體領導者能具有中度之情緒引發（如挑戰、面質、強調情緒之自我開放），高關懷，且能適當應用「意義賦與」（即當成員表達意見時給於與團體過程有關意義之賦與，如澄清、解釋）以及團體規範之執行（如設定限制、規範）。

二、團體輔導的技術

團體輔導的技術如:

㈠團體前之準備

(1)包含團體之計劃書之擬定。

(2)設計一個隱密、安全及氣氛良好之團體環境。

(3)篩選合適之成員及覺察、澄清成員初入團體之期待與感情。

(4)覺察團體之動力。

(5)覺察團體領導者個人之期待及需要。

(6)慎選合適之協同領導者。

(7)接受合適督導之安排。

㈡團體輔導常用之技術

(1)起步之技術: 如自我經驗感受之開放分享以引發成員之分享、場面之構成、團體之契約。

(2)繞圈子(輪流發言)之技術: 引導成員針對團體之主題輪流發言,分享其經驗或感受。

(3)增進溝通之技術: 引導成員對於有關團體之主題其他成員表達之意見, 說明其所聽到的觀點、感受, 以增進溝通。

(4)角色扮演之技術: 利用角色扮演於團體中演練成員過去、現在或未來可能面對之情境, 再由成員相互回饋, 修正、重新再演, 直到問題解決。其步驟如下:

　　①界定情境

　　②確定角色

　　③徵求或分派角色

　　④揣摩角色

⑤角色扮演

⑥切斷 ←

⑦討論

⑧重新再演

⑨分享討論 →

(5)引發對立情緒表達之技術：若團體領導者接受過完形治療之專業訓練，於團體中亦可善用如「空椅子」之技巧，引發對立情緒表達，於團體中可用於對單一成員之引發對立情緒表達，再由成員回饋增進該成員之自我覺察；亦可於團體中引發成員間不同觀點之對立情緒表達，適時予以澄清溝通，促進團體之共識。

(6)摘要解釋之技術：對於成員或團體剛發生之事件，予以摘要之說明或解釋，以達澄清及引導團體方向之功能。

(7)討論今後發展之技術：對於成員於團體中學到或體悟之事，領導者引導成員對於未來之發展，或未來遇到如何處理之討論。亦可被善用於團體將結束時，對離開團體之後之發展及計畫之探討。

(8)處理抗拒技術：如協助抗拒之成員，逐漸體會團體對其之接納、信任，以邀請及尊重之方式，不勉強，於稍後再回過來引導成員觀看此一過程。另外有些學者主張適度之引用面質、解釋或反映方式來面對成員之抗拒。

(9)處理移情之技術：移情 (transference) 係指一個人受過去某些特定之事件或人的相關經驗、情感影響其對當下某一特定的人或事件身上，基本上為一種主觀經驗之扭曲，團體成員可能受其過去之團體經驗之影響，扭曲對其當下團體之知覺。領導者可利用團體之回饋方法引導成員瞭解他是如何受過去經驗之影響到他現在之行為。

(10)處理反移情之技術：反移情 (counter transference) 為團體領導者移情於成員，領導者有意無意地將其對過去之經驗、情感轉移到當前某特定成員身上，使其無法客觀去覺察成員及瞭解團體事件。

處理反移情之方法，一則為領導者之自我覺察，一則為透過督導，而成員之回饋亦常可以提供訊息，領導者之自我坦露，以此為團體事件與團體共同面對，亦為可行方法，但仍宜於督導下處理，以免違反專業倫理或傷害自己及成員。

⑪回饋之技術：團體之回饋重在於此時此刻，對於具體之行為事實，於關係為建立好時先對正向之行為，回饋之指標如表 9-2（救國團張老師七十年冬令青少年輔導工作研討會進修資料專輯，頁 82）。

表 9-2　回饋之指標

1.回饋應集中焦點於行為而非個人。
2.回饋應集中焦點於觀察而非推論。
3.回饋應集中焦點於描述而非判斷。
4.回饋應集中焦點於行為的「是多是少」而非「或這或那」。
5.回饋應集中焦點於特殊情境中的行為，注意「此時此地」的限制，而非抽象的行為或「當場隨時」的。
6.回饋應集中於概念和訊息的分享而非給予建議。
7.回饋應集中於選擇性的探討而非答案或解答。
8.回饋應集中於焦點在對接受者有價值的觀點上，而非對給予回饋者有價值。
9.回饋應集中焦點於對接受者有用的訊息上，而非對給予回饋者能給多少，或喜歡給多少的問題。
10.給予回饋應適時適地，俾便個人性的資料能配合時宜。
11.回饋應集中焦點於所說的事情而非為什麼要說的理由。

資料來源：David W. Johnson (1972), pp. 16-17.

⑫增強之技術：對於成員於團體之好行為，予以增強鼓勵，可以用語文或非語文方式，適時給予增強。

⑬示範之技術：領導者或協同領導者，於團體中之行為言語，皆有示範之作用，對於某些主題領導者之參與開放，如情緒之引發，或結構性團體活動皆可以示範之方式，讓成員學習於團體中分享、練習。

⑭有效使用結構練習之技術：為了催化團體之進行，尤其於團體之初期，團體有些領導者，會善用一些結構化之團體活動，如表 9-3 團體活動範例。

表 9–3　　團體活動範例

主題：多面的我
目的：引導團體成員由各方面及不同人之回饋去分析自我、探討自我
時間：60 至 90 分鐘
場地：安全、隱密、通風良好，一般小團體可用之場地即可
材料：每人 A4 影印紙四張
人數：8–15 人
程序：

　　1. 由領導者請成員於事先準備之一張影印紙，寫下對自己之十個形容詞。
　　2. 與成員兩兩分配分享下列之主題十五分鐘：
　　　　⑴我是誰?
　　　　⑵我的好朋友是?
　　　　⑶我希望我未來成為怎樣的人?
　　　　⑷我的專長是?
　　　　⑸我的興趣是?
　　　　⑹影響我最深刻的一句話是?
　　　　⑺我的身體是?
　　　　⑻我對我的外表是?
　　　　⑼我在社會上扮演最重要之角色是?
　　3. 與成員進行訪問遊戲：（十五分鐘／每位五分鐘）
　　　　每個成員運用其他三張 A4 影印紙，訪問團體中三位成員，請他們寫下對自己的十個形容詞，其中有一位是剛剛分享步驟 2 之成員。
　　4. 進行周哈裡窗之分析：
　　　　即以步驟 1 及步驟 3 之交集，依其重疊比率描繪下圖，並將有關之形容詞填於合適之區內。

我

	知　道	不知道
知道	1 公　開　區	3 盲　目　區
不知道	2 祕　密　區	4 開　發　區

別人

　　亦有學者比喻團體之領導者有如「交通指揮」、「示範者」、「互動之催化者」、「溝通之催化者」(Bates et al., 1982)。另外亦有學者對於團體之領導功能，認為不僅是團體領導者才具備，只要成員於團體中之行為能引導團體朝向團體目標前進，就具有團體之領導功能，因此成員亦具有團體領導功能，而團體之領導功能，主要分為任務導向功能 (task orientation function) 或情緒維持功能 (maintance oriention function)，每個向度又分為十種領導功能如表 9–4，舉例說明如表 9–5。

表 9–4　領導功能表

工作功能
1. 消息、意見給予者：提供事實、意見、想法、建議和相關的消息來幫助團體討論。
2. 消息意見尋求者：詢問團體成員事實、消息、意見、想法和感覺來幫助團體討論。
3. 開始者：提供目標和工作，引發具體行動。
4. 方向指引者：為團體進行提出發展計劃。
5. 總結者：將團體成員相關意見、建議做總整理。
6. 協調者：將各種不同意見、行動加以安排、協調。
7. 診斷者：針對團體進行的困難、目標，提出診斷書。
8. 激勵者：激勵成員以提高工作效率。
9. 事實檢驗者：檢查成員意見的可行性，看能否應用在實際生活情境中。
10. 評鑑者：將團體標準、目標和團體的決議，加以比較。
情緒功能
11. 鼓勵參與者：溫暖地鼓勵參與、開放、友善、關懷的對待所有成員。
12. 協調者：調解衝突，化解不同意見，尋求成員意見的共同點。
13. 緩和氣氛者：使團體緊張氣氛減低，如建議休息，製造笑料。
14. 幫助溝通者：幫助成員確定瞭解對方在說什麼，使團體之溝通更清楚。
15. 氣氛評量表：問成員對團體氣氛的感覺，並分享這些感覺。
16. 過程觀察者：觀察團體進行過程並幫助檢查團體的有效性。
17. 標準訂定者：表明團體標準及目標，讓成員瞭解團體進行的方向，並願意開放地接受團體規則。
18. 主動傾聽者：對他人的話有興趣接納的傾聽。
19. 鼓勵信任：接受、支持成員的開放並鼓勵成員冒險。
20. 人際問題解決：促使團體公開討論成員間的衝突，以增進成員彼此的和諧。

資料來源：吳澄波，民 70。

表 9–5 領導功能之舉例說明

1. 「我覺得……」、「我的想法是……」。
2. 「你們三個人怎麼都沒有說話呢?」
3. 「我想我們就來決定一下好了。」
4. 「我覺得我們可以每一個人先說出自己的想法,然後大家再來表決。」
5. 「現在大家意見不太一樣,我們是不是採取少數服從多數的方法?」
6. 「那這樣好了,喜歡第一個意見的人先說,說你們的看法,說完以後再請贊成第二個看法的人說說他們的意思。」
7. 「我們現在進行得有點混亂,好像是意見太多了,大家反而不容易決定了。」
8. 「我想我們可以進行得稍微快一點。」
9. 「你這個想法很好,可是目前我們的團體好像不太容易做到。」
10. 「我們剛才不是說要決定一個時間嗎?怎麼討論到時間問題的時候,大家反而顯得沈默了?」
11. 「我想聽聽××的意見,你每次的建議都很好。」
12. 「我不覺得你們的意見有什麼不同,看看你們的共同點好嗎?」
13. 「我們已經很努力了,休息一下如何?」
14. 「我聽到的是你對團體不太滿意,是不是?」
15. 「我很喜歡我們現在的氣氛,溫暖、舒服。」
16. 「剛才我們團體裡××一直很沈默,○○則老愛打岔。」
17. 「為了避免遲到影響大家的情緒,我們來罰錢好不好?」
18. 「我覺得××的意見很好,我很贊成。」
19. 「沒有關係,說出來我們一起討論。」
20. 「這件事你們兩位的立場很對立,我們是不是要跳出來聽聽大家的意見,能不能幫忙澄清一下?」

Gladding (1996) 曾整理 Edwin J. Nolan (1978) 及 Corey (1990) 等學者對於團體輔導有關之技術如表 9–6。

表 9–6 團體領導技巧摘要表

技 巧	定義或說明	使用之目的
積極傾聽	專注於成員之口語及非口語之表達不加以判斷及評估。	鼓勵成員之自我開放及探索,建立信任關係。
簡述語意	對成員所說之話語以簡短新鮮表達以澄清成員之意義。	澄清及確定對於成員之意義,以決定是否加以支持或澄清。
澄 清	收集成員之思考及感受之程度,	協助成員對其許多衝突或混淆之情

	簡化成員之敘述，以便將話題焦點於團體之主題。	緒、想法，加以有意義之澄清。
摘　要	將團體過程之一個段落中重要之因素摘要敘述。	積極澄清，消極避免誤解，引導及賦予意義。
發　問	以開放性之問句，引導成員自我探索，例如問「為何?」「會如何?」	引導進一步之討論，收集資訊，刺激思考，增進瞭解及確定焦點，提供進一步之自我探索。
解　釋	對於適當之行為、感受、想法提供可能之解釋。	鼓勵深層之自我探索，對個體之行為提供新觀點之瞭解。
面　質	對於成員之身體行為與口語之不一致之處，或其所言不一致訊息，提出質疑或挑戰。	鼓勵真誠的自我覺察，提昇自我潛能之發展，覺察自我之矛盾。
反映情緒	溝通對成員感受之瞭解。	協助成員深入瞭解其所聽到之言語外，更深層之情緒內涵。
支　持	提供鼓勵及增強。	創造一個良好之環境氣氛使成員之好行為可以持續，協助成員面對困境，建立信任關係。
同　理	將心比心，進入成員之參考架構，去共鳴、體諒同理其感受。	催化更深層之治療關係，溝通瞭解，鼓勵深層之自我探索。
催　化	於團體中，引導成員開放並與其他成員溝通，幫助成員對團體責任之增加。	提昇成員間有效之溝通，協助成員於團體中達成其目標。
引發參與	以行動引發團體之參與及為團體介紹新方向。	防止團體做虛工；增加團體往團體目標前進。
目標設定	為團體過程設計特殊目標，及幫助成員界定具體及有意義的目標。	為團體之活動提供方向，幫助成員澄清及選擇目標。
評　估	評估團體過程之演變，以及個人與團體之動力。	提昇更深層之自我覺察及對於團體走向更好之瞭解。
給回饋	基於對成員行為之客觀觀察，提供具體真誠之回饋及反映。	提供成員其外在表現予人之觀感，增加成員之自我覺察。
建　議	提供勸告、資訊、方向及新行為之觀點。	幫助成員能跳出原有執著之想法及行動。
保　護	保護團體免於團體中不必要的冒險。	提醒成員於團體中參與之開放行為可能會產生之風險，減少不必要之冒險。

自我開放	引導成員對於當下之團體過程之反應。	催化團體中深層之互動，建立信任；示範如何使其他成員瞭解自己的方法。
示　範	藉由演示中，使成員瞭解如何於團體中表現。	提供一個團體所需要行為之範例，協助成員發展潛能。
切　斷	停止或調適不利於團體之行為。	保護成員，或促進團體過程往團體目標。
結　束	準備對於單次之團體聚會或整個團體結束之準備。	幫助團體對於團體中所學習之經驗能同化、統整並運用於一般生活中。

資料來源：Gladding (1996), pp. 63–64.

第四節　團體輔導的歷程

如同個別輔導，團體輔導亦有其發展之歷程，而不論各種團體，舉凡學校之班級、社團，成人之社團甚如宗教之團契，其團體之發展皆有若人生生涯之成長、探索、維持以至衰退，團體亦有其發展之歷程，但因團體性質、目標、成員、維持之時間以及帶領團體的領導者其理論取向之不同，亦有其獨特之發展歷程，但綜觀各學者對團體發展之歷程，仍有其脈絡可尋（張德聰，民 85）。

雖然 Corey (1990) 所言：「團體是有生命的，不能截然將之分成各個獨立階段，而各階段間常有重疊……。」但包含其本人及有關學者皆認為，團體雖有其獨特性及差異性，但亦有其某種共通性 (Corey & Gazda, 1989; Yalom, 1985; Tuckman & Jensen, 1977; Rogers, 1967; Tuckman, 1965)。如果一個團體領導者能夠瞭解團體發展各階段之特徵、領導者應兼具之任務，以及瞭解團體發展階段中可能出現之難題或團體事件，事先做好預防，面對時妥善處理，相信有助於團體之發展。

團體輔導之歷程與團體之發展階段息息相關，因任何輔導性團體，亦皆有其團體發展之過程，尤其與小團體之發展歷程所需注意之事宜，

頗為一致。

一、團體發展階段的分類

團體發展階段因各學者之理論架構觀點、團體性質、團體持續時間而有所不同，有分為三階段者：如 W.Shutz (1973) 之接納、控制、影響三階段。亦有分為四階段者：如探索、轉換、工作、結束 (Gazda, 1989)。Mahler (1969) 則提出五階段包括：準備、涉入、轉換、工作與結束。林振春（民 73）則將團體發展細分為：引起興趣、導引投入、主動參與、團體和諧、批判思考、呈現問題、解決問題、團體決策、行為改變等九個階段。吳武典（民 76）則參考學校團體諮商最流行之 Mahler (1969) 之五階段分類：包括準備、涉入、轉換、工作、結束。Corey (1990) 則將團體之發展分為：定向、轉換、工作、鞏固等四階段。

筆者綜合各學者之觀點，嘗試將團體之發展階段，分為：

(1)團體之準備階段

(2)團體之開始階段

(3)團體之轉換階段

(4)團體之工作階段

(5)團體之結束階段

(6)團體之追蹤及考核階段

謹將其各階段之特徵及任務簡述於後：

二、團體發展階段的特徵及團體領導者的主要任務

㈠團體準備階段中領導者的任務

團體之準備階段並無一定之特徵，但領導者之主要任務包括下列三點：

(1)團體領導者之準備

　　一個夠資格之團體領導者，必須接受過團體之專業知能及於督導下之實務實習訓練，於帶領各種團體前必須整理自己之團體經驗、與機構及協同領導者溝通團體組成有關事宜如確定團體之目標、擬定合適周延之團體計劃書、團體之招募及篩選、團體之專業倫理之考量、自己公私事宜之妥善安排。

　　⑵團體計劃書之擬定

　　一般而言團體計劃書之內涵包括團體之目標、對象特性及人數之界定、團體名稱及性質、團體之需求（包含機構、團體、領導者及成員）、團體領導者之準備、成員篩選之方法（如表 9–7）、成員參與團體前之準備、成員可能風險之說明及防範、計劃之評估與追蹤、團體主題之規劃、行政事宜之考量（如預算、場地、公文流程）、團體聚會次數、時間之考慮。

　　⑶團體成員之準備

　　為了使團體成員於團體中能得到最大之收穫，建議參加團體者抱著下列心態：

　　──積極的參與

　　──身心之調適及準備

　　──以新的經驗去體會及感受

　　──學習於團體中表達自己的想法及感受、練習新的行為

　　──在團體中學習實驗及成長

　　──保持彈性

　　──一次只處理一種感受

　　──學習回饋的給與及接納

　　──決定自己之開放程度，並對之負責

　　──不過度期望

　　──感謝的心

表 9–7　團體成員篩選之方法範例表

國立空中大學學生生涯團體合適程度分析表

編號：□□□　　　　姓名：＿＿＿＿＿＿＿

一、綜合分析表

適合程度 分　類	非常合適 (5)	很合適 (4)	合　適 (3)	不太合適 (2)	很不合適 (1)
1.參與動機程度					
2.可參與時間程度					
3.家庭支持程度					
4.工作影響程度					
5.期望符合程度					
6.生涯輔導迫切程度					
7.團體經驗適合度					
8.團體地點適合度					
9.身心健康適合度					
10.學業負荷適合度					
小　計					

合　計（　　）

二、綜合評量

1.適合度之排序：＿＿＿＿＿＿＿

2.邀請函覆反應：□能參加；□不能參加；□考慮中

3.備忘事宜：＿＿＿＿＿＿＿＿＿＿
＿＿＿＿＿＿＿＿＿＿

面　談　者：＿＿＿＿＿＿＿

團體領導者：＿＿＿＿＿＿＿

日　　　期：＿＿＿＿＿＿＿

資料來源：張德聰，民 85，頁 108。

㈡團體開始階段之特徵與團體領導者之主要任務

團體開始階段為團體之定向及探索階段，基於「好的開始為成功的

一半」，因此團體領導者必須瞭解團體開始階段之特徵及任務，並澄清團體成員之期待及團體之目標。

⑴團體開始階段之特徵

焦慮、擔心、好奇、陌生、客氣、沈默而不流暢、彼時彼地，團體的核心是「信任」對「不信任」的試探與學習、團體之逐漸「上路」與開展，由開始時將焦點集中於領導者逐漸轉至團體成員。

⑵團體開始階段間團體領導者之任務

包含處理團體成員初入團體之焦慮，如協助團體成員之熟悉與認識、澄清團體成員與團體的目標與契約、確定團體可行之規範、設定團體之限制、提昇團體成員正性之相互之催化與成長，並激發團體成員繼續參與團體之動機 (Gladding, 1995)。

㈢團體之轉換階段之特徵與任務

於團體之轉換階段為團體由開始之陌生進入團體工作階段之中間關鍵階段，有些學者，並將之分為暴風雨期及規範形成期兩個次階段 (Borman, 1975; Gladding, 1995)，其特徵及任務分述如下。

1. 團體之轉換階段之特徵

⑴暴風雨期之特徵主要為焦慮、抗拒、代罪羔羊。

⑵規範形成期之主要特徵為對團體認同感之產生、存在變項多樣化、希望、合作、凝聚力。

2. 團體轉換階段間團體領導者之任務

此一階段之領導者是相當辛苦的，既要謹慎且敏感的面對成員之焦慮及抗拒，並需於適當時機，採取適當之介入策略，領導者主要之任務包括：

⑴自我調適、與協同領導者溝通協調，定期接受督導。

⑵協助團體成員瞭解團體現象，協助成員於安全之團體氣氛下，逐漸適當開放及表達其情緒及感受。

(3)真誠之面對團體事件，並以身作則，為團體成員做榜樣。

(4)鼓勵成員漸進的、自由的參與團體。

(5)以同理心、支持的態度，面對成員的焦慮，催化溝通，協助成員表達其感受（張德聰，民 85）。

㈣團體工作階段之特徵與團體領導者之主要任務

團體工作階段為團體於準備、開始、轉換之後之重要工作階段，此階段不僅承續前述之團體發展，若發展良好可能是團體之「生產性階段」；若未能妥善處理亦可能產生許多團體事件，甚至使團體夭折，使團體成員受到團體之傷害。

1.團體工作階段之主要特徵

(1)團體之目標方面：更清楚及明確，團體之領導功能是由團體領導者及成員共同參與及決定的。

(2)團體之氣氛方面：更加安全及信任、更願意開放及冒險去探討此時此刻之感受。

(3)團體之凝聚力方面：此階段中團體具有高度之凝聚力，及歸屬感，團體對參與者具有吸引力，高度包容及團結，深入分享個人經驗。

(4)時間焦點為「此時此刻」。

(5)團體之互動方面：溝通是清楚而直接的，深度開放、被接納及瞭解，溝通是互動式的。

(6)團體是朝向團體目標有效性之過程。

2.團體領導者之主要任務

(1)以身示範：如自我開放、情緒之引發，行為之專注及投入團體之主題。

(2)協助團體成員由經驗中認知之重建，引導個體於團體之良好氣氛中，探討自己鬆動之個人建構，於團體中練習自己期望之新行為。

(3)協助成員將於團體中之領悟化為行為。

⑷鼓勵成員間相互支持及幫助。

⑸協助成員解決問題。

⑹對於團體事件之處理。

⑺為團體即將做結束之準備。

㈤團體之結束階段

團體之結束包含每次團體之結束及整個團體之結束，及重要之目標在預防及處理團體夭折，及團體結束後之追蹤及成效之評估，因此其內容是豐富的，如同團體之「好的開始」一樣，「好的結束」也是十分重要的。

1. 團體結束階段之主要特徵

⑴情緒的波動，成員可能有離情依依或焦慮之感覺，但也有些成員可能因團體之即將結束而退縮。

⑵對團體結束的因應，如成員開始會述及離開團體後之計劃及因應措施。

⑶對於團體之評量及回饋，可能對團體及成員提出回饋。

⑷計劃於離開團體後如何應用團體中之學習或心得於團體中分享。

2. 團體領導者之主要任務

⑴妥善處理離別之情緒，包含領導者本身及成員。

⑵協助成員預備適應外界之情緒。

⑶協助成員整理學習成果，並運用於生活中。

⑷整理團體未完成之工作，如適切之說明、資訊提供及合適之轉介。

⑸引導成員相互之關切、回饋及祝福。

⑹提供有關成員個人進一步發展之有關資源。

⑺提醒對於團體過程中，涉及成員隱私之保密。

⑻引導團體對於團體目標之評估及建議。

⑼防止團體過早之結束或夭折。

㈥團體之追蹤及考核階段

團體之追蹤係指於團體結束後，為了瞭解團體成員達成個人或團體目標之情形，並協助成員對於團體未完成之任務之處理情形，於團體結束後一段時間，如二個月至半年或一年，依團體之性質及研究之計畫而定，可以團體之聚會或個別之訪談方式進行。

評估之執行者可以是團體之督導、團體之領導者、團體觀察員、團體成員或超然之評估者及團體成員有關之重要他人，或上述各有關人員之組合，是評估之目的，近年來亦有以量化或質性之團體過程之評估。

但不論何種方式之評估，於帶領團體過程中，團體領導者於每次團體結束後，均必須做團體記錄（參考格式如表 9-8），或簡易之自我評估，如每次團體結束後針對每次團體目標之達成程度，團體成員之參與及出缺席情況、團體之氣氛、團體之溝通及互動、團體之事件處理情形，團體活動之適切性與協同領導者研商，並接受督導，亦可藉由團體之觀察員之回饋，及自我省思亦為考核方式之一。

而評估之向度，基本上包括：團體及成員目標之達成情形、團體計畫之合宜性、團體輔導功能之發揮、團體之過程之運作、團體領導者及協同領導者之配合以及團體專業倫理之合宜。

表 9–8　　團體輔導活動記錄表

研習班第　　　　期團體輔導活動記錄表						參加人員位置圖	
組　別　第　組	輔導員			助理員			
次　數　第　次	活動日期	年　月　日	時　間		時　分		
參加人數　　　人	缺席人數	人	缺席名單				
時　間 分　配	活動內容 進行方式	學員對活動 的參與情形	輔導員的 處理技巧	學員參與活 動後的感受	處理技巧對目 標達成之評估	希望行政 配合的事項	督導 意見

資料來源：張德聰，民 85，頁 190。

▶▶▶▶ 關鍵詞彙

團體	異質團體
團體輔導	結構團體
正式團體	非結構團體
非正式團體	志願團體
開放式團體	非志願團體
封閉式團體	小團體
同質團體	團體發展之階段

▶▶▶▶ 思考與評量

一、試述團體之意義及目的為何。

二、試述團體輔導之意義及目的為何。

三、試述團體輔導所需考量之因素。

四、依你個人所見團體輔導與個別輔導之差異為何?

五、何謂小團體?

六、團體之功能與特性為何?

七、試簡述團體輔導之技術。

八、團體回饋之指標為何?

九、一般而言團體輔導發展階段分類為何?於每個階段之特徵及領導者之任務為何?

十、如何處理團體之過早結束?

十一、如何成為一個團體輔導之輔導員?

十二、試以五百字簡述你參加「小團體」之經驗。

十三、於怎樣之情形下團體可進行結束?該注意之事項為何?

十四、於團體輔導時對於輔導之專業倫理如何維護？試以「團體之保密」為
　　　例說明之。

▶ ▶ ▶ ▶　參考書目

1. 何長珠編譯（民 69）：諮商員與團體。臺北市：大洋。

2. 吳武典、洪有義、張德聰等編著（民 85）：團體輔導。臺北縣：空大。

3. 林振春、王秋絨合著（民 84）：團體輔導工作（增訂一版）。臺北市：師大
　 書苑。

4. 張景然、吳之儀譯，Gerald Corey 原著（民 84）：團體的理論與實務。臺北
　 市：揚智。

5. 張德聰、羅華容（民 84）：團體輔導人員訓練方案之效果研究。載於國立空
　 中大學生活科學系學報，第 2 期。

6. 張麗鳳（民 81）：小團體領導人員訓練課程效果之研究──以高雄「張老師」
　 為例。國立臺灣師範大學教育心理與輔導研究所碩士論文（未出版）。

7. 救國團「張老師」主編（民 75）：團體領導者訓練實務（四版）。臺北市：
　 張老師。

8. 曾華源譯，Gerald Corey 等原著（民 71）：團體技巧。臺北市：張老師。

9. 黃惠惠（民 82）：團體輔導工作概論。臺北市：張老師。

10. 劉焜輝、汪慧瑜編（民 71）：輔導論文彙編（下）。臺北市：天馬。

11. 劉焜輝編著（民 68）：輔導論文彙編（下）。臺北市：天馬。

12. 潘正德編著（民 76）：團體動力學。臺北市：心理。

13. 賴保禎、周文欽、張德聰等合著（民 83）：輔導原理與實務（二版）。臺北
　 縣：空大。

14. Cartwight, D., et al. (1968). *Group dynamics: research and theory* (3rd ed.).
　 New York: Harper & Row.

15. Corey, M. S. & Corey G. (1992). *Groyps: process and practice* (4th ed.).

Pacific Grove, CA: Brooks/Cole.

16. Gladding S. T. (1995). *Group work: a counseling speciality* (2nd ed.). Englewood Cliffs, New Jersey: Prentice-Hall.

17. Gazda, G. M. (1989). *Group counseling: a developmental approach* (4th ed.). Englewood Cliffs, New Jersey: Prentice -Hall.

*C*hapter 10

諮　詢

↘ 學習目標

學習本章後可以：

一、認識諮詢的基本概念。

二、瞭解諮詢的方法。

三、認識諮詢的實務應用。

四、瞭解諮詢的倫理、爭論與限制。

↘ 本章大綱

第一節 —— 諮詢的基本概念
　　　　　諮詢的意義
　　　　　諮商與諮詢
　　　　　諮詢的角色與功能

第二節 —— 諮詢的方法
　　　　　諮詢的模式
　　　　　諮詢的過程
　　　　　諮詢的內容

第三節 —— 諮詢的實務應用
　　　　　對教師諮詢的應用
　　　　　對家長諮詢的應用
　　　　　諮詢與行政的關係

第四節 —— 諮詢的倫理、爭論與限制
　　　　　諮詢的倫理
　　　　　諮詢的爭論
　　　　　諮詢的限制

導　言 → → →

在 1940 年代末期及 1950 年代初期，諮詢係直接針對案主或案主系統的服務。諮詢者 (consultant) 如同外來的專家直接面對困難，以解決員工的衝突，使其能繼續維持有效工作。被諮詢者 (consultee) 在轉介案主之後，很少再與案主互動。然而，隨著諮詢經驗的增加，逐漸發現被諮詢者同時參與問題解決的過程，有助被諮詢者於日後解決類似的問題。因此，在 1950 年末期，心理健康與企業界的諮詢服務有了轉變，被諮詢者成為主動的角色，參與諮詢的過程。諮詢，從對案主或案主系統直接服務，轉變成為對案主的間接服務。諮詢的目的在於催化被諮詢者的技術與知識，以解決案主或案主系統的問題。諮詢者如同一個訓練者，教導被諮詢者必要的問題解決的知識與技術，設計策略以促使個人或組織的改變。諮詢的取向，朝向與被諮詢者合作的催化改變。

諮商員扮演諮詢者的功能，算是新近的觀念。諮詢，在 1959 年由 Gcrald Caplan 首先運用在心理健康的領域。Caplan 的焦點在於情緒與學習困擾的基本預防，對不同的對象提早發現問題，並對直接服務者提供諮詢服務。由此心理健康的專業便能以非直接的方式，較直接的服務產生更大的影響 (Caplan, 1970)。

1963 年的社區心理健康中心行動 (Community Mental Health Center Act) 加速催化諮詢在臨床與學校的運用。此行動特別強調諮詢服務是心理健康方案的重要部分 (Kurpius, 1978)。該行動的內容，主要在促使專業的助人者除了在個別的及小團體的補救性活動外，更能朝向更多發展性的、預防性的基本的介入策略。

Morril, Oetting, & Hurst (1974) 指出諮商心理學的非直接服務的價值在於預防性與補救是一樣的重要，諮詢者必須由環境層面的介入，增進組織的人際健康與支持、及減少壓力。Gutkin & Curtis (1982) 指出諮詢的

發展並非由單一的事件演化而成，諮詢角色的出現反映出在解決人類需要的問題上，傳統的方法所面臨到的困難。由此，也反映出諮詢在諮商心理學的地位日益被重視，及在學校的輔導工作上的重要。

本章分成四節，依序為諮詢的基本概念、諮詢的方法、諮詢的實務應用、以及諮詢的倫理、爭論與限制等，來加以說明。

第一節　諮詢的基本概念

諮詢一詞，涵蓋因素複雜，在心理輔導實務中運用甚廣，也因此易造成諮詢的概念混淆。本節擬由諮詢的意義、諮商與諮詢、及諮詢者的角色、功能等向度說明諮詢的基本概念。

一、諮詢的意義

諮詢的意義不一，也非簡單一、二項所能涵蓋。綜合各學者之觀點如下：

㈠諮詢包含了諮詢者、被諮詢者及當事人

Shertzer & Stone (1981) 指出諮詢的定義包括：當事人 (client)、被諮詢者 (consultee)、諮詢者 (consultant)。當事人是與問題相關的人、組織、或系統。被諮詢者是試圖解決問題的人。諮詢者是幫助被諮詢者解決當事者問題的人。

Brown et al. (1988) 指出諮詢不是簡單的「給予建議」，不是「教導」，不是「諮商」，不是「督導」，這些都是直接的幫助學生或案主，諮詢是一種「三角關係」，介於諮詢者、被諮詢者對第三者——個人、團體或組織，以帶來改變。

Bindman (1970) 認為：「諮詢是一個在兩個專業工作者——諮詢者、被諮詢者之間互動的過程或關係。諮詢者係幫助另一個工作者（被諮詢

者）解決一個或多個當事人的心理健康問題，特別就被諮詢者一般的專業功能而言。諮詢的過程賴於經由此關係溝通知識、技術與態度，因此也賴於兩個工作者之間情緒及知識的涉入程度。此過程的第二個目標是教育，被諮詢者可以學習在未來掌握相同的案例時更有效，因而增進專業技術。」Keat (1974) 指出：「學校情境中的諮詢是諮詢者與被諮詢者合作的過程，期能發展對學生有意義的幫助。諮詢者運用其知識，幫助被諮詢者評量學生的需要，發展正向的教室氣氛，及個別化的指導。」

　　一般說來，學校輔導方案中的諮詢係提供教師、父母、行政人員及其他諮商員技術上的幫助的過程，用以確認及補救被諮詢者在處理學生效能或限制學校效能的問題。

㈡諮詢是諮詢者與被諮詢者自願的、合作性的問題解決過程

　　Medway (1979) 指出諮詢係諮詢的諮商員 (counselor-consultee) 及受諮詢服務的一個或多個人之間合作性的問題解決。諮詢也是一個助人的過程，是介於專業的心理學家及助人者之間的互動 (Meyer, Parsons, & Martin, 1979)。

　　Splete & Bernstein (1980) 認為：

　　「諮詢是諮商員經由和第三者──可能是個人、團體、學會、社區，一起工作來幫助個體或團體。」

　　Carl Anserello & Tony Sweet (1990) 認為諮詢是：

　　「介於心理健康專家（諮詢者）與一個或更多個人（被諮詢者）之間合作性的問題解決過程，被諮詢者負有提供另一個人（案主）協助的責任。」

　　一般而言，諮詢的合作過程中包含了以下幾個要件 (John, Bianca, JoAnne, & Susan, 1980)：

　　(1)人們需要正向的增強，即使他們所做並無法解決問題，並不表示他們是不好的。

⑵有時專家並不知道什麼地方錯了，但是有能力描述及解決相關的問題。

⑶多數人在參與定義及選擇一個適切的對問題解決的方式後，能在未來變得更有效。

⑷合作的關係中，如果產生了某些衝突，至少要建立專家之間彼此信任及尊重的關係。

⑸合作意謂著相等的權力、權威、及地位，諮詢者並非更好、更像專家，他們只是扮演不同的角色。

⑹被諮詢者發展潛在的問題解決能力。

㈢諮詢的目的在提昇被諮詢者的效能，以提昇對當事者的服務

Caplan (1970) 認為諮詢是一種自願的、介於兩個不同專業或不同團體之間非階層的關係，此過程的產生來自被諮詢者欲增進其對個人或團體的功能。

Brown, Pryzwansky, & Schulte (1991) 就 Caplan 的定義進一步提出修正「人類服務的諮詢是一種自願性的問題解決過程，開始與結束係由諮詢者或被諮詢者主導皆可。目的在幫助被諮詢者發展更有效的態度及技術，使對責任案主——可能是個人、團體、組織，更為有效，以促進對案主的服務，以及增進被諮詢者的能力。」Muro & Kottman (1995) 認為此定義更適合國小及中學的諮商員，因為大多數被諮詢者可能是行政人員、父母或教師，諮商員的角色在於協助其個人尋找不同的方式幫助其關心的對象——如一個班級、一個學生、或某些在學校或家裡的特殊狀況。

Shertzer & Stone (1981) 整理出諮詢的八個目標如下：

⑴為學生、父母及行政者改進或提昇其學習的環境。

⑵經由催化重要他人之間的訊息管道，增進其溝通。

⑶結合不同角色或功能的人們以增進學習環境。

⑷擴大專家的服務。

⑸擴大對教師及行政者服務性的 (in-service) 教育。

⑹幫助人們學習如何去學習行為。

⑺創造一個包含所有成分的好的學習環境。

⑻能迅速瞭解 (trigger) 自我幫助 (self-help) 的組織。

二、諮商與諮詢

好的諮商技術是有效諮詢的基本。諮商與諮詢可能態度不同，但目標皆在於增進個人與組織間的整合。相同的一些過程性技術，如同理、傾聽、建議、發展策略等，是諮商與諮詢共同的基礎。不同的是，諮商是直接的介入策略，諮詢則是非直接的過程。諮商的功能產生了個人的改變，諮詢的功能則產生了制度上的改變（如表 10–1）。

表 10–1　諮商與諮詢功能的類似與不同

	諮　商	諮　詢
焦　點	個人性的改變	制度性及個人性的改變
專業角色	改變的發動者	系統的分析者
角色的價值	客觀及無私的催化者	無私的第三部分中介者
技術與技巧	同理 「第三隻耳朵」的傾聽 發展案主的覺察 幫助及調整改變	同理 以第三者的觀點來傾聽 發展組織上的其他選擇 幫助實行改變的決定

資料來源：John, Bianca, JoAnne, & Susan, 1980.

諮詢者並未直接看見顧客、學生等，而是間接由諮詢的過程中，使被諮詢者（如教師、督導、機構的領導者）能獲得新的觀點，使大多數的學生、顧客能受惠 (Gelso & Fretz, 1992)。諮詢者僅和一個被諮詢者或

小的團體工作，但每一個被諮詢者卻身負許多學生或顧客的責任，也因此，諮詢者以一種角錐模式的推展，產生高實用性的價值。

諮商員必須具備瞭解人類關係及問題解決的技巧，諮詢的目標則是將這些技巧提供組織或個人。諮詢所需要的技術常常也是有效諮商所需的技術，但是好的諮商員則不一定能成為諮詢者。

三、諮詢的角色與功能

㈠諮詢的角色

當諮商員扮演起諮詢的角色時，必須經過個別、團體互動的訓練，如團體、系統的動力，並且能運用這些認知知識及經驗，於學校、社區或企業的情境。

Gibson & Mitchell (1981) 即指出諮商員若要能對教師及其他教育提供者或計劃者提供諮詢，必須具備以下幾種能力：

⑴對人類成長與發展、適應的問題與過程、及經歷這些過程個別的需要的瞭解。

⑵班級中對心理、情感教育的瞭解，關心其重要性。

⑶提升溝通及其他人類關係技術的瞭解。

⑷評量個人特質的訓練及相關評量的技術，以發展個人潛能。

⑸具備教育及生涯發展的特殊知識。

⑹溝通、召開會議、及與父母、同儕教育者及社區諮詢的能力。

⑺團體過程與技術的瞭解，催化團體改變的動機。

同時，諮詢的諮商員更有興趣於瞭解組織內的行為模式，幫助被諮詢者看出互動的方式造成功能失調的部分,經由促進組織中的溝通技巧,來提升效能。諮詢者所提供的建議必須基於內在的參照架構，否則所提供的介入策略可能無法實行。諮商員必須瞭解系統，也為系統瞭解，有相同的語言，熟悉規則，瞭解系統的需要，分析系統如何溝通，存在怎

樣的需要，建立其間互動的關係，催化組織更朝向目標。因此，當諮商心理學家要成為一個諮詢者時，必須增加其社區心理學的基礎以及組織分析與發展的專長。

㈡諮詢的功能

John, Bianca, JoAnne, & Susan (1980) 認為諮詢者幫助團體及個人分辨「樹和林」，因為涉入問題者通常太靠近問題，而諮詢者能看到某些行為的影響。

Walz & Benjamin (1978) 整理諮商員發揮諮詢的功能可包括下列四個向度：

⑴讓系統有能量去改變，刺激系統為其問題做某些事，指出未發現的需要，及系統與目標間不一致的地方，提供意見刺激系統改變。

⑵諮商員能提供需要改變的覺察，並提供解決。諮商員能提供不同的選擇，幫助系統瞭解還有其他選擇。

⑶許多固著的系統，係缺少有效改變的資源，如：訊息、財源、診斷的技術、及改變過程的相關知識。諮商員如同資源的連接者，讓人們知道何處可以獲得人及物的資源，以滿足系統的需要。

⑷諮商員是唯一在態度、經驗具備資格的過程諮詢者，幫助系統解決問題及學習發展自我更新 (self-renewal) 的能力。

欲瞭解諮詢的概念，其實不是十分容易。主要的困難有下列幾點：

⑴涵蓋因素複雜。Schein (1985) 即認為學校的形式、諮詢者、被諮詢者和領導關係、及開放的溝通型態皆是構成一個學校成功的諮詢服務互為關聯的因素。

⑵在實際的諮詢工作中，諮詢的內涵依問題、轉介者及服務的階段又有不同。

⑶諮詢的模式複雜，很難評估不同模式的諮詢效果。

⑷諮詢的用詞過廣，包括用在個人的、團體的，有簡單的會議型式，

也有持續的問題解決的過程。

⑸由於以上的原因，難以進行有效的諮詢研究。

但是，欲對諮詢進一步的應用或研究，諮詢內涵的澄清卻是十分重要。Gresham & Kendall (1987) 認為諮詢的定義若無法澄清，未來的研究將受到限制。

第二節　諮詢的方法

諮詢的意義與內涵既非一二語能道，相對的，諮詢所運用的方法自然也是繁複多樣。本節首先介紹主要的諮詢模式，並就諮詢的過程、內容與技術，整理歸納說明之。

一、諮詢的模式

㈠ Caplan Model，又稱心理健康模式 (Mental Health Model)

係由堪稱心理健康諮詢之父的 Gerald A. Caplan 在 1964 年即發展出心理健康諮詢的概念，試圖經由直接給予諮商員或社工員諮詢的過程提昇社區的心理健康 (Dougherty, 1990)。心理健康諮詢雖然以社區心理健康取向為基礎，但是也應用在學校，以及在諮商員教育課程中使用 (Rosemary Thompson, 1992)。

・諮詢的目標

心理健康諮詢模式的目標之一在於幫助被諮詢者增進其對目前工作的瞭解，之二在於幫助被諮詢者處理將來可能發生的類似問題。例如：教師接受諮詢的協助處理個人或班級的問題，同時，整理此過程的瞭解有助將來類似狀況的處理。

・諮詢的方式

Caplan 將諮詢方式區分為兩種主要類型，及四種次類型。分述如下

(Shertzer & Stone, 1981; Muro & Kottman, 1995)：

　　1.兩種主要類型：

　　第一類型為「個案諮詢」，諮詢者以個案（如學生），或一個行政問題為焦點，針對心理健康應用評估、討論，提出建議。

　　第二類型為對系統的諮詢，諮詢者對機構、組織或政策的應用提出特別的意見，及解決的方法，以增進個案問題解決的能力及組織的功能。

　　2.四種次類型：

　　⑴以個案為中心，目標在於個案的行為改變。

　　⑵以被諮詢者為中心，目標在增進被諮詢者的表現。

　　⑶以方案為目標，建立更有效的方案。

　　⑷被諮詢為中心／行政取向，目標在增進被諮詢者於方案中的表現。

　　以案主為中心時，諮詢者面見案主，檢核、診斷，並對被諮詢者提出建議，特別如醫藥諮詢模式。以被諮詢者為中心的取向時，諮詢者很少面見案主，多由被諮詢者處搜集到資料，此取向的目標在於擴大被諮詢者的技巧，案主的進步非直接而來。

　　而後許多學者應用 Caplan Model 於學校 (Meyers, 1981; Parsons & Meyers, 1984)，分為四種類型的諮詢服務。

　　⑴直接對學生提供諮詢。

　　⑵非直接對學生諮詢，而係由其他人（如教師）搜集訊息。

　　⑶所有服務皆針對被諮詢者。

　　⑷所有服務皆針對學校組織。

　　・諮詢的步驟

　　⑴回應一個請求幫助者，特別是教師。

　　⑵注意教師的意見，以瞭解教師所處情況。

　　⑶諮詢者對被諮詢者的環境（學校、教室）作出評量。

　　⑷諮詢者寫出一些行動建議的報告。

　　⑸諮詢者與教師建立合作關係，一起追蹤評量。

・諮詢的技術

包含建立關係、澄清結果、搜集資料等技術，重點繫於教師在過程的參與，是 "we" 或 "us"，而不是 "I" 或 "Me"。以系統的態度，搜集足夠的訊息才能提出有效的幫助。此外，諮詢者以技巧性的問話，協助教師擴大其對問題的看法 (Brown et al., 1991)。

㈡行為諮詢

行為諮詢係由行為心理學及學習理論發展而來。行為取向的諮詢者的興趣在於瞭解人們的行為如何形成，及如何改變。行為諮詢模式非單一內容，包括 Brown et al. (1991), Keller (1981), Piersel (1985), Russel (1978), Bergen (1977) 等不同模式。

1. 定　義

Dougherty (1990) 行為諮詢的定義，認為行為諮詢模式包含四種代表性質：

⑴使用非直接的服務模式。

⑵以行為改變技術的原則於設計、應用及評量諮詢的介入策略。

⑶依確認的問題的進步情形來決定介入策略目標。

⑷不同環境（由簡單到複雜）中有不同目標的改變（個人、團體、組織、社區）。

2. 方　式

與心理健康模式不同的是，行為取向的諮詢關係，雖仍是合作性的關係，諮詢者卻更顯出「專家」角色，及對諮詢關係更多的控制。行為諮詢者決定計畫及後續的行動課程，但要避免專家角色讓教師以為不用負責任。

行為諮詢的目標在於解決問題，一方面經由傾聽、討論、分析、建議、與教師尋求改變，另方面也同時改變問題可能產生的環境。

3. 諮詢的步驟

　　行為諮詢結合了學習與行為原則，認為行為模式有具體的方法，也能有行為的具體改變。其步驟如下 (Rosemary Thompson, 1992)：

　　⑴指出可觀察的行為。

　　⑵搜集基礎線資料。

　　⑶發展介入策略計畫。

　　⑷實行介入策略。

　　⑸經由基礎線後的資料搜集評量介入策略。

㈢阿德勒的諮詢模式

　　阿德勒的諮詢模式強調心理教育，最著名的是對孩子錯誤目標的解釋——引起注意、爭奪權力、尋求報復、自我放棄。教師及父母經由瞭解孩子的錯誤目標而重新引導孩子的行為。

1. 定　義

　　Dinkmeyer 於 1971 年以阿德勒心理學基礎發展諮詢，特別針對學校情境，定義諮詢為經由與教師、父母、校長、及孩子的其他重要他人的過程，以非直接的方式與孩子工作。目標在於幫助成人增加對孩子工作的效能，強調參與計畫及合作，而非專家姿態。

2. 方　式

　　諮詢方式乃以團隊方式進行，諮詢者及教師決定所需的訊息，教師提供孩子的行為反應，諮詢的諮商員對孩子的心理目的進行評量。諮詢者讓教師一面採取行動，一面評量孩子的知覺反應，再一起討論孩子的行為目的。必要時，諮詢者將進入教室觀察，以瞭解師生互動，確認孩子行為的社會意義。或者，諮詢者會與孩子簡短會談，瞭解其手足關係及家庭星座。

　　當諮詢者與教師搜集了必要訊息，即討論其意義及應用，產生某些暫時性假設及建議，包括對教師人格特質的瞭解及能力的建議。然後，諮商員與教師一起持續性的評量。

3. 步　驟

Rosemary Thompson (1992) 將阿德勒模式的諮詢步驟整理如下:

⑴提供關於行為的訊息, 包括前因、後果, 經由觀察及訪談提供正確的訊息。

⑵教師或父母對學生錯誤行為的假設及學生優點的判斷, 作為介入策略計畫的基礎。

⑶診斷會談中以結構性的「兒童生活型態引導」(Children's Life Style Guide) 搜集學生知覺的訊息。

⑷經由與被諮詢者合作發展團隊策略的計畫。

㈣組織發展模式

組織發展模式檢查問題發生的環境脈絡。學生、教師、或行政問題被視為組織、人際互動或氣氛的不當, 諮詢者的角色在於增進學校氣氛或組織健康 (Rosemary Thompson, 1992)。

1. 定　義

組織發展諮詢亦非單一諮詢模式, Dougherty (1990) 綜合整理提出定義如下:

「組織諮詢係對組織內在或外在專業功能的提供, 經由設計過的方式對組織的個人或團體提供一個技巧、診斷／處方, 以提昇組織改變的能力, 及維持或增進效能。」

2. 方　式

通常在教育情境中最常使用的是教育／訓練 (educational/training) 模式。其主要目標為幫助團體在某一焦點上增加效能。如幫助教師測驗的運用上, 透過校內諮商員的諮詢或外請測驗專家支援, 以增加教師運用測驗的能力, 免於測驗的誤用。由於此模式中諮詢較被賦予「專家」角色, 通常由校外聘請較易為教師接受。

介入策略的焦點在於:

(1)組織問題的診斷。

(2)開放的溝通。

(3)目標的建立。

(4)衝突解決。

(5)有效的組織會議。

(6)問題解決。

(7)作決定。

3.步　驟

首先的步驟在於搜集資料，然後展開計畫，如諮詢者必須決定什麼訊息、技術、活動係滿足組織目標。此過程之重要概念在於確定滿足組織的活動的可行性；其次即直接由諮詢者進行活動，如演講、討論、角色扮演、影片；最後的步驟在於評量，如進行後測、或觀察實際的師生互動。但需注意諮詢者如係學校諮商員，可能產生教師對評量的抗拒。

㈤ **Dougherty 的諮詢一般模式**

由於不同的諮詢模式有相互重疊的地方，Dougherty (1990) 將不同的諮詢模式整理為一般諮詢模式 (Generic Model of Consultation)，分為四個階段的過程。如下：

階段一：進入或開始階段 (entry stage)

諮詢者進入學校或組織與被諮詢者建立關係（如果諮詢者是學校諮商員則已建立關係），開始討論問題，並訂定契約。

階段二：診斷階段 (diagnostic stage)

對問題更多、更深入的瞭解。對標的設定的討論、同意、形成，「診斷」的意義在於是過程性的，而非只有一次的診斷。

階段三：實行階段 (implementation stage)

形成一個計劃，開始實行與評量。此階段的焦點首先在於「行動」，其次在於計畫。

階段四：結束階段 (disengagement phase)

Dougherty 以此階段取代一般的「評量」階段，意謂以上的諮詢的過程產生一個結論。如果沒有結束，也就無法評量。

由於此模式整合了其他許多模式的特色，且簡單實用，已漸漸在國中及小學的學校諮詢扮演重要角色。

㈥整合的學校系統諮詢模式

Carl Anserello & Tony Sweet (1990) 提出整合的學校系統諮詢模式，可用「功能」及「過程」兩個向度的矩陣表示。功能的向度由直接到非直接分為六個層次，過程的向度也分為六個階段的問題解決層次（如表 10–2）。

表 10–2　諮詢的過程與功能

過程 功能	問題 澄清	評量	發展 計劃	應用 計劃	修正／ 評量	終結／ 循環
直接 服務						
諮詢 層次一						
諮詢 層次二						
諮詢 層次三						
諮詢 層次四						
研究／ 專業發展						

1. 功能方面

諮詢功能的六個層次，每個層次的內容又包括以下方面：（如表 10–3）

表 10–3　諮詢的功能

	功　能	目　標	實行者	資料搜集	示　例
直　接	直接服務	來談者*	諮詢者	諮詢者	為了安置的諮商評量
	諮詢層次一	來談者*	被諮詢者	諮詢者	教室的介入（由心理學者的評量）
	諮詢層次二	來談者*	被諮詢者	被諮詢者	教室的介入（教師的評量）
	諮詢層次三	被諮詢者**（來談者）	諮詢者	諮詢者	進行服務
	諮詢層次四	系統**（來談者）	諮詢者	諮詢者	課程／政策的發展
非直接	研究／專業發展	系統**（來談者）	諮詢者／其他人	諮詢者／其他人	以學校為基礎的研究／個人技術的發展

*學校心理學的案主一般皆是學生。

**每個案子的最終對象為案主，中介對象則可能不同。

2.過程方面

此模式中的諮詢過程，涉及以下的幾個行動與步驟：

(1)問題澄清：對轉介對象的清楚描述是問題解決過程的第一步驟。經由訪談教師、父母、學生而使困難更為具體。幫助被諮詢者界定所知覺問題的領域。

(2)評量：目的在於獲得充分的訊息以決定所需要的介入策略。評量的內容乃依據轉介問題的需求，當處理學生的問題時，其環境及個人的評量提供了介入策略的依據。

(3)發展介入策略方案計劃：經由介入策略的發展使最初轉介的問題可以落實。此策略計劃最重要的是被諮詢者的實際運用，每項策略必須清楚記錄其客觀具體的目標，及目標下的策略，方案的評量及諮詢者、被諮詢者分別的責任，便於日後的評估。

(4)方案的修改／評量：進步與否的評量乃依據方案的具體目標。包

括兩方面：⑴階段性的修改，以確保是否按方案所預定的目標進行。⑵視情況改變而修改方案。

⑸終結／循環：最後的步驟為決定，係基於評量的資料及介入策略試行一段時間後的決定。既定的目標達成，即可結束，進行下一個諮詢。常見的狀況是未清楚的交代結束，或決定是否繼續諮詢。

二、諮詢的過程

㈠諮詢的階段

不同的學者對諮詢的階段有不同的分法，如 Kurpius 將諮詢的過程分為九個階段 (Gibson & Mitchell, 1981)，包括：⑴整理；⑵進入；⑶搜集訊息；⑷描述問題；⑸決定問題的解決；⑹描述目標；⑺實行計劃；⑻評量；⑼結束。

Brown (1985) 則將諮詢分為五個階段，包括：

⑴建立關係（或進入）：如同諮商過程中進入問題解決前需建立的關係，在諮詢中也需要時間發展信任及有效溝通的氣氛，被諮詢者始能預備好進入問題解決。否則，一如諮商關係中太快進入問題解決則產生被諮詢者的抗拒。此外，由於諮詢的關係中，被諮詢者可能常是領導者、組織的高階層者，諮詢者自信的態度很重要。

⑵衡鑑（或問題界定）：對問題的界定賴於技巧性的訪談、概念化訊息的能力、以及以一種清楚、公正的態度敘述問題的能力。同時，諮詢者需要瞭解組織的功能，而非僅以諮商心理學的訓練，對組織的架構要有所瞭解，如系統理論、管理概念及人類關係概念等 (Gallessich, 1982)。

⑶目標設定：此階段如同個別諮商的建立目標的過程，對諮商員不致有困難。唯一在諮商及諮詢的共同困難是，個案或被諮詢者由嘗試到決定具體的目標時所產生的抗拒。目標界定也是一個過程性，經由諮詢者清楚的界定，個案及被諮詢者能覺察必須做的改變。

⑷選擇及實行介入策略：此階段可謂諮詢最困難的階段。由於諮詢為合作性的活動，此階段需探索不同達到目標的方式，被諮詢者必須瞭解每種不同方式的優缺點，然後選擇付諸實行的方式。此階段相關的議題是，被諮詢者在組織的權力，及對改變的承諾。諮詢者必須具備團體過程的知識及發展團體的介入策略，如團體動力、社會心理學、組織學等課程的瞭解。

⑸評量／終結：如同個別諮商的結束階段中，個案常會出現對結束的不安全感。諮詢者瞭解此動力，並幫助被諮詢者預備用自己的方式管理。

㈡諮詢的步驟（**DIRECT** 模式）

在學校中，指導式個人反應教育諮詢技術 (Direct Individual Response Educational Consulting Technique, DIRECT) 模式可能是最常用的諮詢模式。DIRECT 模式結合了許多原則，專為提升諮詢訪談技巧的訓練而設計，澄清了諮詢的步驟，包含以下七項：

步驟一：建立諮詢關係

建立支持性的關係，對被諮詢者及問題情境獲得瞭解，設定步驟的方向。同理的態度有助此關係的建立，諮詢者以開放的談話建構問題的系統分析及行動計畫。

步驟二：確認清楚問題的狀況

諮詢者必須能聽到目前問題的「真正」問題，問題可能重新定義、可能擴大或縮小，諮詢者不能讓問題過於籠統，而無法確認行動計畫。

步驟三：決定想要的結果

此步驟中，被諮詢者必需被設立具體的目標，對問題有完整的瞭解，諮詢者幫助被諮詢者建立可測量及觀察的目標。

步驟四：發展想法及策略

以腦力激盪的方式朝向預期的結果，諮詢者支持任何提供未來策略

的新的想法，諮詢者的想法不強加於被諮詢者。

步驟五：發展計畫

想法及策略必須落實於行動計畫，被諮詢者必須瞭解任何新的計畫將產生新的行為，最後的計畫將由諮詢者與被諮詢者合作的過程產生。

步驟六：計畫具體化

此步驟在於使計畫能成功的進一步工作，諮詢者幫助被諮詢者打破計畫變成一系列的步驟，建立一時間序列，並決定評量形式。諮詢者鼓勵被諮詢者開始第一步計畫。

步驟七：檢核諮詢關係

最後的步驟時，被諮詢者開始學習問題解決的步驟，提出持續的會議，以檢視進步的情形及被諮詢者問題解決能力的成長。

三、諮詢的內容

以下係就諮詢在學校的服務內容，整理說明諮商員對教師、行政人員、父母及組織提供多樣化的諮詢活動。如表 10-4 (Rosemary Thompson, 1992)：

表 10–4　　學校的諮詢服務內容

行政機關	教　師	父　母	學　生
計畫學校／ 　　社區 　　需要 　　評量	實施 　　教師顧問 　　方案	催化正向 　　家庭／學校 　　關係	發展同儕諮商 同儕家教 同儕傾聽 等方案
確認學生 　　特殊 　　需要	確認並介入 　　學習及個人 　　發展不足之處	參與 　　義工方案	提供領導員 　　訓練
支持 　　教育性 　　夥伴關係	提供服務 　　生活技能 　　危機介入處理 　　教室管理 　　特殊教育 　　基本預防 　　早期介入	建構父母教育 　　團體 提供工作坊 　　孩子發展上 　　的需要 　　升學計畫 　　經濟規劃 　　青少年壓力 　　教養技術 　　酗酒教育	提供團體 　　生活技能 　　溝通 　　壓力管理 　　作決定 　　時間管理 　　衝突解決 　　讀書技巧 　　自尊 　　酗酒學生
催化 　　社區、父母 　　及學校間的 　　關係	發展對目標對象 　　的治療方案		
協助 　　提升正向 　　學校氣氛	提供家庭／學校 　　團隊關係		
整合 　　諮商方案 　　與學校目標			

　　當然，諮詢的內容尚依對象、組織的不同需要，經由諮詢者的設計而不同。

第三節　諮詢的實務應用

　　本節主要係就諮詢在學校輔導實務的應用，說明諮詢對教師、家長

的應用，以及與行政人員的合作關係。

一、對教師諮詢的應用

㈠目　的

以學校或社區發展為基礎的諮詢，反映了學校及社區的需要。可能包括的主題為：

(1)加大邊緣學生的成就

(2)發展正向的師—生關係

(3)協助學習困擾學生的父母

(4)提升學生的自尊

(5)創造更溫暖的學校氣氛

(6)壓力及工作負荷過重的管理

(7)協助單親家庭更有效的溝通

(8)增進親—師之間問題解決的合作關係及能力

㈡方　式

1.問題解決取向模式：應用於教師的問題解決取向的諮詢模式包括三個階段，如表 10-5。

2.教師顧問 (Teacher Advisor, TA) 的系統：教師顧問（簡稱 TA）的方案主要整合了學校諮商方案於學校整體。此系統中，教師與諮商員如同工作夥伴，對學生如同顧問，協助學生發揮最大潛能。

設置教師顧問 (TA) 系統的目的在於增加對學生的輔導服務。包括：(1)提供對每個學生的注意；(2)增加家長與學校的溝通，溝通內容包括：一般性學校的溝通，如學生的活動、輔導的訊息；以及個人性的溝通，如學習進步、學校／社區的活動、問題解決。

表 10–5　教師問題解決取向諮詢模式

階　段	技　巧	功　能
建立關係	接納 積極傾聽 指出力量 積極傾聽	諮詢者表現關心 教師呈現更多資料 教師在過去有成功之處，諮詢者指出目前的退後是暫時的 諮詢者經由教師找出主要問題
確認問題	主動傾聽及回饋 具體 承諾 積極聆聽 嘗試不同選擇	由教室情境獲得訊息 諮詢者讓教師更具體 教師準備好做些事，及確定具體的行動 問題的澄清 諮詢者及教師一起發展可工作的策略
催化改變	支持 發展行動計劃	諮詢者同意並增強教師所說的 統整教師所將要做的事

此外，教師顧問的角色包括以下幾方面：

⑴新生定向引導。

⑵幫助學生對學校的適應。

⑶成為機構中能與學生討論適應的中心人物。

⑷釋疑學生對機構中其他人的誤解。

⑸團體討論的組織及參與。

⑹瞭解學生的學習狀況。

⑺瞭解需要幫助的學生並協助其得到幫助。

⑻提供一個機會讓學生與不同年級的人相處。

⑼幫助學生瞭解、接納各人的不同。

⑽幫助學生學習溝通與合作的技術。

整體而言，設置教師顧問的好處在於：

⑴另外的重要他人建立和學生間照顧、信任、誠實及溝通的關係。

⑵學生不用擔心成績等因素，而更能和教師互動。

⑶經由參與以家庭為基礎的活動而獲得隸屬感及責任感。

⑷增加學生的社會技巧，以及對個人、互動的瞭解。

⑸提昇學生生活問題的預防。

⑹學生學習由與團體相處中滿足個人的團體需要。

二、對家長諮詢的應用

許多學者肯定對家庭的諮詢是學校諮詢方案的延伸，並提出對家長諮詢的不同模式。

㈠家庭／學校合作的諮詢模式

家庭／學校的合作模式在家長不同的參與方式、不同的需要下，諮商員有不同的時機及技巧。如表 10-6。

表 10-6

諮商員必要的時機	諮商員必要的技術
家長諮商	
家長教育	
家長會議	
家長參與	
家長受益	

資料來源：引自 Lombana, J. H., & Lombana, A. E. (1982). The home-school partnership: A model for counselors. *Personnel & Guidance Journal*, 61, 1. p. 36.

㈡家長會議

召開諮商員－父母－教師－學生的會議是建立家庭／學校合作的最有效方式。藉由家長會議，可以傳達訊息、解決問題、提出對學生及家

庭進一步教育計畫。

Strother & Jacobs (1986) 提供有效的家長會議的一系統性的步驟。

⑴最初的接觸：建立與家庭最初的接觸管道，諮商員傳達與家庭合作的訊息以及看重家庭的重要，如「我們需要您的意見」，「您所提供給我們的意見是非常有價值的」。

⑵知覺檢核：評量父母到學校的感覺，可以使用如下的問句，使他們參與。

——家長先前是否和學校接觸過？

——這樣的接觸是正向或負向？

——家長是否瞭解學校諮商員的角色？

——家長對學校的感受及其子女的學校經驗如何？

——他們是否參與這個協助過程？

⑶訊息傳送：介紹關於孩子的基本重要訊息，如學業、行為、社會困難，簡要而清楚解釋，焦點在問題，而非人格。

⑷接收檢核：瞭解家長的回應。可以問家長「對於我所說的，您覺得如何？」評量其承諾及瞭解，因為家長的知識背景不同，呈現訊息的方式也不同，諮商員依其瞭解程度再給予策略及建議。

⑸家庭動力評量：探索家庭的關係，評量家長對策略的可行性。如「家長是否覺察孩子的問題？」「家庭氣氛緊張或和諧？」「其他的家人是否一起參與？」

⑹教育及策略應用：評量父母是否會合作的一起幫助孩子，帶領孩子進入此協助過程。

⑺總結、驗證、澄清：諮商員整理所討論過的訊息、重複將實行的策略、複述每個人行為改變所要作的家庭作業、家庭／學校的責任，透過擬訂契約而增強，並訂定追蹤會議日期。

⑻追蹤：在二、三天後予以追蹤計畫，對會議表達正向感受，提供支持及鼓勵，再確定追蹤日期。

㈢提升家長參與的原則

⑴促使家長瞭解活動的意義，不僅是一般性的諮商功能，尚包括父母的需要及興趣。

⑵提供父母他們所需要的訊息，對個別特殊狀況者予以進一步轉介及引導。

⑶鼓勵父母瞭解及參與教育的過程及教室活動。

⑷計畫父母親能與其他父母親合作的活動，有時父母親能從其他父母親的身上獲得更多的學習。

⑸給父母適度的回饋，正向的回饋能引發父母更多的參與及承諾。

三、諮詢與行政的關係

Brown, Pryzwansky, & Schulte (1991) 認為大部分國小及中學的行政人員皆接納諮詢模式，特別是增進教師能力的目的，甚至有行政人員認為諮詢是最能表現諮商員效能者。

諮詢者與學校行政的工作關係中有兩個重要因素 (Muro & Kottman, 1995)：一為澄清對諮商員和教師工作中的諮詢角色，二為指出諮商員對學校問題的責任。

Faust 指出學校諮商員依參與不同活動，可分為兩種層級的諮詢角色 (Gibson & Mitchell, 1981)：

1. 水準一

⑴對教師團體的諮詢。

⑵對個別教師的諮詢。

⑶對孩子團體的諮詢。

⑷對個別孩子的諮詢。

2. 水準二

⑸課程發展的諮詢。

⑹對行政的諮詢。

⑺對家長的諮詢。

⑻對學校個別專家的諮詢，如：心理學家、社會工作者、課程督導等。

⑼對社區機構的諮詢，如：家庭服務、兒童輔導、家庭醫學、心理治療等。

此外，依據對行政、教師、家長諮詢，諮商員參與不同的活動，如下表：

表 10-7　對行政、教師、家長諮詢的不同活動

對行政	對教師	對家長
1.計畫一個學校整體的教育評量方案 2.指出孩子的特殊需要 3.催化社區及家長－學校關係	1.指出及分析孩子的學習及心理發展缺點 2.發展瞭解兒童行為、教室管理、及促成家長－教師會議技術 3.發展個人及團體的治療、預防方案 4.協助發展更有效的教師策略 5.幫助教師發展有效的生涯教育方案	1.催化正向的學校－家長關係 2.增進父母對孩子的發展、能力、及困難的瞭解 3.幫助父母修正孩子學習及行為問題 4.建立父母教育團體

資料來源：Garth J. Blackham (1977) *Counseling: Theory, Process and Practice.* Belmont, Calif: Wadsworth Press.

此外，在對教師諮詢的行政配合方面，行政人員應主動參與諮詢的設計，並能定期評量。對行政的諮詢方面，諮商員與校長一起合作瞭解、分析、解決問題，有時也邀請其他專家一起加入諮詢團隊，目的皆在造福學生。

第四節　諮詢的倫理、爭論與限制

一、諮詢的倫理

　　諮詢，因所涉及的人的性質，以及與組織互動的不同層次的複雜性，而更增加不同諮詢衝突的機率。例如：在諮商及諮詢中常出現不同價值的爭論，當組織的管理者是較諮詢者更權威、強迫取向的，諮詢者應如何面對？此外，諮詢者面對組織或被諮詢者不合法的事，應有所覺察，此部分和個別諮商是相同的。同時，諮詢者可能會受被諮詢者的請求偏袒或支持片面的觀點，也是個別諮商中常見的爭論。

　　一般而言，諮詢與諮商不同的倫理爭論，有以下兩點，諮詢者愈早覺察這些爭論，愈能避免這些潛在的困擾。

　　1.誰是案主？

　　此問題涉及案主的權益，及對案主的保密等。被諮詢者對諮詢者提供案主（學生、顧客）的資料搜集至何程度？法律隱私權的保護對諮詢者與案主的關係影響如何？諮詢者如何保護在資料收集過程中的其他相關人員？這些皆是諮詢的合約中應註明的。除非諮詢能對這些倫理問題有所覺察，否則很難在諮詢過程中保護潛藏的案主。

　　2.諮詢者的角色不如諮商者

　　係案主請求協助,當諮詢者對被諮詢的人或機構提出一個諮詢方案，有點類似「請求」被諮詢者接受這項服務。此亦為諮商的治療性服務及諮詢的預防性服務的不同。諮詢者應謹慎其角色在於提供諮詢服務的訊息,而非請求機構接受諮詢,即使諮詢者認為這是非常適切的諮詢方案。

二、諮詢的爭論

㈠諮詢的優缺點

諮詢的優缺點請參見表 10–8。

表 10–8　　Shertzer & Stone (1981) 整理諮詢的優點與缺點

優　點	缺　點
1. 服務對象超過單一個案	1. 其效果賴於許多人的回應
2. 經由系統內 (within-system) 策略達到改變	2. 呈現間接的取向
3. 幾個人的注意及努力通常能解決持續及普遍的問題	3. 經由轉介諮詢的過程, 被諮詢者易「否認」自己的問題
4. 通常建立起學校—家庭—社區資源的聯結	4. 依賴諮詢的組織改變易形成片斷的改變
5. 減少疏離及衝突	5. 來自環境及制度的責任通常更勝於個人
6. 確定及滿足訓練及在職教育的需要	6. 需要新的、不同的技術, 始能有效
7. 擴展作決定的基礎	

㈡常見的爭論

諮詢常見的爭論如下:

爭論一: 學校諮商員被期待提供諮詢服務

贊成的觀點, 因為:

⑴視系統為個案, 為學生帶來有效的改變, 及呈現諮商員的效能。

⑵諮詢是處理孩子或青少年的重要他人最好的方法, 如對教師、家長。

⑶諮詢使輔導從醫藥的危機處理到預防及發展的形式。

反對的觀點, 因為:

⑴諮商員並不一定準備成為一個諮詢者。

⑵諮詢的外在需要勝於內在的需要。

⑶系統的改變呈現在人的改變，直接的服務勝於間接的服務。

　　類似的議題在過去年代雖然不斷被爭論，然而，大部分學者仍相信學校諮商員對教師及家長提供諮詢服務是有必要的。諮詢的主要目的亦在於幫助教師與家長與學生的互動更為有效。大多數諮詢者也是當學生產生問題時，應教師、家長或學校行政請求而進入諮詢情境。因此，諮詢，被視為如同學校中的改變系統，然而，困難在於諮商員的心態上的接受度及實行能力。因此，一些學者們 (Shertzer & Stone, 1981) 建議，Carrington (1978) 等提出與教師、父母合作的諮詢模式，可能是學校諮詢員採取的較好方式。

　　爭論二：諮詢模式的諮商員表現得像個專家，而較不像個合作者
贊成的觀點：

⑴諮商員的諮詢功能，不論在內容或過程方面，都像是個專家。

⑵專家模式符合醫療或危機狀況的諮商員諮詢。

反對的觀點：

⑴諮商員的諮詢角色呈現在一般化，而非技術上的專家。

⑵諮商員的諮詢功能在幫助人們發展計劃及程序以瞭解及解決問題。

　　諮詢的專家們認為策略的應用視情況而定。合作模式雖然更接近實際上介入的策略、知識及態度，但專家模式也不能忽略。如何平衡、整合兩者可能是催化改變的最好諮詢方式。

三、諮詢的限制

(一)諮詢訓練的限制

　　諮詢的模式已有許多，相關的知識也愈益豐富，但是大多數學校心理輔導人員的課程仍缺乏提供給學生相關的技術，諮詢的過程也缺乏實用的理論。Conyne (1982) 指出學者較缺對諮詢理論、研究及應用等系統的注意，使得諮詢處於「發育不良」的形勢。Gallessich (1986) 也指出諮詢的限制亦可見於諮商心理會議、出版上的缺乏。

(二)諮詢運用的限制

　　雖然有許多主管及訓練者愈來愈重視諮詢的價值，也愈來愈多機會接受諮詢，但是，諮商心理學家在這方面的活動仍遠較教學、或諮商來得少。同時，雖然目前學校的輔導工作中，諮詢的功能日益重要，但是，諮詢的心理服務卻仍然處於較次級的地位。Anserello & Sweet (1990) 指出其原因有下列：

　　(1)學校輔導工作者的傳統角色：不論中外，學校輔導工作者，或學校心理學家被認為似乎主要的工作只是測驗。許多研究所課程仍然僅重視測驗的課程，使得學校心理學家展現其更寬廣的角色顯得困難。

　　(2)第二個困難原因在於許多文獻上僅提出諮詢的模式，而未說明運用這些模式的步驟。

　　(3)第三個存在於諮詢服務的困難為：究竟構成學校諮詢服務的內涵是什麼？仍有許多混淆。

　　Gelso & Fretz (1992) 亦提出三種諮商心理學家運用諮詢的限制如下：

　　(1)諮商員由個別諮商轉變成為諮詢者時，如同從個別諮商進入生涯諮商或團體諮商時會面對自我能力的威脅感，甚至因為諮詢所面臨的環

境與技術較諮商的差異性更大，諮商員承受的威脅也更大。

　　(2)諮詢缺少如諮商從案主而來的回饋。其一為諮詢者無法看見經由被諮詢者所產生的影響，其二為每種諮詢方案需時甚久而緩慢。

　　(3)第三種阻礙為知覺到失敗，通常發生的是提早結束，被諮詢者雖然同意但無法實行，被諮詢者看見改變的代價，而並不願付出這個代價。諮詢者如同局外人，被諮詢者雖然知道諮詢的意見卻不是真的想要改變，而寧可尋求安全的個別諮商。

▶ ▶ ▶ ▶ 關鍵詞彙

諮詢	家長諮詢
諮詢者	諮詢與行政
被諮詢者	諮詢倫理
諮詢模式	諮詢爭論
諮詢過程	諮詢限制
教師諮詢	

▶ ▶ ▶ ▶ 思考與評量

一、試述諮詢的意義、角色、功能為何。

二、試述諮詢與諮商的不同。

三、簡述諮詢的主要模式及其特色為何。

四、一般而言，諮詢的階段與步驟為何？

五、學校輔導實務中，如何應用諮詢於教師？

六、學校輔導實務中，如何應用諮詢於家長？

七、學校輔導實務中，諮詢與行政的關係如何？

八、就你的瞭解，諮詢在目前學校輔導工作的應用現況與限制為何？

九、如何提昇諮詢在學校輔導的地位與功能？

十、一般而言，諮詢應注意的倫理為何？

十一、一般而言，諮詢的爭論有哪些？

十二、試針對一個學校組織，設計一個諮詢方案（包括行政人員、教師、家長及學生的參與內容）。

▶ ▶ ▶ ▶ 　參考書目

1. Bruce Shertzer & Shelley C. Stone (1981). *Fundamentals of Guidance.* Houghton Mifflin Company.

2. Carl Anserello and Tony Sweet (1990). *Intergrating Consultation into School Psychological Services.* In Ester Cole & Jane A. Siegel (Ed.). C. J. Hogrefe Publishers.

3. Charles J. Gelso. & Bruce R. Fretz (1992). *Counseling Psychology.* Holt, Rinehart and Winston, Inc.

4. Dougherty, A. M. (1990). *Consultation, Practice and Perspective in School and Community Setting.* Belmont, CA: Wadsworth.

5. Ester Cole & Jane A. Siegel (1990). *Effective Consultation in School Psychology.* C. J. Hogrefe Publishers.

6. James J. Muro & Terry Kottman (1995). *Guidance and Counseling in the Elementary and Middle Schools.* A Division of Wm. C. Brown Communication, Inc.

7. John J. Pietrofesa, Biance Bernstein, JoAnne Minor, & Susan Ftanford (1980). *Guidance: An Introduction.* Rand McNally College Publishing Company.

8. Robert L. Gibson & Marianne H. Mitchell (1981). *Introduction to Guidance.* Macmillan Publishing Co., Inc.

9. Rosemary Thompson (1992). *School Counseling Renewal: Strategies for the Twenty-first Century.* Accelerated Development, Inc.

10. Stanley B. Baker (1981). *School Counselor's Handbook: A Guide for Professional Growth and Development.* Allyn and Bacon, Inc.

Chapter 11

→ → →

個案研究

↘ 學習目標

學習本章後可以:

一、瞭解個案研究的意義。

二、瞭解個案研究實施的方法。

三、瞭解個案研究實施時應注意的原則。

四、瞭解個案研究報告的撰寫方法。

本章大綱

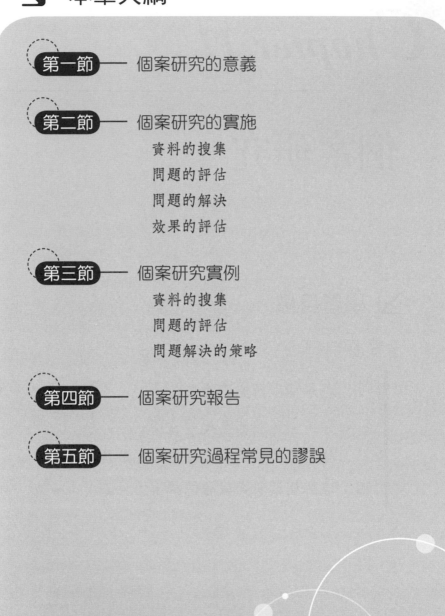

第一節 —— 個案研究的意義

第二節 —— 個案研究的實施
資料的搜集
問題的評估
問題的解決
效果的評估

第三節 —— 個案研究實例
資料的搜集
問題的評估
問題解決的策略

第四節 —— 個案研究報告

第五節 —— 個案研究過程常見的謬誤

導 言

　　個案研究是科學化、系統化解決問題的歷程。包括資料搜集、描述問題、分析問題，以及對問題提出具體客觀的推論、決策、建議或預測，以達到問題之解決。此歷程涵蓋三個主要步驟：搜集資料、問題的評估及解決策略的實施。

　　搜集資料的方法主要有：案主的自我報告（晤談法、客觀問卷及測驗法、投射測驗）、行為評量（自然觀察法、控制情境觀察法、自我省察記錄法）、軼事記錄、日記、自傳。

　　問題的評估有三個重點：描述問題現象、分析與解釋問題以及診斷。

　　評估問題時有一些原則，即：(1)區辨事實性資料和推論性資料；(2)區分表面與真正問題；(3)避免主觀及經驗干擾；(4)評估案主可能改變的方向；(5)重視情境因素；(6)注意案主身心發展狀態與問題的關聯；(7)注意標準化評量工具的限制。

　　從搜集資料以迄問題的解決，整個過程須時時進行效果的評估。個案研究是雙向循環的過程，每個小步驟都經過評估之後再往下一個步驟，直到問題得到解決或改善為止。

第一節　個案研究的意義

　　個案研究基本上是一個問題解決的過程，或是針對問題進行縝密的檢視之過程。個案的英文字義為 "case"，此字源自拉丁文的 "casus"，意為事件或發生的事 (Higgins, 1993)。

　　個案研究法可追溯自人群為了解決社會生活的問題，所使用的方法。因為舉凡戰爭、政府政策、社會分配、貿易等，都必須經由訊息資料的搜集，做為計劃與決策的依據。在法律司法領域中，個案一詞亦由來已

久，它指的是對某一問題的法律上之研判。在 1920 年代至 1930 年代，社會學家需使用生活史的方法研究反抗行為，在社會人類學方面，個案研究一直是被廣泛使用的方法。在人類學中也以深度的個案研究法探究人類社會結構、階層及歷程等。在醫學領域中，所用的臨床方法，如對個體進行系統化的診斷與治療，便是個案研究，此歷程本身也是對個體的疾病進行問題解決的過程。在精神病學領域中，精神分析方法相當重視個案史的分析。弗洛伊德早期的兩個個案分析 "Dora" (Freud, 1953) 和 "Little Hans" (Freud, 1955) 即是著名的個案研究。

Phares (1984) 指出在人格心理學領域中，個案研究一直是對個體的獨特性進行深度研究的重要方法。此方法可說是精神醫學界和臨床心理學界研究變態行為 (abnormal behavior) 的重要方法。如：Gesell (1925) 和 Buhler (1935) 用觀察記錄法研究兒童發展。Piaget (1954) 也用觀察法研究兒童的智能發展。Healy & Bronner (1945) 用生活史資料來研究犯罪行為。Roe (1952) 對創造力的研究以及 Allport, Bruner, & Jandorf (1941) 對政治迫害與人格的研究，也都使用個案研究法。

在社會工作及心理學領域，於二十世紀早期即引用醫學的個案研究模式，如：診斷 (diagnosis)、預後 (prognosis) 及治療 (treatment) 已被用於非醫學領域的社會病理 (social pathology) 和心理疾病 (psychological illness) 之中。此外，臨床心理學在臨床評估和客觀的診斷方面，亦傾向於採用醫學模式。社會工作、心理學及臨床心理學可說深受精神分析的個案研究，以及醫學模式之影響。但在二次世界大戰之後，行為主義、心理計量學及實證法的興起，個案研究法在 1950 年代一度消失於社會科學的領域中，於 1960 年代之後，才有再度興起之勢。

在 1960 年代中期，個案研究法開始被用於探討教育問題，如：課程發展、泛文化教育計劃、混合編班教學、語言教學、多元文化教育、教育改革、教育機構結構等問題之探討與評估。在教育方面的個案研究，方法包括訪談、錄影、觀察、例行記錄、軼事報告、深入查訪、歷史研

究法等。個案研究在教育方面亦用之於以個體為對象，且因著心理學的發展，個案研究對於瞭解一個人的主觀心理歷程，如：動機、感受、能力、信念等，有著無法取替的地位。

　　Liebert & Spiegler (1990) 即指出個案研究是針對個體的行為進行詳細的質之描述的研究方法，Phares (1984) 也認為個案研究是對單一個體進行縝密的質的描述之方法。雖然個案研究在不同的學科領域，有不同的需求、意義和方法，但是我們可以說個案就是自身有困擾或對他人造成困擾的個體，或是指有待解決的事件。因此個案可能是指一個人（如：精神分析學派中的著名案例：Dora、Little Hans 等），或是指一個團體（如：某個家庭），或是指某種事件（如：流行病、殺人事件等），也可能指的是某機構。而個案研究便是以科學探究方式，有效處理人類問題的專業方法。

　　國內心理學者吳英璋（民 74）指出「個案研究是對個案的問題提出相關資料之說明，進一步作分析與解釋，再嘗試作成解決的策略或執行步驟，或直接完成問題之解決」。劉焜輝（民 85）亦認為「個案研究即針對個人或團體的問題，收集有關資料去探討問題行為形成的原因，採取有效的輔導策略並付諸實施，使原來的問題得到解決的過程」。綜合言之，個案研究便是科學化、系統化解決問題所進行的歷程，包括資料搜集、描述、分析，以及對問題提出具體客觀的推論、決策、建議或預測，以達到問題之解決。此歷程涵蓋三個主要步驟：搜集資料、問題的評估及解決策略的實施。本文所稱之個案以教育、心理及社會工作領域中的個體為對象，而且將以「生活中遇到困境的個體」為主，而遇到困境的個體，從教育的立場並無正常或不正常之涵意，純粹只是個體有了生活上的困境，需以個案研究的方法來圖謀解決之道。

第二節　個案研究的實施

　　劉焜輝（民 85）提出學校中個案研究實施的模式如圖 11-1 所示。圖中搜集資料、瞭解與輔導三個過程交互循環進行，在實施個案研究時，必須時時檢視每個過程的有效性，以便及時調整與修正。此三過程亦即搜集資料、評估問題及問題的解決過程。在這些過程之中，蘊涵醫學模式中的診斷、預後及治療之原理。

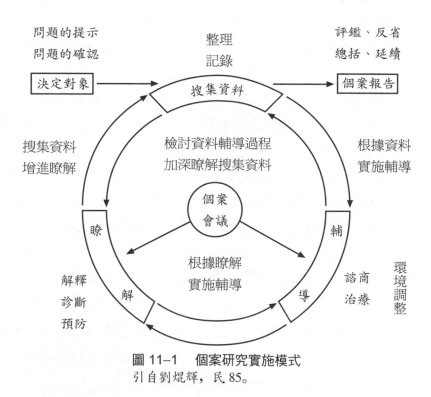

圖 11-1　個案研究實施模式
引自劉焜輝，民 85。

一、資料的搜集

搜集資料的目的在於提供瞭解案主的憑據，俾能提出解決案主問題的策略。

搜集案主相關資料的方法，一般而言常用的有下列數種：

㈠案主的自我報告

自我報告 (self-reports) 是指直接向案主提出詢問，由案主來回答。晤談法 (interview)、問卷法 (questionnaires) 及人格測驗 (personality tests) 等都屬案主的自我報告。

自我報告的方式可以迅速獲得案主的相關資料，而且可以搜集到案主的主觀經驗資料，如案主當下的感受或想法。不過這種方式所得資料也有缺點，因為案主的陳述可能有些記憶上的遺漏、或記憶上的錯誤、或是有主觀的曲解等。此外，不同的治療者對案主的自我陳述會有不同的解釋。

1.晤談法：使用晤談的方法時，治療者的晤談技巧、理論背景與訓練等，必須有相當的經驗，才能獲得有效的資料。晤談的過程本身既是科學化的也是藝術化的。有效的晤談是計劃性、精巧性與目標性的，以獲得應有的資料和訊息。

晤談法有非結構式晤談和結構式晤談。非結構式晤談是臨床晤談中常用的方法。從初期與案主接觸開始，治療者便透過「接案晤談」(intake-admission interviews)，以瞭解案主的動機。透過「診斷晤談」(diagnostic interviews)，以做合適的診斷，並據以擬訂治療計劃。「個案史晤談」(case history interviews)，則可獲得案主個人成長史的資料。個案史資料是進行個案研究的重要部分，主要包括下列資料：

⑴基本資料：姓名、年齡、性別、出生別、種族、外貌、社經地位、婚姻狀況、宗教信仰、被轉介的原因。

⑵當前的問題：案主的主要抱怨、問題出現的期間、治療情形、因應方式等。

⑶當前的生活情形：婚姻、家庭、居所變動情形、經濟及法律問題、與重要他人的關係、社會支持系統、生活型態、人際關係等。

⑷心理評估：案主對問題的觀點、成熟度、重要經驗、情緒狀態（如：悲傷、興奮、焦慮、羞愧、氣憤……）、自我功能（如：思考能力、自我概念、自尊、自我管理、挫折容忍度、改變的動機、現實感、安全感、決策能力、因應生活變動能力、智力、性向、興趣等）、對未來的期望等。

⑸家庭生活經驗：家庭重要事件、父母婚姻狀態、親人亡故經驗、親子關係、家庭關係、家庭型態、家庭傳統、文化習俗及價值觀。

⑹身體健康狀態及重要病史：包括出生狀況，發育狀況等。

⑺工作（或學習）調適狀態：工作投入情形、工作期待、工作滿意度、工作價值觀、求學經驗、學業表現、學習態度等。

⑻社交生活經驗：手足互動、同儕互動、師生互動與鄰居朋友的互動經驗。

以上資料並非每一項都要鉅細靡遺地去探索，而是要找出足供對案主及其問題形成概念性瞭解的資料。實施者憑其經驗與理論背景，去判斷資料的意義性。處理不同的案主時所需的資料會有差異。

結構式晤談中的問句及晤談者在實施晤談時，依比較結構化或標準化的方式進行，可減少主觀上的偏失，但相對的也因為標準化，而使得晤談關係較缺乏人性，因為晤談者不能隨晤談的情境給予案主微笑或鼓勵，也因此會失掉一些可貴的資料。

結構式與非結構式晤談各有優缺點，一般在臨床的個案研究上以非結構式晤談為多，而結構式則用於研究上為多。

2.客觀問卷及測驗法：利用標準化的客觀問卷或測驗，讓案主做答。這類問卷通常是點量表的型式或以回答「是否」的方式呈現。常用來瞭解案主的感受、動機、行為及認知方式的問卷，較出名的有 "Edwards

Personal Preference Schedule" (EPPS)，"Minnesota Multiphasic Personality Inventory" (MMPI)。國內可用的標準化問卷參閱附錄三。

運用客觀問卷或測驗來搜集資料的優點是實施與計分簡單，解釋上也較客觀容易，不過案主也可能因對問卷題意的不瞭解，或因為防衛心理而有錯誤的做答，而且問卷分數呈現的意義有限，很難對案主有正確的瞭解。

3.投射測驗：投射測驗利用較模糊的刺激線索來讓案主回答，比較能獲得案主深層的內在動力之資料。因為它的效度和信度問題，此法所得資料較受爭議，不過在臨床個案研究上，尤其是精神分析取向的治療者，投射測驗仍是搜集資料的方法之一。

㈡行為評量

行為學派取向的治療者傾向於搜集案主的行為資料，即強調案主之行為，而較不重視案主對其行為所做的陳述或報告。因此，明確可觀察的行為及行為發生的情境，才是主要的資料。自然觀察法、控制情境觀察法及自我省察記錄法，是常用的觀察法。

⑴自然觀察法：在案主生活的自然情境中，對案主的行為進行觀察的方法。

⑵控制情境觀察法：在特定的情境中，對案主的行為進行觀察的方法。特定的情境可以是由治療者設計控制的情境，也可以在案主生活中挑選某特定情境來觀察案主的行為。

⑶自我省察記錄法：由案主對自己的行為進行自我省察並加以記錄的方法。通常治療者會提供記錄表格，並教導案主自己記錄。在認知治療中，常用的方法是教案主用自我省察法記錄事件，如下面之「不良思考」記錄表。案主可在事件發生之後馬上記錄，或每天記錄一次，如此可避免忘記。

問題情境（簡短扼要記錄）	情緒反應（描述當時情緒，並將情緒反應程度予以評量。以 % 示之）	自動化思考（記下自動化思考內容，並評量對此思考的信任程度。以 % 示之）
例：下週就是期末考試了	焦慮 90% 難過 60% 沮喪 80%	考試一定會很難 80% 我一定會被當掉 90% 如果我被當掉我就完蛋了 100%

　　治療者須教導案主記錄的方法，大部分案主都能很快學會。對於少數有困難者，治療者可多加鼓勵，並告訴案主不必怕記錄得不好，經練習後就不會有困難（曾端真，民 81）。

　　觀察法的重點在於對案主行為與行為發生的情境之瞭解，藉以透過情境的改變，或行為的改變，來協助案主解決問題。此方法在進行時，必須掌握幾個原則：

　　⑴確定目標行為：所欲觀察的行為必須是有意義的，而且要具體而明確。

　　⑵確定觀察時段：觀察案主的行為要分散觀察時段，才能獲得較完整的行為資料。

　　⑶勿干擾案主的自然行為呈現：觀察者勿在觀察當時出現干擾案主的言行舉止，包括記錄等行為。

　　⑷於觀察結束後馬上做記錄：若當場記錄會干擾到案主，則應於事後立刻記錄，以免遺忘。

　　⑸觀察者的訓練：觀察者須客觀，以免主觀因素干擾所觀察的結果。

　　⑹觀察結果須輔以其他資料，以免對案主形成錯誤的解釋。

㈢軼事記錄、日記、自傳

軼事記錄指的是學校教師或重要相關人士對案主的平常觀察所做的

累積記錄。良好有效的軼事記錄應該包括：(1)日期、情境；(2)案主的行為，他人的反應，及案主與他人的互動；(3)案主所說的話，及他人對案主所說的話；(4)對案主外在非語言訊息的描述（姿態、姿勢、聲音、語調、表情、衣著等）；(5)案主當前的生活情境 (Shertzer & Stone, 1981)。

學校中若欲做好個案研究，學校教師都應有做軼事記錄的訓練，以備提供個案研究時所需之資料。

案主平時的日記及作文課所書寫的自傳，或綜合資料卡上之自傳式資料，也都是瞭解案主的有用資料。惟這些資料的應用與解釋，有賴專業的能力。資料搜集的過程必須重視可靠性與有效性，資料的應用與解釋仍須有經驗、有專業訓練的人，才能對案主及其問題有正確的評估。

二、問題的評估

問題的評估是對案主的問題提出具體正確的描述，並對問題進行分析、解釋與診斷，做為擬出解決策略之依據。進行資料搜集時便須考慮是否能用來對問題做正確的評估。資料不實或資料不合用，則無法對問題有正確的評估。此外，實施者若欠缺充實的專業知識，或經驗不足，無法敏於察覺各種資料與問題的關聯，也不能對問題形成正確的評估。

問題的評估有三個重點：描述問題現象、分析與解釋問題、以及診斷。

㈠描述問題現象

個案研究的目的在解決案主的問題，因此首重對問題現象有清楚而正確的描述。問題描述的要點基本上有下列各項：(1)問題如何出現；(2)問題的出現為偶發現象、長期症狀或是一種危機；(3)問題的嚴重程度；(4)問題對案主或對他人造成困擾；(5)案主的主要抱怨及因應方式。

㈡分析與解釋問題

問題之發生是個體與環境互動之下的產物,很難以單一理由來解釋。個體存在環境之中,而非生存於真空之中,而且個體為過去成長史、現在處境及對未來的期待下之融合體。實施者必須探尋可以用來分析問題的資料,而且必須有充足的理論知識和豐富的經驗,以便能檢索出資料中造成案主問題的重要因素。

問題的形成有其潛在因素與誘發因素。潛在因素的範圍既深且廣,可追溯到出生之始。有經驗的實施者可從案主的姓名、性別、年齡、出生別、家庭經驗、所經歷之重要事件、宗教信仰等資料中,發現有意義的訊息,以解釋案主問題發生的原因。誘發因素則可檢視案主當前的家庭動力、工作(學習)困境、社交壓力、身心功能等。誘發因素與潛在因素其實是交織難分的,因為潛在因素影響了個體對誘發因素的抗力。也就是個體的過去影響其面對現在困境的因應方式。

實施者的理論取向影響其運用及解釋問題資料的模式。有些理論取向著重成長史之因素,如:家族治療取向、精神分析取向、個體心理學派取向等;有的理論把焦點放在案主的心理需求和當前的自我功能,如:現實治療取向;有的理論強調環境因素及學習的經驗,如:行為治療取向。

問題的分析主要針對下列各項:(1)案主的心理需求是什麼?(2)案主需要改變什麼?(3)案主的問題主要由哪些因素所造成?這些因素之間有何關聯?(4)案主的哪些過去經驗和其目前的功能有關?(5)案主目前的家庭有哪些因素和其問題有關?(6)案主有哪些長處?(7)案主有哪些支援系統?

案主問題的形成原因很複雜,通常無法以單一因素來解釋案主的問題,而且各因素間有交互作用。問題分析的目的便是能找出各種因素間以及它們和問題之間的關係。

　㈢診　斷

　　診斷是根據各項資料，對問題進行分析之後所提出的假設，也可以說診斷便是分析問題之後的結果。診斷呈現的方式亦視實施者之經驗與理論取向而異。從搜集資料、經過問題評估到診斷的形成，是環環相扣的過程。診斷必須能對問題分析提出假設性的結論。

　　診斷的目的在於引導出處理的策略。由於診斷是一種假設，若發現根據診斷所研擬的策略對案主沒有幫助的話，就須反覆資料搜集、問題評估與診斷的步驟，直到找到正確的處理方法為止。

　　診斷的步驟中通常需要提出問題處理順序的假設。因為個案研究中很少能夠以一種策略便解決案主的所有問題。問題處理的順序是實施者根據資料及對問題的分析所做的假設，兼有主觀性和客觀性。若所提的假設不恰當，須加以修正。底下是決定問題處理順序的一些原則：

　　⑴以比較明顯、容易著手、容易處理的問題為先。這樣做比較能見到進步。

　　⑵以最核心的問題為先；不過最核心的問題通常也是最難處理的。如果無法先處理此核心問題，則選擇一個重要，而且能立即有效處理之問題。

　　⑶以會帶來即刻性嚴重後果的問題為先。

　　⑷將能得到外在支援的問題列為先處理的問題。

　　⑸先處理有助於解決核心問題的問題。

　　⑹將似乎無法解決的難題，或是必須費非常大的心力才能處理的問題置於後面。

　　⑺配合實施者及案主的時間及資源的有效運用來安排問題處理的順序。

　　⑻實施者及案主都無法掌控的問題置於後面。

㈣評估問題時應注意的原則

評估問題時，需注意資料的可靠性及評估的正確性，底下幾點是評估問題時要多加思考的原則。

1.區辨事實性資料和推論性資料

評估問題時應以科學的思維方式去處理資料。面對資料時必須檢視資料的意義、重要性、可靠性、有效性，及各種資料間的關係。資料應避免模糊的陳述，須有具體的名稱、數字、日期、次數、地方、行動、事件、說話者、說話內容、說話情境等。具體清楚的資料可提供較完整的訊息。

2.區分表面問題與真正問題

案主的問題經常不是從表面即可輕易判斷的。尤其是呈現偏差行為的案主，其外顯行為通常只是反映真正問題的徵兆，必須審慎評估，才能對症下藥。

3.避免主觀及經驗的干擾

實施者對案主的感覺、與案主的關係、實施者對類似問題的經驗，可能都會影響資料搜集的方向，並蒙蔽了對問題的評估。初次接觸案主的感覺，可能就會使得整個過程受到此偏見的影響。

由於個案研究很難避免主觀或片面性觀點，通常需召開個案會議(case conferences)，邀集相關人士提供不同角度、情境、時間下所得到的資料，以及他們對問題的評估。

4.評估案主可能改變的方向

人們的困擾通常起因於長期陷於不愉快或挫折的情境之中，無法以有效的方法來脫離困境所致。在搜集資料時較易得到與問題有關的負面資料，不易超越問題本身去觀察或探索案主的正向資產，改變的目標及可能採取的改變行動。評估問題除了瞭解問題現況與原因之外，還應評估問題的理想狀況，及思考袪除問題現況與理想狀況間差距的方向。

5.重視情境因素

人是複雜的個體，行為、思考、情緒和環境交互影響。資料的搜集與問題的評估若忽略情境因素，將失之於過度概化案主的問題，也可能造成錯誤的評估。

6.注意案主身心發展狀態與問題的關聯

情境是空間因素，身心發展狀態是時間因素。人的行為與時空因素互相交織在一起。實施者易侷限於案主的問題現象本身，而忽略發展的因素。

7.注意標準化評量工具的限制

運用標準化評量工具搜集資料時，須考慮是否能得到案主的個別性資料。個案研究重視案主的特殊性，及其在特定情境中的行為，這些遠超出標準化評量工具所能測出的行為或特質。評量工具所得資料要仔細分辨與小心解釋，才不會誤導問題的評估。

三、問題的解決

問題的解決是個案研究的最終目的。問題經過分析與診斷之後，已明確的知道要解決的問題是什麼，要達到的目標是什麼，以及可能的阻礙及資源是什麼，接著便是要思考用什麼方法來達到目標。在研擬處理策略時，除了根據診斷的結果，尚須考慮案主所處的社會文化背景。不同的社會文化，對問題有不同的規範，案主的家庭文化是研擬處理策略時所不可忽視的因素。尤其當案主的問題涉及宗教信仰、婚姻問題方面，這些問題與社會文化息息相關。

實施者的專業訓練、經驗、知識能力、智慧等影響所選擇的策略。一般處理策略包括家庭諮商、個別諮商、團體諮商、改變環境、提供資料與諮詢或轉介，有些案主的問題尚需藥物治療的介入。問題雖然看起來是出自案主身上，但是案主的問題常常和其所處的系統有密切關係，所以策略的介入常包含相關的重要人士，如：父母、手足、親戚、教師、

同儕等。

四、效果的評估

從搜集資料以迄問題的解決，整個過程須時時進行效果的評估。若搜集資料時便已不正確，則不能期望往後的過程會有效果。如圖 11-1 所示，個案研究的過程是雙向循環，每個小步驟都經過評估之後再往下一個步驟進行，直到最後問題得到解決或改善為止。

第三節　個案研究實例

茲以實例說明資料搜集、問題評估、診斷及問題解決之過程。

◉ 案　例

案主由母親陪伴前往某輔導中心求助。

案主的問題現象是恐懼上學，每天上學之前都要折騰一至二小時才肯出門上學，有時則堅持不舒服不肯上學。每到週日晚上，就開始出現生理不舒服的症狀，如胃痛、頭痛、四肢無力等。每天夜裡都覺得睡不安寧，第二天早晨又覺得昏昏沈沈，疲累不堪，起不了床。

一、資料的搜集

㈠基本資料

案主 16 歲，女生，就讀國中三年級。

㈡家庭資料

家庭成員如右圖。

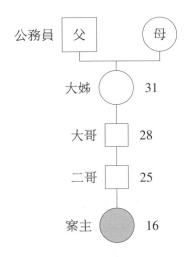

父親為公務人員，母任職於私人企業公司。母親精明幹練，處事明快果決，不拘泥小節。母親對案主父親的描述為感情用事、常鬧情緒、不成熟。案主認為父親不講理，對案主的控制太多，包括睡眠、飲食都要依照父親意思去做，否則父親會一直嘮叨。案主對父親的價值觀、想法及行為模式均很反感，但是不敢反抗。案主父母常起爭執，兩人吵起來聲音很大，案主很害怕他們會離婚，怕媽媽會離她而去。當案主不上學在家時，父母兩人會比較小心翼翼，怕再刺激到案主，使案主症狀加劇。

案主幼年時白天由媬姆扶養，母親下班後再接回家。案主和手足年齡差距很大，幼年最深的記憶是家裡每個人都忙進忙出，沒有人理她，案主希望家人能停下來陪她。目前大姊已出嫁，大哥、二哥均在外地就讀，家中只有父母。案主常抱怨媽媽不愛她，不瞭解她。因為媽媽只顧忙家事，不聽她訴說心事。而父親只會管她，也不瞭解她。案主說無法和家人溝通，很痛苦。

㈢**學習生活資料**

小學一年級時，老師處罰鄰座同學的情形使她驚嚇萬分，自此以後

對老師有恐懼感，上課都很緊張，考試成績常常只有二、三十分。老師在其聯絡簿上寫「應該轉到啟智班就讀」。到小學三年級時，換了級任老師，對案主的學習情形予以個別輔導，案主的成績大有進步。直至小學六年級，成績能維持在七、八十分。但整個小學的過程，在家裡的時間母親都必須陪伴案主複習功課。母親陳述案主就讀小學的歷程中，沒有一個月是不請個三四天假的。

國中一年級時，也是在每個月要請假數天的狀況下勉強讀完。升上國二時，案主休學一年。第二年復學，請假情況並未改善，在班上的成績排名約在倒數 10 名左右。案主自陳是在很痛苦的狀況下勉強度過國二。

求助時是國三開學的第四週。前三週每星期請假日數都在二至三天。尤其是週一必請假，並且常在下午時段因體力不繼而請假提早回家。

在學校時常覺得同學太吵，同學下課時的嬉鬧會讓案主緊張，擔心會被撞到，或有東西丟到身上。案主也抱怨學校鐘聲太吵。上課時，覺得老師對她不友善，好像自己是壞學生。

在上學的日子，則幾乎是在母親苦口婆心相勸，父親催促的情形下，才踏出家門。母親常需請假陪案主在家。

案主希望自己能像兄姊一樣讀大學，但是自認為不可能跟得上他們，因為自己都沒辦法專心。心裡很想讀，可是精神很差，不能讀下去。睡覺時又擔心功課沒完成而睡不著。

㈣社交生活資料

案主在學校中只和鄰近同學偶而交談，放學後便回家。假日未曾和同學外出。出門都由媽媽陪伴，或是與家人共同外出聚餐、購物時才出門。案主不喜歡外出，因為街上太吵，而且要走路很累。

(五)身體狀況資料

案主外表瘦弱，經常抱怨頭痛、胃痛、四肢無力、心跳及呼吸不順、生理期間腹部疼痛等。幼年無特別的疾病紀錄。母親陳述案主是藥罐子，遍尋中西醫，但症狀未減輕。

(六)心理評估資料

案主對於父親的價值觀與行為模式很難適應，覺得父親根本不瞭解她，但不敢反抗，常覺得和父親有衝突，在內心生悶氣。覺得母親只顧忙公事和家事，都不瞭解她，也不愛她。自覺比不上哥哥和姊姊，他們任何方面都比案主優異。案主認為哥哥樣樣都勝過她，棋藝還有思辨能力、運動等，都是案主無法跟得上的。兄姊都有讀大學，案主擔心自己無法考得上大學，永遠比不上兄姊。

在學校的生活覺得很緊張，聽到上下課鈴聲都覺得很刺耳。常覺得老師的言語在諷刺她，也覺得和同學很陌生，不知應該和誰說話。放學後想和母親談學校的經驗，母親都忙著煮飯，要不然就是沒耐性聽案主說話。當案主覺得媽媽不瞭解她時，會和媽媽嘔氣，而不再繼續談下去。母親也表示，每當她空下來要聽案主說話時，案主就不說了。案主的意思是等母親有空時，她已沒心情說給母親聽了。

案主不喜歡父親管她吃、管她睡，好像自己仍是三歲小孩。每天上學前也不喜歡父親催她，案主說父親愈催促，她愈抗拒上學。案主覺得父親很不滿意她的成績，不論她表現如何，父親都嫌不夠好，說她將來會考不上大學。案主埋怨父親都不瞭解她身體的虛弱，及心理上的緊張。

案主由母親帶著求助心理諮商已兩年，但未改善。案主自己很著急，希望趕快好起來。案主說自己非常不快樂，都沒有人瞭解她的痛苦。

案主很怕沒看到母親，常常覺得若出門上學去之後，媽媽會突然消失。也擔心自己睡著了，媽媽會悄悄的離開。所以常常黏在媽媽身邊，

媽媽覺得很難理解，有時媽媽會受不了，而對案主失去耐性。

二、問題的評估

㈠案主問題現象

根據前述資料，可對案主問題有一初步瞭解。案主的主要問題現象為恐懼上學、生理症狀（四肢無力、失眠、頭痛、胃痛、生理期疼痛）、心理症狀（不快樂、緊張、憂鬱）。案主的問題為長期症狀，自幼年起已隱藏問題之根源。案主的問題已造成自己及家人極度困擾，案主面對問題的方式為退縮與壓抑，若持續下去，將喪失自我功能與生活功能。案主抱怨家人不瞭解她，媽媽不愛她，她比不上兄姊優秀。

㈡分析與解釋問題

案主問題之潛在因素乃其幼年經驗中被遺棄的感覺。案主年齡與兄姊相差甚多，大姊大案主 15 歲，大哥差她 12 歲，二哥差她 9 歲。自幼兄姊即已有各自的同伴與生活天地。加上案主幼年時，父母各自忙碌，使得案主覺得自己是多餘的，沒有人理睬她，有被遺棄之感。加上手足因為年紀較長，各方面的表現在案主看來都讓她自感不如，因為兄姊會的，她都不會。案主幼年的認知能力，無法理解兄姊的表現乃是因為他們都已長大，而不是他們比較優秀。也因此而覺得自己什麼都不如人，缺乏自信。案主期待自己是優秀的，父母是愛她的，但是學校成績不好，她希望自己能從頭來過，所以辦理休學，希望自己身心狀況準備夠了再回學校，但是復學後，情況並不如預期的好轉，心理的壓力更大。案主的反覆休學及不上學，讓父親很急，父親的催促使得案主覺得父親不瞭解她，不愛她，好像兄姊成績較好，父親就不管他們，而自己因為成績不好，所以父親對她就限制特別多。案主不能瞭解父親的著急，以及兄姊均長大成人，不需父母再多予約束，案主將父親對待她的方式解釋成

父親偏心，不愛她。母親方面因公事忙碌，回到家便急於完成家務事，讓案主覺得自己在母親心目中是不重要的，案主認為自己已經那麼痛苦，媽媽卻只顧忙家事，媽媽沒耐性聽她訴苦，所以媽媽根本不關心她、不愛她。案主把這些心事都壓抑下來，覺得說了也沒用，父母親不會關心，因此被遺棄感在內心逐漸膨脹。案主的生理症狀乃心理的過度壓抑所反射出來的現象，當她生理症狀加劇時，母親會放下公事與家事，陪她紓緩痛苦；當案主早上不肯上學時，母親也會擱下公事，在家陪她。案主好像在生理的症狀及不上學之過程中，可享受擁有母親的愛，在心理上可得到滿足感，用此來證明母親沒有不愛她。每當案主不上學時，父親也比較讓她，不會像平常那樣強迫她吃東西或強制案主依他的方式行事。好像案主的不上學在家裡可獲得她所要的父母的關心。

案主自幼未學會如何表達內心的意思，卻又急切期待父母能瞭解她，當父母不瞭解她時，她有不被關心和父母不愛她的感覺。加上幼年被人忽略，沒人理睬她的感受強烈，使得案主深恐母親離開她。案主擔心母親不愛她，所以出現各種黏著母親的行為，包括懼學、失眠、生理症狀等。

案主在長期的身、心困擾中，並未放棄追求其想要的——母親的愛，雖然其方法對案主及對母親帶來很大的困擾。案主也急於想離開不快樂的漩渦，所以很努力求助。這些都是案主的重要資產。案主母親的求助動機及對案主的愛，還有父親對案主的關懷，這些是使案主恢復身心功能的有力支援。

案主的問題分析可用下圖表示之：

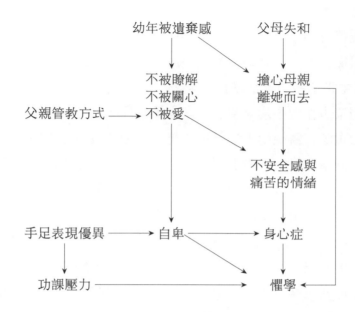

圖 11-2　案主問題分析圖

(三)診　斷

　　根據上述問題的分析，可做如下的假設：案主渴望被愛與被瞭解，但缺乏向父母表達心意的溝通能力，父母也缺乏表達愛與關心的能力，致使案主內心有很高的不安全感和需求不滿足的痛苦，於是產生身心症及懼學現象。案主出現身心症狀與懼學的現象時，父母的反應讓案主擁有被愛與被瞭解之感。所以必須協助父母用正確的方法來和案主相處，而不是在案主有症狀，和沒有症狀的時候，出現不同的親子互動。也需教導案主正確的溝通能力，以免積壓不滿或累積不安全感。此外，還需幫助案主理解父母吵架、手足的表現、幼年經驗的真相。待案主不安全感減輕，身心症狀減弱之後，再處理其學業上的問題。

三、問題解決的策略

　　案主的問題表象為懼學及身心症狀，根據問題的分析，知其內在原因可能是內心的不安全感以及渴望被愛。從圖 11-2 中可推知案主的問題還有其它因素，如父親的管教方式以及手足和功課導致的自卑感，均使得案主深以上學為苦，而不肯上學去。解決案主的問題可選擇容易著手又快速有效的部分介入。案主母親有強烈的求助動機及健康的心智功能，教導母親與案主正確的互動，是解決策略的第一個方向。案主母親必須用讓案主覺得被瞭解的方式來與案主互動，亦即溝通的方法要正確。而且案主母親要學習保持平穩的情緒，以及與案主保持適當的心理距離，如：當案主不上學時，案主母親在表達關切與瞭解之後，即可去上班，無須留在家裡陪伴案主，並讓案主瞭解下班的時間她會準時返家，俾案主能漸漸理解母親是關心她的，不會不告而別。案主母親與案主互動的主要原則是傳達對案主的瞭解與對案主的愛，傳達出對案主的信任與尊重，同時要讓案主感受到母親不會突然不告而別。

　　策略的第二個方向是案主父親和母親之間的相處方式必須調整，夫妻二人勿製造家庭的不安氣氛，讓案主不必擔心母親會離開。第三個方向是父親的管教方式須調整，要讓案主可以直接向父親表示意見，以免案主積壓情緒。第四個方向為教導案主和父母的溝通技巧，好讓父母比較容易瞭解案主。

　　以上四個方向均屬家庭人際之間的溝通與互動之學習，可增進案主被瞭解之感，並滿足其被愛的渴求，消除其不安全感。此四方向互相有關，可同時介入。

　　第五個方向是幫助案主與幼年經驗分化，以學習用成熟的行為模式來面對當前的困境，而不被幼年經驗所干擾。

　　第六個方向則可教導案主面對功課的正確方法。

　　上述六個方向的解決策略包括了親職技巧訓練、溝通技巧訓練、個

別諮商及學習技巧訓練等。處理的先後順序以親職訓練為先，接著為對案主進行個別諮商與溝通訓練，最後再進行學習技巧訓練。

第四節　個案研究報告

個案研究報告並無標準格式，亦即各種個案研究報告在長度、內容、目的和組織架構上有很大的不同。

個案研究報告是指在個案研究進行的過程中以及結案之後，對案主問題、背景資料（基本資料、家庭、學習、社交、生理等方面資料）、問題分析與診斷、問題的處理以及處理結果等，整理出的書面報告。過程中的書面報告是個案會議中所必須提供的，以做為討論與評估之根據。結案後的報告，除了讓進行個案研究的所屬機構瞭解個案研究的結果之外，若該案主的問題只是暫時結案，可做為後續個案研究的重要參考與依據。個案研究報告無論屬何目的或型式，均涉及案主的個人隱私，所以保密性是非常重要的倫理守則。

目前廣為國內專業人士所依循的個案研究報告型式，大致上包含下列各項目：

(1)案主基本資料：姓名、年齡、性別、籍貫、就讀學校、就讀年級。

(2)案主問題概述。

(3)背景資料：包括家庭、社交、學習、生理、心理等各方面資料。

(4)問題分析與診斷。

(5)處理策略與過程。

(6)結果與建議。

如果個案研究過程是正確的，則報告上的內容將呈現彼此間的銜接和連貫，亦即從第(1)項到第(6)項，是系統化與整體性的。如果實施者經驗不足，則會出現各項目間牛頭不對馬嘴的內容，這樣的報告便只是資料的堆砌，毫無意義與效果。因此，個案研究的實施，從搜集資料以迄

報告，是環環相扣，步步相連的，這也是評估個案研究成效的指標。

第五節　個案研究過程常見的謬誤

個案研究可說是一個分析與推理的邏輯思考過程，在此過程中易產生各種思考上的謬誤，這些是實施者應多加留意的，以免造成錯誤的假設或推論。

1.偏見與疏忽

例如當資料顯示案主是聰明的，實施者很可能會形成「案主的成績應該是優異的」之推論，而疏於去注意案主其他方面的資料，如案主可能對讀書沒有興趣，或是案主身處生活困境之中，而無法得到好成績。實施者也很容易受案主被轉介時的問題所蒙蔽。如案主是個偷竊犯且慣於說謊，實施者便不易朝案主的優點或所擁有的資產方面去探詢資料。

2.模糊的概念

描述問題時的用詞若不具體明確，很容易造成錯誤的假設。如：案主具有攻擊性、懶惰、不負責、品性很壞、很可愛、很善良等，還有：每次、總是、常常、每個人都說……等，均是抽象、模糊的概念，必須搜集事實性資料來具體的描述問題，才能對問題有正確的評估與分析。

3.疏忽情境因素與問題的關係

人的行為發生於情境之中，人在不同情境下可能出現不同的行為，而不同的人在同一情境中未必出現相同的行為。

4.曲解性的解釋

如果實施者認為案主是不誠實的，則案主的任何正常行為都可能被解釋成不正常的。例如：把案主的友善行為解釋成虛偽或欺騙。

5.不當的因果推論

事件乙出現在事件甲之後，甲未必是乙之因。錯誤的因果推論將形成錯誤的分析與診斷。

附 錄 三

國內適用測驗器材目錄簡介

一、智力測驗

總編號	測驗名稱	開發出版單位	適用對象	修訂完成日期	修訂或編製者	經銷處	備註
1	新編中華智力量表（甲種、乙種）	師大特教中心	5 至 15 歲	85.06	師大特教系心理測驗研究小組	師大特教系所 TEL: 02-23568901	只能向師大特教系所或各縣市教育局借用（自 83 年 6 月 5 日起停用半年，83 年 10 月將發行簡式版本）
2	學校能力測驗（幼兒用）	中國行為科學社	幼稚園至小二	67.06	胡秉正路君約	中國行為科學社 TEL: 02-23650525	
3	學校能力測驗	路君約	高中至五專	66.07	路君約	中國行為科學社 TEL: 02-23650525	
4	國民中學智力測驗	中國行為科學社	國中生	80.07	路君約程法泌盧欽銘	中國行為科學社 TEL: 02-23650525	
5	瑞文氏彩色圖形智力測驗	中國行為科學社	小一至小三	79.01	徐澄清引介俞筱鈞黃志成	中國行為科學社 TEL: 02-23650525	
6	瑞文氏非文字推理測驗	中國行為科學社	小四至小六	82.01	黃堅厚引介俞筱鈞黃志成	中國行為科學社 TEL: 02-23650525	
7	高級瑞文氏圖形補充測驗	中國行為科學社	11 歲以上青年至成人	82.01	吳武典引介俞筱鈞黃志成	中國行為科學社 TEL: 02-23650525	
8	圖形式智力測驗	中國行為科學社	小三至高一	69.01	徐正穩路君約	中國行為科學社 TEL: 02-23650525	
9	非文字普通能力測驗	中國行為科學社	小四至成人	69.09	陳榮華路君約	中國行為科學社 TEL: 02-23650525	
10	羅斯認知能力測驗	臺中市教師研習中心	國小五年級至國中	80.06	方炎明郭生玉	可行文至臺北市教師研習中心洽借 TEL:02-28616942	可使用但不能印

11	嬰幼兒發展測驗	杏文出版社	出生至6歲	83.05	徐澄清	杏文出版社 TEL: 02-87511999	
12	國小系列學業性向測驗	中國行為科學社	小四至小六	75.02	簡茂發 蘇建文 陳淑美	中國行為科學社 TEL: 02-23650525	
13	國中系列學業性向測驗	中國行為科學社	國中生	75.02	吳鐵雄 邱維城	中國行為科學社 TEL: 02-23650525	
14	高中系列學業性向測驗	中國行為科學社	高中生	75.02	黃堅厚 盧欽銘	中國行為科學社 TEL: 02-23650525	
15	大學系列學業性向測驗	中國行為科學社	大學	75.02	路君約 何榮桂	中國行為科學社 TEL: 02-23650525	

二、性向測驗

總編號	測驗名稱	開發出版單位	適用對象	修訂完成日期	修訂或編製者	經銷處	備註
16	輔導性向測驗（第二種）	中國行為科學社	國二至國三	79.08	路君約 陳淑美	中國行為科學社 TEL: 02-23650525	
17	通用性向測驗	勞委會職業訓練局	國三至社會青年	74.10	中國測驗學會 GATB 系列測驗編製組	臺灣區七個就業輔導中心可申請免費使用	
18	高一性向測驗	教育部中教司	高中學生	83	簡茂發 何榮桂 吳鐵雄 王俊明	中國行為科學社 TEL: 02-23650525	
19	多向度注意力測驗	心理出版社	6至12歲	82.04	周台傑 邱上真 宋淑慧	心理出版社 TEL: 02-23671490	
20	修訂本通氏視覺性記憶測驗	臺北市立教育大學	小學	73.03	陳東陞	未出版（可洽市北教大特教系） 02-23113040 EXT 4112	
21	威廉斯創造力測驗	心理出版社	小四至高三	83.12	林幸台 王木榮	心理出版社 TEL: 02-23671490	83.10 新版
22	多因素性向測驗	中國行為科學社	一般學生	83	路君約 盧欽銘 歐滄和	中國行為科學社 TEL: 02-23650525	
23	區分性向	中國行為	一般學生	88	程法泌	中國行為科學社	

| | | | | | 路君約
盧欽銘 | TEL: 02–23650525 | |
| 測驗 | 科學社 | | | | | | |

三、成就測驗

總編號	測驗名稱	開發出版單 位	適用對象	修訂完成日期	修訂或編製者	經銷處	備 註
24	國語文能力測驗	師大特教中心	國小二至國中一	73.01	吳武典張正芬	師大特教系所 TEL: 02–23568901	
25	國民小學國語文成就測驗	彰化師大特教中心	國小一至六年級	81.06	周台傑	欣欣書局 TEL: 04–7256385	
26	國民小學六年級國語科成就測驗	臺北市立教育大學	國小	82.06	陳東陞等	可洽市北教大特教系 02–23113040 EXT 4112	
27	國中新生國語文能力測驗	彰化師大特教中心	國小六至國中新生	78.12	許天威陳政見	欣欣書局 TEL: 04–7256385	
28	語言障礙評量表	師大特教中心	6 至 15 歲	81.12	林寶貴	未公開發行	全國特教普查工具、縣市教育局留有資料
29	國語構音測驗	復文出版社	小學	75.06	毛連塭黃宜化	復文出版社 TEL: 07–7519450	
30	兒童口語表達能力測驗	臺北市立教育大學	國小	82.06	陳東陞	可洽市北教大特教系 02–23113040 EXT 4112	
31	國民小學數學能力發展測驗（初 級）	彰化師大特教中心	國小低年級	76.09	周台傑范金玉	欣欣書局 TEL: 04–7256385	
32	國民小學數學能力發展測驗（中 級）	彰化師大特教中心	國小中年級	76.09	周台傑范金玉	欣欣書局 TEL: 04–7256385	
33	國民小學數學能力發展測驗（高 級）	彰化師大特教中心	國小高年級	76.09	周台傑范金玉	欣欣書局 TEL: 04–7256385	
34	國民小學數學學習障礙兒童篩選測驗	臺北市立教育大學	國小	81.06	陳東陞等	可洽市北教大特教系 02–23113040 EXT 4112	

35	國民小學三年級數學科成就測驗	臺北市立教育大學	國小	82.06	陳東陞等	可洽市北教大特教系 02-23113040 EXT 4112	
36	國民小學四年級數學科成就測驗	臺北市立教育大學	國小	82.06	陳東陞等	可洽市北教大特教系 02-23113040 EXT 4112	
37	國民小學六年級數學科成就測驗	臺北市立教育大學	國小	82.06	陳東陞等	可洽市北教大特教系 02-23113040 EXT 4112	
38	國中新生數學能力測驗	彰化師大特教中心	小六至國中新生	78.12	周台傑 巫春貴	欣欣書局 TEL: 04-7256385	
39	國中新生自然科學能力測驗	彰化師大特教中心	小六至國中新生	78.12	徐享良 曾秀錦	欣欣書局 TEL: 04-7256385	
40	學習行為檢核表	師大特教中心	6 至 15 歲	81.12	林幸台	未公開發行	全國特教普查工具、縣市教育局留有資料
41	系列學業技能測驗	中國行為科學社	小五至大一	80.07	路君約 盧欽銘 范德鑫 陳淑美 歐滄和	中國行為科學社 TEL: 02-23650525	
42	柯氏國民小學數學學科成就測驗	中國行為科學社	國小	83	柯平順 林敏慧	中國行為科學社 TEL: 02-23650525	

四、人格測驗

總編號	測驗名稱	開發出版單位	適用對象	修訂完成日期	修訂或編製者	經銷處	備　註
43	賴氏人格測驗	心理出版社	國中至大專	82.09	賴保禎	心理出版社 TEL: 02-23671490	
44	卡氏 16 種人格因素測驗	臺灣開明書局	高中至成人	60.05	劉永和 梅吉瑞	臺灣開明書局 TEL: 02-25415369	
45	高登人格測驗（甲）	中國行為科學社	高中至成人	65.01	路君約	中國行為科學社 TEL: 02-23650525	
46	高登人格測驗	中國行為	國三至成	67.02	盧欽銘	中國行為科學社	

	(乙)	科學社	人			TEL: 02–23650525	
47	身心健康調查表	中國行為科學社	高中至成人	67.02	賴保禎	中國行為科學社 TEL: 02–23650525	
48	曾氏心理健康量表	中國行為科學社	大學	73.05	俞筱鈞 黃志成	中國行為科學社 TEL: 02–23650525	
49	兒童自我態度問卷	中國行為科學社	小四至小六	76.10	郭為藩	中國行為科學社 TEL: 02–23650525	
50	父母管教態度測驗	中國行為科學社	國中生	61.11	賴保禎	中國行為科學社 TEL: 02–23650525	
51	家庭環境診斷測驗	心理出版社	國中至高中	82.10	賴保禎	心理出版社 TEL: 02–23671490	
52	行為困擾量表	心理出版社	國小四至國中三	82.11	李坤崇 歐慧敏	心理出版社 TEL: 02–23671490	
53	國中學生行為困擾調查表	正昇教育科學社	國中一二年級學生	77.08	葉重新 何福田	正昇教育科學社 TEL: 9390183	
54	修訂孟氏行為困擾調查表（國民中學用）	中國行為科學社	國中	59.12	胡秉正 何福田	中國行為科學社 TEL: 02–23650525	
55	修訂孟氏行為困擾調查表（大專用）	中國行為科學社			胡秉正	中國行為科學社 TEL: 02–23650525	
56	修訂孟氏行為困擾調查表（大專用）	中國行為科學社	大專	65.05	胡秉正	中國行為科學社 TEL: 02–23650525	
57	性格及行為量表	師大特教系所	6 至 15 歲	81.12	林幸台	未公開發行	全國特教普查工具、各縣市教育局有資料
58	學習適應量表	心理出版社	國小四至國中三	80.12	陳英豪 林正文 李坤崇	心理出版社 TEL: 02–23671490	
59	學習方法效率量表	心理出版社	國小四至六年級	79.03	吳新華	心理出版社 TEL: 02–23671490	
60	學習態度測驗	中國行為科學社	國中生	58.08	賴保禎	中國行為科學社 TEL: 02–23650525	
61	社交測量	天馬出版社	國小國中專科	69.01	劉焜輝	天馬出版社 TEL: 02–23671795	
62	柯氏性格量表	中國行為科學社	一般民眾	87	柯永河	中國行為科學社 TEL: 02–23650525	

五、興趣測驗

總編號	測驗名稱	開發出版單位	適用對象	修訂完成日期	修訂或編製者	經銷處	備註
63	我喜歡做的事（職業興趣量表）	勞委會職業訓練局	國中以上	76.07	黃堅厚 林一真 范德鑫	臺灣區七個就業輔導中心可申請免費使用	中國測驗學會修訂
64	高中學生興趣測驗	教育部中教司	高中二年級	83.02	簡茂發 何榮桂 吳鐵雄	中國行為科學社 TEL: 02-23650525	中國測驗學會編製
65	大學入學考試中心興趣量表	大學入學考試中心	高一至大四	83.06	陳清平 金樹人 林幸台 區雅倫	大學入學考試中心 TEL: 02-23661416	
66	生涯興趣量表（普及版）	現代人力潛能開發中心	一般民眾	82.06	金樹人 林幸台 陳清平 張小鳳	測驗出版社 TEL: 02-27926515	
67	生涯興趣量表（大專版）	現代人力潛能開發中心	大專學生	82.06	金樹人 林幸台 陳清平 張小鳳	測驗出版社 TEL: 02-27926515	
68	普通興趣測驗	中國行為科學社	國中以上	86	路君約 陳淑美	中國行為科學社 TEL: 02-23650525	
69	生涯興趣測驗	中國行為科學社	國中以上	89	路君約 簡茂發 陳榮華	中國行為科學社 TEL: 02-23650525	

資料來源：教育部。

▶▶▶▶ 關鍵詞彙

個案研究　　　　　　　　　　效果的評估

案主　　　　　　　　　　　　分析

資料的搜集　　　　　　　　　診斷

問題的評估　　　　　　　　　個案研究報告

問題的解決

▶▶▶▶ 思考與評量

一、說明個案研究的意義。

二、說明「個案」的意義。

三、說明在學校中以個別學生為對象實施個案研究的步驟。

四、說明搜集資料的方法。

五、說明搜集個案史的重點方向。

六、說明評估問題的主要重點。

七、說明決定問題處理順序的原則。

八、說明評估問題時應注意的原則。

九、說明個案研究報告的意義。

十、說明實施個案研究常見的謬誤。

▶▶▶▶ 參考書目

1. 吳英璋（民 74）：試論諮商輔導中個案研究的功能。測驗與輔導，68，頁 1216–1218。

2. 曾端真（民 81）：認知治療理論與實施。諮商與輔導月刊，84，頁 14–17。

3. 劉焜輝（民85）：個案輔導的「結」與「解」。教師天地，80，頁 2–10。

4. Allport, G. W., Bruner, J. S. & Jandorf, E. M. (1941). Personality under social catastrophe: An analysis of 90 German refugee life histories. *Character and Personality*, 10, pp. 1–22.

5. Buhler, C. (1935). *From birth to maturity: An outline of the psychological development of the child.* London: Kegan Paul, Trench, Trubner.

6. Freud, S. (1953). Fragments of an analysis of a case of hysteria. In *Standard edition* (vol. 7). London: Hogarth Press. (Originally published, 1905)

7. Freud, S. (1955). Analysis of a phobia in a five-year-old boy, 1909. In *Collected Works of Sigmund Freud* (vol. 10). London: Hogarth Press.

8. Gesell, A. (1925). *The mental growth of the preschool child.* New York: Macmillan.

9. Healy, W., & Bronner, A. (1945). *Judge baker Foundation case studies*, series 1, case 1–20, cited by C. R. Shaw, The jack-roller. Chicago: University of Chicago Press.

10. Higgins, R. (1993). *Approaches to case-study: a handbook for those entering the therapeutic field.* London: Jessica Kingsley Publishers.

11. Liebert, R. M. & Spiegler, M. D. (1990). *Personality: Strategies and issues.* California: Brooks/Cole Publishing Company.

12. Piaget, J. (1954). *The construction of reality in the child.* New York: Basic Books.

13. Phares, E. J. (1984). *Introduction to personality.* Columbus: A Bell & Howell Company.

14. Roe, A. (1952). A psychologist examines 64 eminent scientists. *Scientific American*, 187 (5), pp. 21–25.

15. Shertzer, B. & Stone, S. C. (1981). *Fundamentals of guidance.* Boston: Houghton Mifflin Company.

Chapter 12

→ → →

班級輔導活動
課程設計與實施

↘ 學習目標

學習本章後可以：

一、對班級輔導活動的依據與功能有基本認識。

二、瞭解如何實施班級輔導活動。

三、認識班級輔導活動課程實施的困境與處理方
　　法。

四、瞭解實施班級輔導活動課程的實際作法。

↘ 本章大綱

第一節 — 基本認識
    課程目標與活動綱要
    課程時間分配
    班級輔導活動的輔導功能

第二節 — 班級輔導活動的實施
    實施特點
    課程規畫
    單元活動設計
    班級輔導活動的引導與催化
    評　鑑

第三節 — 班級輔導活動課程實施的困境與處理
    單獨設科的相關問題
    融合在各科教學中實施班級輔導的相關問題

第四節 — 班級輔導活動課程實施範例
    整體課程規畫範例
    單元活動設計範例
    評鑑記錄範例

導 言

→ → →

　　教學、訓育與輔導是當前學校教育的三大核心工作，因此學校輔導工作的推展成效，會影響學校教育的品質。一般而言，實施班級輔導是落實全面性學校輔導工作最基本的工作，透過班級輔導的實施，可以協助學生整合在各種學科學習活動與訓育、輔導相關活動中所獲得的真實體驗，並促進學生完成階段性的各項身心發展任務。一個 15 歲的國中畢業生，若能在國中階段，透過每週一小時的班級輔導活動時間，統整自己各個學科的學習經驗，對自己學習的能力、興趣、態度、習慣、策略、方法、過程與成就有充分的瞭解，從相關的訓育或輔導活動中，探索自己的能力、性向、興趣與人格特質；學會人際交往的技巧，發展價值判斷的能力，培養良好的生活習慣，建立正確的人生觀，配合生涯發展理念的建立，增進生涯覺知與生涯探索的能力，學習生涯抉擇與規畫的技巧，則在國中三年中，必能充分發展自我、適應環境，懂得為自己的生涯發展作準備，為規畫自己的未來，而設定自己國中畢業後的進路目標，進而真正完成一個 15 歲的青少年所必須完成的生理、動作、認知、社會、情緒、道德與生涯等身心發展任務。當然，要徹底讓每一位國中畢業的學生都能順利完成前述身心與生涯發展任務，班級輔導活動之外，其他建立學生的基本資料、舉行心理測驗、升學就業資料的搜集與介紹等輔導諮詢活動，進一步針對不同學生的個別需要，設計不同性質的小型團體或個別的諮商等，也是學校教育不可或缺的輔導措施。因此，班級輔導活動是學校輔導工作中相當重要的一環，它必須與整體學校輔導工作相配合。

第一節　基本認識

一、課程目標與活動綱要

㈠國民小學

依據民國八十二年教育部所頒定之國民小學課程標準中的輔導活動課程標準，國小班級輔導活動課程目標與活動綱要如下：

　1.課程目標

⑴協助兒童瞭解自己的各種能力、性向、興趣及人格特質。

⑵協助兒童認識自己所處環境，適應社會變遷，使其由接納自己、尊重別人而達群性發展。

⑶協助兒童養成良好的生活習慣與樂觀進取的態度，以增進兒童的身心健康。

⑷協助兒童培養主動學習的態度以及思考、創造與解決問題的能力。

⑸協助兒童發展價值判斷的能力。

⑹協助兒童認識正確的職業觀念與勤勞的生活習慣。

⑺協助特殊兒童適應環境，以充分發展其學習與創造的能力。

　2.活動綱要

國民小學班級輔導活動課程的活動綱要分為生活輔導與學習輔導兩大類，其活動項目如下表：

生活輔導	學習輔導
1. 協助兒童認識並悅納自己。 2. 協助兒童適應家庭生活。 3. 協助兒童認識學校,並適應學校生活。 4. 協助兒童認識人己關係,以增進群性發展。 5. 協助兒童認識社區,並能有效運用社區資源。 6. 協助兒童增進價值判斷與解決問題的能力。 7. 輔導兒童培養民主法治的素養,並協助其過有效的公民生活。 8. 輔導兒童妥善安排並運用休閒時間,增進兒童活潑快樂的生活情趣。 9. 培養兒童正確的職業觀念與勤勞的生活習慣。 10. 輔導情緒困擾等適應欠佳兒童,以疏導其情緒,矯正其行為。 11. 協助特殊兒童開發潛能,並輔導其人格與社會生活之正常發展。	1. 協助兒童培養濃厚的學習興趣。 2. 協助兒童建立正確的學習觀念與態度。 3. 協助兒童發展學習的能力。 4. 協助兒童養成良好的學習習慣與有效的學習方法。 5. 協助兒童培養適應及改善學習環境的能力。 6. 特殊兒童的學習輔導。 7. 輔導兒童升學。

㈡國民中學

根據民國八十四年教育部所頒定國民中學課程標準中輔導活動課程標準的規定,國民中學班級輔導活動課程目標與活動綱要分別如下:

1. 課程目標

⑴協助學生瞭解自我的能力、性向、興趣、人格特質,並認識所處外在環境,以發展自我、適應環境、規畫未來,促進自我實現。

⑵協助學生培養主動積極的學習態度,有效的應用各種學習策略與方法,養成良好的學習習慣,以增進學習興趣,提高學習成就,開發個人潛能。

⑶協助學生學習人際交往的技巧,發展價值判斷的能力,培養良好的生活習慣,以和諧人際關係,建立正確的人生觀,適應社會生活。

⑷協助學生瞭解生涯發展的理念，增進生涯覺知與探索的能力，學習生涯抉擇與規畫的技巧，以為未來的生涯發展作準備，豐富個人人生，促進社會進步。

　2.活動綱要

　根據國民中學班級輔導活動課程標準，國民中學的班級輔導活動課程綱要包括學習輔導、生活輔導與生涯輔導三大類別，其活動綱要分別如下：

學習輔導	生活輔導	生涯輔導
1. 協助學生認識學習環境。 2. 協助學生明瞭國中與國小教學情境的差異。 3. 協助學生培養主動積極的學習態度。 4. 協助學生培養有效的學習態度。 5. 協助學生準備考試。 6. 協助學生檢討學習狀況與克服學習困難。 7. 協助學生充實學習內涵。	1. 協助學生認識自我。 2. 協助學生悅納自我。 3. 協助學生認識人際關係的重要性，並學習人際交往的技巧。 4. 協助學生適應家庭生活。 5. 協助學生勝任並有效利用社區資源。 6. 協助學生充實生活內容和學習生活技巧。 7. 協助學生學習生活所需具備的知識、技能與態度。 8. 協助學生學習適當的兩性交往態度與方法。 9. 協助學生認識與關懷殘障同胞。	1. 協助學生瞭解生涯發展理念與擴展生活覺知。 2. 協助學生作生涯探索。 3. 協助學生具備基本的求知能力，並作生涯規畫。 4. 協助學生建立良好的職業道德觀念。 5. 協助學生為升學作充分準備。

㈢高中（職）與大專院校

　高中、高職與大專院校的班級輔導活動，除高中部分，根據民國七十二年教育部所頒定之高級中學課程標準，有關輔導活動的規定，僅在

課程標準總綱中作「輔導活動，為教育上的重要工作，各校必須善為利用，以瞭解學生能力、性向與志趣，發現學生個別問題，增進學生學習效能。對於學生的智慧、健康、個性、學業成績、努力情形、家庭環境、特殊愛好、特長與缺點等均需詳細調查瞭解，編製個人資料記錄，做為輔導的依據，俾能因材施教，人盡其才」之簡要說明；大專院校部分，根據教育部在民國六十八年所定大專院校推展學生輔導工作注意事項，有舉辦心理衛生專題演講與座談為學校輔導工作推展工作要項外，有關班級輔導活動課程目標與活動綱要均無明確的規定與說明。

二、課程時間分配

有關班級輔導活動時間的分配，根據國民小學課程標準（民82）的規定，國民小學班級輔導活動時間分配，一、二年級不另定時間，輔導活動之實施，係利用導師時間及相關教育活動隨機輔導，並與各科教學密切配合。三至六年級，除了與各科教學及各項教育活動相互配合外，應按規定設科教學，每週一節40分鐘。並可與團體活動配合，採隔週連排方式實施。

有關國民中學班級輔導活動時間的規定，根據國民中學課程標準（民84）的規定，輔導活動課程的實施，分「班級輔導活動」與「一般輔導活動」兩大類，其時間的分配，第一、二、三學年，每週一節實施「班級輔導活動」，一節四十五分鐘，而實施「一般輔導活動」則不設固定時間。

除了國民中學一、二、三年級與小學三至六年級學生，依課程標準規定必須設科教學外，小學一、二年級、高中高職或大專院校則沒有明確的設科教學時間，其實施班級輔導的時間，則依照各校需要採融合在相關的學科（如高中公民科中有關心理學的部份）、配合相關學科（如高職課程中的社會科學概論）或另外安排正式課程之外的時間實施。

三、班級輔導活動的輔導功能

與學校輔導工作所要發揮的發展性、預防性與治療性功能一樣，班級輔導活動的實施也具有發展性、預防性與治療性的輔導功能。

㈠發展性班級輔導功能

發展性班級輔導活動課程的設計，是以學校全體學生為實施對象所設計的班級輔導活動課程，其主要目標在協助全體學生，完成其階段性應完成的身心與生涯發展任務，例如生涯探索課程中，有關個人興趣、性向、價值觀與人格特質的探索活動，搜集並善用相關資訊與作決定能力的培養，在使學生具備生涯準備與生涯規畫的能力；人際關係課程中，培養學生與同儕、父母與師長建立和諧關係的能力的設計等，諸凡這類班級輔導活動課程的規畫與設計，都是針對全體學生所規畫之具有發展性輔導功能的班級輔導活動課程。

㈡預防性的班級輔導功能

預防性的班級輔導活動課程設計，是針對部分需要優先關懷的學生（如殘障、家庭遭遇變故等）或處於特殊狀況下的班級（如師生關係緊張的班級），為預防其因處於特殊情境下可能會更進一步發生適應不良現象而設計的課程，其主要目的在發動班級力量，協助處於特殊狀況下的學生或班級，因應當前的處境，以防情況惡化，而影響學生正常的身心與生涯發展。例如當導師或輔導老師發現某班有出現次團體對立的現象，可設計一連串的課程，協助學生宣洩並澄清彼此間的不滿情緒與想法，或安排團體間進行心對心的對談或筆談，以促進班級同學間的相互瞭解與尊重，就是一種能發揮預防性班級輔導活動功能的課程設計。

㈢治療性的班級輔導功能

治療性的班級輔導活動課程設計，是針對少數處於特殊狀況下，需要特殊優先關懷的學生（如拒學的學生）或班級（如班上同學意外死亡，全班處於哀傷狀態下）所設計的班級輔導活動，其主要目的在發動班級力量，發揮相互支持、相互接納的力量，協助處於特殊狀況下的學生或班級，產生逐漸脫離當前困境的動力，願意付諸行動，讓自己或班級向正常的身心與生涯發展邁進。如設計哀傷治療的課程，讓學生說出自己對班上同學發生死亡事件的看法，宣洩其哀傷的情緒，並透過觀察發現因事件發生而仍陷入哀傷情節無法自拔的學生，進行個別的心理治療，或設計「溫馨一信情」活動，發動學生一人一信活動，鼓勵害怕上學的同學回班上課等，都是可以發揮治療性，且兼具發展性與預防性的班級輔導活動課程設計。

第二節　班級輔導活動的實施

一、實施特點

班級輔導活動的實施，與一般教學科目不同，其主要特色如下：

㈠班級輔導活動是一種有計畫、有系統、有組織的團體輔導

班級輔導活動也是團體輔導的一種，較之一般的小團體輔導，更需要班級經營的策略來催化班級內各小團體間的互動。此外，它也需配合學校的整體輔導工作計畫與目標，作整體的課程規畫與單元活動設計，每一個單元活動實施後或整體課程進行完畢，都需進行團體評鑑與個別評鑑，透過學生對活動或課程的回饋，可以進一步確定原先課程的規畫與設計是否符合學生的需要。因此，班級輔導活動的實施是以學生需求

為依據，所設計的有計畫、有系統、有組織的團體輔導。

㈡班級輔導活動是一種以學生參與為主的活動性課程

班級輔導活動是一門以學生活動為主的課程，教師在活動進行中，運用其熟練的班級團體領導技巧，扮演催化者與引導者的角色，催化良好的班級活動氣氛，以達到原先所設定的課程或單元活動目標。

㈢班級輔導活動的進行需因應課程內容與班級特性而採用不同的活動方式

班級輔導活動與傳統單向溝通教學不同的地方，在其教學過程多採用生動的、多變的和富於彈性的互動方式。因應課程內容或班級特性，可採用的上課方式很多，例如討論、報告、參觀、訪問、座談、表演、繪圖、填表、調查、演劇、辯論、腦力激盪、價值澄清、角色扮演、家庭作業、以及其他心理輔導的方法等都是可行的上課方式。因此，擔任班級輔導活動的老師，除針對課程內容，必須具備相關的專業知識外，更需要善用團體催化技巧，配合前述上課方式，才能讓班級輔導活動的實施，更為活潑、生動。

㈣班級輔導活動的實施強調與各科教學的聯繫與經驗的統整

班級輔導活動的實施內容，應與其他各科教學密切聯繫，如國中的班級輔導活動，即應隨時協助學生統整各科學習經驗與參與各項學校活動的經驗，以促使學生能從學科學習與相關活動的參與過程中，探索自己的能力、性向與人格特質，並作為規畫自己生涯的依據。

㈤班級輔導活動的實施強調與輔導相關資訊的結合

班級輔導活動的實施，必須結合相關的學生基本資料，善用心理測驗的統計、分析、解釋與運用，並適時提供教育與職業資訊，以使實施

班級輔導活動的內容更具豐富性與實用性。例如參考社交測量結果，設計以同儕關係為主題的單元活動設計，可使課程的進行，更接近同儕間真實互動的事實，也更能激發學生參與活動的動機。

㈥班級輔導活動與學生個別輔導具有相互為用的功能

從班級輔導的活動過程中，有時會發現班級中需要給予特殊關懷與輔導的學生，例如針對活動分組時被排斥的學生，對父母有強烈不滿情緒的學生，在人際關係的相關課程中，教師可以設計為單元活動設計的主題，以輔助個別輔導的實施效果。

二、課程規畫

㈠整體課程規畫

班級輔導活動的課程整體規畫，除以課程標準作為主要依據外，應配合學校整體輔導工作計畫所擬定的輔導工作重點，進行課程的整體規畫，於學校開學之前，輔導主任可召集所有班級輔導活動任課教師，評估前一學年度班級輔導活動實施狀況，廣泛搜集全校師生的資訊，進一步瞭解學生的需求，進行全學年班級輔導活動的課程規畫，課程規畫的內容包括擬定全學年度上下學期各年級課程實施的重點，設定預期要達到的目標，並針對所要達到的目標進行單元活動時間的分配。

㈡預留空白時間

國中國小各年級各學期班級輔導活動時間的規畫，可預留空白時間，作為彈性課程設計的時間，以因應學校或班級的特殊需要，設計預防性或治療性的班級輔導活動課程，並進一步發揮照顧學生特殊需要的輔導功能。

三、單元活動設計

設計班級輔導活動單元應包括單元目標、具體目標、活動過程、時間分配、教具與評鑑。

㈠單元目標與具體目標

一般來說，單元目標就是預期的學習效果，也就是教師希望學生經過各種活動後，所獲得的學習結果。因此，設計單元活動時，必須心中有目標，目標必須具體可行，並落實於日常生活中。除了單元目標，一般單元活動設計，也應列出具體的行為目標，行為目標包括認知、技能、與情意三方面。依單元的內容、性質決定三種目標的比例。布魯姆 (Bloom, B. S.) 認為認知方面的活動目標，包括具體的與抽象的知識學習和訓練，依程度深淺，分為記憶、理解、應用、分析、綜合、評鑑六個層次；格龍倫 (Gronlund) 認為技能方面的活動目標，是指有關肌肉與神經的協調活動，所表現的一切行為，也就是有關發展身體器官，以及對各種儀器或工具之操作技術等，如各種運動、打字、彈琴以及各種技術等，依技能獲得的過程，可分領悟、接觸、模仿、操作、熟練、創作六個層次；而情意層次的目標，克拉窩 (Kralh Wohl, D. R.) 認為是指一切有關感觸、情感、意志、興趣、人生觀、價值觀等，著重品格、氣質、興趣、觀念、理想、態度、習慣等的培養，是屬於德育的目標，依其養成歷程可分為接受、反應、評價、組織價值與定型五個層次。

擬定班級輔導活動單元活動目標，係參考課程標準、學校輔導工作重點與各年級班級輔導活動整體課程目標，決定每一個單元活動結束後，預期要達成的活動功能，再參考認知、技能和情意三方面，具體列出單元活動的目標。然後，根據單元活動目標，細分成若干可觀察或可測量的具體目標。

1.編寫單元活動目標時，應注意的要點

⑴應該是學生「學」的目標，而非教師「教」的目標，所以應避免使用「輔導學生」、「訓練學生」、「指導學生」等字眼。

⑵擬定單元目標時，應力求具體，活動結束時能觀察、估計、或測量得出來的都應列為單元目標。

⑶單元目標的敘述要簡化，無關的形容詞儘量不用，常用的動詞包括：「明瞭」、「知道」、「明白」、「瞭解」、「學會」、「培養」、「養成」等。

⑷擬定單元目標，應兼顧認知、技能與情意三方面，並注意其深度，斟酌學生的程度和需要，提高其目標之層次。

　2.編寫具體目標時應注意的事項

⑴將每項單元目標範圍內所涉及的內容，予以詳細分析，使每一個具體目標都有明確的行為表現。

⑵每個具體目標的排列，應依觀念、事實或活動過程的先後順序，依次列出，系統要分明。

⑶敘述字句要明確，應包括對象、行為、結果、條件、標準。例如：使學生（對象）根據演劇所獲得的經驗（條件）與同組同學分享（行為）兩個有關自己的人格特質（標準）。

⑷具體目標中所敘述的行為，應該是可以憑感官覺知或是可以用儀器測量的行為。

㈡活動過程與時間分配

一般說來，每一個單元的班級輔導活動流程的設計，會從暖身活動開始，其主要目的在引起學生參與後續活動的動機，暖身之後，逐漸導入主題，這個階段的活動過程設計，應根據具體目標來設計，並妥善分配每一個活動所需的時間，其設計重點為：務必確定透過活動的過程，學生所獲得的經驗能符合前述的具體目標。因此，活動的過程，可以運用討論、報告、參觀、訪問、座談、表演、繪圖、填表、調查、演劇、辯論、腦力激盪、價值澄清、角色扮演、家庭作業、以及其他心理輔導

等方式進行，再結合班級管理與團體催化的技巧，使學生願意積極主動地參與活動，並充分瞭解各種活動的意義，引導學生在參與活動的過程中，充分發揮其思考、創造和想像的表達能力。

㈢教　具

課程實施中使用教具的主要用途在引起學生的注意與參與動機（如彩色投影片或海報的製作），或為了能作系列性介紹（如職業學校簡介幻燈片），其種類大致可分成五類：

(1)視聽器材類：如影片、幻燈片、投影片、錄音帶、錄影帶等。

(2)展示板：絨布板、磁鐵板、三夾板、保力龍板等。

(3)刊物類：雜誌、圖書、學校刊物或報紙等。

(4)模型、木偶類。

(5)圖表、海報等。

四、班級輔導活動的引導與催化

㈠基本態度

進行班級輔導活動時，輔導老師應秉持輔導的理念、態度與原則，催化各項活動的進行，以建立一個相互尊重、信任、接納、鼓勵的班級氣氛，例如鼓勵自動排好分組座位、積極參與活動或意見發表獨具創意的學生，可產生激勵示範的作用，帶動其他各組學生也能積極投入活動；尊重並接納學生對師長不滿情緒的真實感受，學生會更勇於接觸真實的自我；信任學生的本質，會促使學生發揮善良本性的一面，發展其創意面對與解決問題的能力，更重要的是，輔導老師要能隨時保持一顆年輕、熱忱而又成熟的心，讓學生能從老師朝氣、活力與快樂的氣息中，感受到尊重、信任、接納與鼓勵的班級氣氛，而使班級輔導活動的進行能更具效率。

㈡課前掌握班級狀況

掌握教室常規是班級輔導活動進行是否順利流暢的首要條件，而認識學生與掌握班級核心人物，則是管理班級秩序的必要工作。剛接任一個班級的班級輔導活動課程時，不妨先從班級導師、科任老師處瞭解各班的狀況，尤其是要先認識較為調皮搗蛋的學生，上課時多找機會，以真誠的態度給予增強與鼓勵，進而增強其成功的經驗，增進師生間的良好關係，以利班級秩序的掌握。此外，輔導老師若能認識每一位學生，叫出每一位學生的名字，自然能拉近與學生的距離，增加個人的親和力，而使學生更願意合作，若因任教班級太多，也可製作班級學生分組名冊，貼上照片，上課時經常翻閱對照，常叫學生名字回答學生，自然可記下學生的名字。

㈢活動進行中應注意的事項

活動進行時應注意事項包括（吳麗娟，民 83）：

⑴學生安靜後再進行活動,而非在班級秩序混亂時大喊「不要講話」。

⑵規則說明應確定學生都已經瞭解後，才讓學生開始行動，以免活動開始後，一發不可收拾。

⑶給學生討論發言的時間要充分，以免因發言內容不充分或深度不足而打擊其信心。

⑷勿堅持為活動而活動，為了完成預先設計的活動，而忽略了學生需要從活動過程中所獲得的經驗。

⑸言出必行，交代的作業或工作，一定要追蹤處理。

㈣培養師生共同為活動實施效果負責的學習態度

開始進行活動之前，讓學生瞭解活動進行的效果，師生都有責任，不妨於活動結束前 5 分鐘，師生一同評鑑活動進行的效果，討論活動進

行的狀況，也可配合具體的量化方式（1 到 10），讓學生就自己或小組當天的投入、表現與收穫，以及課程的實施狀況，作一具體評估，讓學生清楚看到自己的投入與表現、收穫之間的關係，以增進學生的責任感，因此而更願意積極的投入下一次班級輔導活動的準備與活動。

五、評　鑑

評鑑的主要目的，在瞭解單元活動設計是否達到單元目標，透過教師對活動歷程的自我觀察，學生對活動過程的回饋，可做為改進活動設計，促進班級團體不斷進步，進而能有效瞭解班級團體與個別學生問題的參考。

㈠評鑑的向度與內容（臺北市國中輔導活動科輔導團，民 79）

⑴教師自我評鑑：可針對活動進行中的時間分配、目標的達成、活動過程、活動方式、教具使用等項目來進行評鑑。

⑵教師對學生個別評鑑：可針對學生活動參與、秩序、座位安排、學生課前準備、學生觀念與態度等項目來進行評鑑。

⑶教師對學生團體評鑑：透過學生個人資料卡的建立，於課後將學生特殊反應加以記錄，特殊反應可包括常規遵守、特殊才藝、上課反應、觀念、態度等，或學生在課程作業回饋之反應來評鑑課程的實施效果。

⑷學生自我評鑑：每個單元活動結束後，學生要能具體觀察或說出「我學到什麼？我知覺或感受到什麼？我達到了哪些目標？為什麼？」以反思自己參與班級輔導的活動課程後，所獲得的具體成長事實。

㈡評鑑的原則

班級輔導活動評鑑結果若要具有參考及改進的效果，應注意以下原則：

⑴課後立即評鑑。

⑵兼顧活動過程與內容的評鑑。

⑶評鑑結果需具體、清楚呈現，可採量、質並用方式呈現。

⑷評鑑結果需確實反映實際情況。

㈢評鑑記錄

評鑑記錄應考慮容易填寫、教師願意填寫且填寫花費的時間以不超過 10 分鐘為宜。針對評鑑的向度與評鑑的原則，評鑑記錄可以班級為單位，設計班級輔導活動記錄簿，讓學生填寫自我評鑑的內容，另外，教師自我評鑑，對學生做個別評鑑與團體評鑑的內容，可以另外設計教師評鑑記錄簿，記錄授課班級輔導活動實施的概況與相關的評鑑內容。

㈣評鑑結果的應用

班級輔導活動評鑑的結果，應妥善歸類整理，並於輔導活動科教學研究會中提出討論，作為改進整體課程規畫與單元活動設計，推動全面性輔導工作的參考。此外，若發現相關的班級問題，學生有特殊的行為表現，也可提供導師、任課老師或進行特殊個案研討時的參考，以便共同研商輔導對策，協助學生解決問題。

第三節　班級輔導活動課程實施的困境與處理

班級輔導活動的實施困境，因單獨設科或融入相關教學而有差異。有關班級輔導活動是否應單獨設科的問題，從民國五十七年開始有國民中學以來，有關國民中學的班級輔導活動，根據課程標準均採單獨設科方式實施，而國民小學則未單獨設科，係將班級輔導活動融合在各科教學活動中實施。直到民國八十二年，根據新編訂的課程標準，國民小學的班級輔導活動除一二年級仍採融合在各科教學中實施外，三至六年級均採單獨設科方式實施。目前，大多數的學校仍將班級輔導活動融在各

科教學活動中實施，兩種班級輔導活動進行方式的利弊得失，確實是一個值得探究的問題。

一、 單獨設科的相關問題

㈠師資的安排與應注意的問題

⑴不同師資安排方式與其優缺點

班級輔導活動單獨設科，以目前各國中的實施現況來看，其師資安排方式，由於各校的師資結構與行政單位的輔導理念不盡相同，而有不同的安排，第一種師資安排方式為由輔導本科系教師任教，每位教師擔任 17 到 23 節課的班級輔導活動，另一種方式則以配課方式分配給導師或其他科目的教師擔任。

由本科系教師任教，其優點為教師受過輔導專業訓練，較能掌握班級輔導的精神，投入課程設計的意願與責任感較足，也比較能配合全校性的輔導工作設計相關的班級輔導活動。其缺點則為每位教師負責的班級數與學生人數太多，每週固定接觸一個班級學生的時間只有一個小時，因此對學生的瞭解無法深入，所提供的即時性協助也較為有限。而導師任教或配課給其他任課教師，雖可彌補認識學生深度不夠的問題，但受限於輔導專業背景的不足，易使班級輔導的實施效果打折扣。教師會以輔導專業不足，必須全心投入自己主要任教科目的課程為由，使參與班級輔導課程設計與討論的意願不高，若遇到配課對象，是一個完全沒有輔導概念的教師，更將班級輔導時間用來上自己原先任教的科目或作為安排其他科目的考試時間。

⑵不同師資安排方式應注意的問題

鑑於兩種師資的安排方式，各有其利弊得失，若能從制度面徹底調整專任輔導老師的授課時數至 8-10 節課，減少每位教師的輔導人數，固然是一個解決問題的良策，但在目前無法就制度面解決問題的現有情況

下，專任輔導老師尤其應與各班導師保持密切聯繫，從輔導諮詢著手，使各班導師也能具備基本的輔導專業能力，能兼具學生群性與個性的發展，瞭解並掌握班級學生狀況，積極發揮發展性與預防性的輔導功能，使需要輔導老師協助介入的個案輔導對象能減至最低。若限於師資的結構，無法全由本科系教師任教班級輔導活動，亦應善選相關科系畢業或具人文素養的教師擔任班級輔導活動的教師，並配合教學研討或教學觀摩方式，加強溝通與訓練，以增加一般教師擔任輔導活動教學的能力。此外，也可從行政督導著手，加強宣導、巡堂，責成配課教師確實實施班級輔導活動的教學。

㈡課程規畫的限制與突破

班級輔導活動單獨設科，固然有利整體課程的設計與安排，然而有些輔導活動的內容，又必須與其他學科教學活動配合，才能真正發揮輔導的功效，例如學科能力探索是實施生涯探索活動不可或缺的經驗，而學科能力探索又必須靠各學科教師能將生涯探索的概念融入學科教學中，學生才能真正從各科的學習經驗中探索到自己的學科性向能力。因此，班級輔導活動單獨設科時，輔導老師必須釐清有哪些班級輔導活動的內容，單獨設科的實施效果較佳，而那些活動勢必得融入各科教學活動中，才能獲得實質的輔導效果。必要時，輔導老師應主動參與各科的教學研究會，與其他科目的教師進行聯絡教學，使相關的輔導活動能適時融入教學活動中。唯有隨時與各科教師密切聯繫，充分瞭解學生各科的學習狀況，讓輔導的種子在各科教學與相關的訓育活動中萌芽，才能真正落實班級輔導的功能。

㈢一般教師、家長與學生對班級輔導活動的不解與誤解

班級輔導活動雖應根據課程設計的目標，進行實施效果的評鑑，但由於它既不列入學生德、智、體、群的成績考核，也非聯考的必考科目，

因此有些家長、教師或學生受升學主義與現實利益的影響，往往會出現學科教師企圖借課，以實施學科教學；學生希望利用班級輔導時間從事球類活動；或利用班級輔導活動時間作其他學科考試等，將班級輔導活動時間挪作他用的現象。甚至有些教師，因對班級部分活動內容的誤解，例如認為探討師生關係，是在鼓勵學生打小報告，揭老師的瘡疤；幫學生作壓力調適，是鼓勵學生不要用功讀書等，進而企圖干涉輔導教師的課程設計，或干擾學生對班級輔導活動的參與動機。因此，一個輔導專業不足、敬業精神不夠且不夠自我肯定的輔導老師，往往會掉入讓班級輔導活動成為「學科補習」、「考試填鴨」與「戶外活動時間」的陷阱。解決之道，除從加強學校行政發揮督導功能之外，根本方法在輔導老師應擁有自我肯定與堅持的態度，尊重自己的專業，督促自己在專業上的持續成長，時時提昇活動設計能力，以增加班級輔導活動的吸引力與實用性；或放下身段與老師、家長溝通，使其瞭解班級輔導的實施與學科學習有相輔相成的功效。如此，才是化不解與誤解為瞭解的良策。

二、融合在各科教學中實施班級輔導的相關問題

㈠教師的輔導理念與全有或全無的班級輔導活動

班級輔導融合在各科教學中實施，過去幾年來一直是國小或高中的實施班級輔導活動的方式。這種融入課程中實施的方式，主要係透過實施班級輔導活動的概念與實施方式，在達到傳遞學科知識與技能的同時，能達到班級輔導的功能，也能與真實生活做更密切的結合。大致上說來，一般小學的專業輔導人員，會設計或搜集一些相關活動的配合卡，供各科教師在設計教學活動時使用，然而，其實施成效卻與教師的人格特質，及其是否具備應有的輔導理念有密切的相關。一個有正確輔導理念的教師，進行教學時，即使沒有輔導活動配合卡，也能將輔導的觀念與作法，設計在相關教學活動中，不但使原有的教學更為生動活潑，也將輔導化

為潛在課程的一部分，讓學生經由潛移默化的過程，將所學知識與價值內化成為人格的一部分，進而發揮發展性與預防性的班級輔導功能。反之，一個沒有或反對輔導理念的教師，即使為他準備好配合卡，設計好相關的配合活動，對配合卡仍是心存抗拒或視若無睹，更遑論期待他能在課程中設計相關的班級輔導活動。因此，受到教師是否具備輔導特質的影響，班級輔導活動的實施，便會產生全有或全無的現象。釜底抽薪之計，若各科教材教法的編輯人員，能摒棄學科本位的偏見，邀請具輔導知能的教師，擔任各科教材教法的諮詢工作，將班級輔導活動的精神，彙編為教學活動的一部分，如此，發揮課程整合的功能，才能使班級輔導的功能真正發揮於無形之中。

㈡課程規畫的限制與突破

要發揮理想的班級輔導功能，理想的狀況是一部分活動應融入相關的教學活動中（如學科能力探索活動），某些活動仍有賴具備更多輔導專業的學校專任輔導老師來實施。例如心理測驗的實施、分析與解釋，特殊預防性或治療性課程的設計與實施等，仍應由受過測驗專業訓練或心理諮商專業訓練的輔導教師來實施。因此，當班級輔導活動融入各科教學中實施時，這些活動就必須另外安排時間來實施，班會、週會等全校共同時間，有時雖可挪作實施這些特殊課程之用，但因學校專業輔導人員有限，即使挪用全學期共同時間，輔導人員也無法一一到各班實施各種的心理測驗，這種情況，大多數學校均採借課方式解決，有的學校採輔導教師與任課教師協同教學方式解決。以高中為例，因高一公民科中，有部分教學內容屬心理學的領域，可安排專任輔導教師與公民科教師進行協同教學，透過行政排課的設計，安排輔導教師擔任各班公民科屬於心理學部份的教學活動，再由輔導教師配合課程內容，設計相關的班級輔導活動課程。此外，也有學校透過行政措施，以額外加課方式，另外安排課堂或課餘時間實施班級輔導活動課程。

第四節　班級輔導活動課程實施範例

一、整體課程規畫範例

㈠班級輔導活動三年整體課程規畫範例

年　級	課　程　規　畫　重　點
一上	透過「學校與我」的活動，帶領學生去認識、瞭解學校，適應國中的學習生活，並進而愛惜這個學習環境。
一下	透過「社區與我」活動培養及促成學生主動瞭解、關懷社區之意願與行動。進而透過對社區人、事、物之瞭解與關懷，引發未來生涯規畫中樂於助人或回饋社區之意願。
二上	整體規畫「人際關係」課程，使正處於最動盪時期的國二學生，能在習得和諧的人際互動後，以更穩定的情緒面對自己的生活與學習。
二下	以「生涯探索」課程為主，使學生具備為自己未來做生涯規畫的基本能力，瞭解自己目前的生涯目標即是升學，為一年後的聯考做準備；同時，也介紹各行各業的大略情況及工作內容，使學生具備基本的生涯概念。
三上	以壓力調適及進路輔導為主，協助學生以認真而輕鬆的態度，整合二下生涯探索所獲得之經驗，結合相關的進路資訊，選擇適合自己的進路目標。
三下	以個別進路輔導為主，透過協同教學的方式，協助每一位學生充分掌握自己的性向、興趣、特質及當前的學業表現，選擇適合自己的進路目標，並願意付諸努力，以達到自己的進路目標。

資料來源：周麗玉，民85。

㈡班級輔導活動課程規畫範例

週　別	日　期	課程內容	課程目標	備　註
二	9.2 ～ 9.7	輔導活動之旅 1.認識輔導活動課老師 2.認識輔導活動課 3.認識輔導室	1.使學生瞭解輔導活動的性質及內容在課堂上應如何配合才會有收穫 2.使學生對輔導室有正確認識進而善用輔導室	
三	9.9 ～ 9.14	學校與我——校園巡禮 1.我們的學校 2.動人的一景	1.使學生由觀察而認同、愛護學校 2.使學生由分組拍攝而對學校產生歸屬感	分組拍攝
四	9.16 ～ 9.21	學校與我——校園命名 1.瞭解學校環境、各處室 2.校園命名	1.使學生瞭解學校內外環境，並加以運用 2.使學生參與命名活動而融合於學校大環境	分組報告提名
五	9.23 ～ 9.28	我的這一班 △吾愛吾師 1.對本班的印象 2.對班級的期望 3.我可以做什麼	1.使學生對班級產生向心力、凝聚力 2.瞭解一個融洽的班級必備的要素 3.瞭解自己在班級的重要性、獨特性，可為班級努力	分享報告
六	9.30 ～ 10.5	△票選校園命名結果		
七	10.7 ～ 10.12	開出友誼的花朵 1.新交的朋友 2.交友之道	1.使學生能發展良好的同學關係 2.幫助學生瞭解基本的交友方法，並樂於實踐	討論演練分享
八	10.14 ～ 10.19	段考		
九	10.21 ～ 10.26	學習溫度計 △實施智力測驗		測驗

十	10.28 ～ 11.2	揭開學習能力的面紗 △實施學習適應量表 1.認識學習能力 2.學習能力≠學習成就 3.智力測驗的真義	1.協助學生認識學習能力，進而 開發學習能力 2.瞭解智力測驗的真義	演練 討論
十一	11.4 ～ 11.9	學習三部曲 1.學習心得分享 2.學習三部曲	1.經由分享，使學生吸收別人的 讀書經驗 2.協助學生學習有效的讀書方法	分享 討論
十二	11.11 ～ 11.16	我的許多面貌 I—— 認識自己 1.何謂認識自己 2.知道自己的基本資料 有何好處	使學生學習認識自己，並知道自 己的好處	討論 內在 外在
十三	11.18 ～ 11.23	我的許多面貌 II—— 瞭解自己 1.瞭解自己的方法 ⑴自我反省 ⑵嘗試探索 ⑶他人回饋 ⑷心理測驗 2.接納自己	1.協助學生瞭解自己的方法 2.幫助學生接納自己	講述 討論
十四	11.25 ～ 11.30	做時間的主人 1.時間的可貴 2.如何把握生命、把握 時間	使學生瞭解時間的可貴進而加以 把握	分享 討論
十五	12.2 ～ 12.7	段考		
十六	12.9 ～ 12.14	良好的生活習慣 1.生活習慣檢核 2.我的困擾 3.如何養成良好的生活 習慣	協助學生檢核自己的生活習慣， 進而養成良好的生活習慣	討論
十七	12.16 ～ 12.21	學校與我～ 衝突與適應	藉由二、三年級學長姐的經驗分 享，學習校園生活適應之道	分享 討論
十八	12.23 ～	滿意的生活空間 1.房間小劇場	1.經由演劇瞭解空間規劃的重要 性	演劇 討論

	12. 28	2.如何擁有滿意的生活空間	2.學習善加利用空間，擁有舒適環境	
十九	12.31 ～ 1.4	如何保護自己 1.社會事件聽聞 2.保護自己的妙招	1.使學生瞭解現今社會保護自己的重要性 2.使學生知道在校園中及其他場所如何保護自己、避免傷害	分享 演劇 討論
二十	1.6 ～ 1.11	知「性」之旅 1.對性教育應有的看法 2.我們都是這樣長大的	1.引導學生建立對性的正確觀念及態度 2.協助學生從成長經驗中體認兩性的互動關係	演劇 討論
二十一	1.13 ～ 1.18	喜愛你的性別角色 1.紅男綠女 2.現代男女角色	1.協助學生瞭解兩性的性別特質 2.引導學生悅納自己的性別角色	分享 討論
二十二	1.20 ～ 1.25	期末回響、回饋		

資料來源：臺北市立天母國民中學國一班級上學期輔導活動課程設計綱要。

二、單元活動設計範例

國民中學國三學生個別進路輔導活動設計範例（楊明惠，民 85）

「個別進路輔導」活動教學設計

單元名稱：個別進路輔導	時　間	45 分鐘	
單元目標	一、協助學生依自身能力、需要及興趣，選擇合宜之升學或就業管道，以得到適才適性之發展。 二、協助學生掌握進路目標，繼而激發其積極努力的學習動機。		
活動內容		時　間	注意事項
(一)活動前的準備： 　1.電腦軟體的安裝——係指由行政院勞工委員會職業訓練局所編製，於民國八十二年二月所增訂的「職業資料探索系統」。請依「操作手冊」上的指示，將三張磁碟片依序輸進			此份電腦軟體與操作手冊，各校都有。

硬碟，就可一勞永逸的使用。

2. 個別進路輔導單。如附件。

3. 相關資料的準備——如升學選校手冊（現代青年雜誌社編印）、方向（臺北縣立新埔國中編印）、彩繪自己的天空（桃園縣桃園國中）。

4. 學生個人資料的掌握——如學生綜合資料卡的閱覽（包括智力、學業表現、性向、興趣……）。

(二)暖　身：　　　　　　　　　　　　　　　　　　　　　　　　10分

　　原則上，當學生坐定之後，我們會視學生個人不同的狀況，而有不同的切入點，但通常都是從學生現階段的生活狀況切入。以下的列舉，都可作為「暖身」之用：

△「喜歡玩電腦嗎?」「等一下可以讓你操作看看!」

△「三下了! 有沒有感受到一些壓力了?」「來自爸媽、老師、還是自己?」

△「將來想從事哪種行業?」「爸爸從事什麼工作? 媽媽呢? 你對他們的工作有興趣嗎?」

△「對於這樣的諮商，你的期待是什麼?」

> 這些當作切入點的問句，可靈活運用，端視學生狀況而定。

(三)活動進行：　　　　　　　　　　　　　　　　　　　　　　35分

1. 請學生先填寫「個別進路輔導單」的「基本資料」及「一、我未來的方向」。

2. 將方才所填寫的資料作一澄清及再確認：

△「你看，距聯考只剩×日囉! 要加油! 會不會緊張?」

△「你將（高中）列為第一志向，為什麼? 是自己的意思嗎?」

△「很好啊，你的目標已經確定，接下來，我們就要看看你如何順利的達到這個目標了。」

△「你說唸高職沒出息，為什麼?」

△「你只勾高中，萬一高中沒上榜，會不會考慮其他進路?」

△「你的意思是想直接就業? 要不要考慮一下建教班、實用技能班? 清不清楚這種型態的學校?」

△「想讀軍校? 不錯哦! 對軍校瞭解多少?」

> 所列問句，僅作參考，可視學生現場狀況，加以斟酌。

3. 進入電腦

(1)想升高中者：

△「雖然到大學才需面對選系問題，但是否有興趣看看適合你走的路? 或者對某些行業，先確認一下工作內容。」

◎進入系統及畫面參考：

①設定條件探索職業資料（尚未定向者，適合從此系統進入）。

②標準分類查詢職業資料（②③④均適合已有職業方向者進入）。

> 想升高中者，此部分未必需要做，因為尚有三年的高中生活可繼續探索適合自己的路，所以可以直接跳到4。

③通俗分類查詢職業資料。
④職業代碼查詢職業資料。

①職業探索單元　條件選擇【可以複選】

```
  7. 職業價值                    本系統的職業總數：400
聲望  6. 月薪待遇               符合選擇的職業數：0
獨立 8,000 元以下     5. 興趣
助人 8,000～12,000   藝術      4. 教育程度
多變 12,000～16,000  科學      國小     3. 工作時間
領導 16,000～20,000  動植物    國中     日間    2. 要避開的
興趣 20,000～30,000  護衛      高中     夜間       環境溫度
待遇 30,000～40,000  機械      高職     輪班制     過高或過
休閒 40,000 元以上   工業製造  五專     不定時     低,氣溫變
福利              文書事務  大學              化很大
就業              推銷      ⇩
安定
```

②職業探索單元　職業名稱選擇
接受查詢的有 18 種職業, 分做 1 頁呈現, 可按 PgUp 或 PgDn 鍵換頁
【職業名稱及代碼】

臨床營養師	齒模製造技術員
中學商科教師	幼稚教育教師
助理編輯	出納員
郵務工作員	圖書管理佐理員
圖書採購佐理員	中文圖書編目員
旅館接待員	織布機上機工
男裝裁縫工	女裝打樣工
紡織機械修理工	塑膠擠出機操作工
活版排版工	照相打字工

　　　　　⇩
③職業探索單元　資料查詢　06930 臨床營養師
─────────────────【資料項目】─────────────
職業特性　職業環境　學歷資格　待遇狀況　就業狀況
職業定義　　　　　教育程度
工作性質　　　　　學校相關課程
正式職稱或俗稱　　特定職業訓練
興趣範圍　　　　　個人資格
　　　　　　　　　專業技術要求
　　　　　　　　　其他資格或經驗

這裡是針對學生的條件, 做一職業範圍的聚焦。可挑幾項學生有興趣的職業, 再作深入的瞭解與確認。

------------------------【個人資格說明】----------------------
具專業知識，實驗研究之精神，基礎之烹調能力，有耐心，能
配合不同病患之要求，具說服力，進行營養之指導及教育工作。

 ⑵想升五專、高職者：
  △「因為國中一畢業，就馬上會面臨分科的問題，所以
   我們現在要借助電腦，看看你可能適合走什麼路？或
   者你心目中已有一個方向？我們也可從電腦中作一概
   略的瞭解、確認，看它是否真的就是你所認定的方向？」
  △「它所陳述的工作內容，和你所想像的大致一樣嗎？」
  △「這是將來你選讀這個行業的相關科系可能會選修的
   科目，有興趣嗎？」
  △「這個行業，需要這樣的學歷，為了達到自己的理想，
   好好把握這個學期，一定來得及。」
 ⑶餘者，大致同⑵。
4.請學生依理想與實際狀況作一考量，填寫「個別進路輔導
 單」的「二、我未來的志願」、「三、我的複習考分數分佈
 情形」。
5.將方才填寫的資料作一核對，分析以目前的狀況，志願達
 成的可能性，並給予鼓勵、支持或建議。
  △「你知道去年公立高中（或五專、高職）的最低錄取分
   數嗎？我們一起來看資料！」
  △「分數似乎仍有一段差距，怎麼辦？」
  △「只差一點點，好好拼，絕對沒問題！」
  △「二百多分，要考上高中可能有問題，要不要考慮一下
   高職？」
6.請學生再填寫「個別進路輔導單」的「四、我的複習考各
 科分數分佈情形」、「五、我比較得心應手的學科」、「六、
 我有待加強的學科」。
7.依方才所填寫的資料，師生共同討論未來的讀書計畫與讀
 書策略。
  △「你覺得你哪一科還有衝刺的空間？」「你會怎麼去唸？」
  △「想想看，每一科都需要再多加幾分，才有可能考到你
   的志願學校？」
  △「你現在的時間是如何運用的？」
  △「現在在學校讀得下去嗎？為什麼？」
  △「你希望得到什麼樣的協助？」
8.針對「六、我有待加強的學科」，詢問學生有否需要與該科
 老師直接作一次面對面的溝通，聽聽專業老師的建議。
9.活動結束。

這個部分，可
就所列問句依
序問答。

學生若願意聽
聽科任老師的
意見，則輔導
老師可扮演橋
樑角色，代為
安排、聯絡。

三、評鑑記錄範例

(一)班級輔導活動課程評鑑記錄範例

臺北市立　國民中學　第　學年度　學期　年　班輔導活動課程紀錄暨評鑑表

日期	
單元名稱	
活動方式	
活動地點	□本班教室　□視聽教室　□輔導活動教室　□其他（請填寫）____
活動主持人	□輔導老師　□學生　□主席排第____組　□其他（請填寫）____
活動內容	
活動過程摘要	
活動方式	□講述　□討論　□分組　□座談　□測驗　□報告　□演講　□競賽　□表演　□調查　□參觀　□辯論　□填表　□幻燈　□投影　□影帶　□主席排　□其他
教師講評	
學習心得及建議	
紀錄	

教師自我評鑑（輔導主任）

活動檢討	1. 是否達成單元目標之預期效果？	2. 活動時間支配是否恰當？	3. 活動方式是否恰當？	4. 活動過程是否良好？	5. 教具使用是否發揮效果？
以✓表示，最優為5　5					
4					
3					
2					
1					

學生團體評鑑（組長）

項目	1. 學生在活動前之準備是否週全？	2. 學生在活動時參與之程度是否深入？	3. 學生常規之遵守是否合宜？	4. 學生在活動展開後之興趣反應是否熱烈？	5. 學生在課後之興趣、態度、反應如何？
以✓表示，最優為5　5					
4					
3					
2					
1					

學生個別評鑑（輔導教師簽名）

1. 踴躍發言者：姓名　座號　次數

2. 特殊優良表現者：姓名　座號　原因

3. 干擾秩序者：姓名　座號　原因

4. 其他：

㈡班級輔導活動課程教師評鑑記錄範例

臺北市立 ＿＿＿ 國民中學班級輔導活動課程評鑑記錄（教師用）
年 ＿ 班 ＿ 導 師：＿＿＿＿＿＿
輔導股長：＿＿＿＿＿＿ 輔導老師：＿＿＿＿＿＿

活動課程座位表	黏貼學生名條處

講 臺

座號	座號		座號	座號
座號	座號		座號	座號
座號	座號		座號	座號
座號	座號		座號	座號

座號	座號		座號	座號
座號	座號		座號	座號
座號	座號		座號	座號
座號	座號		座號	座號

座號	座號	座號	座號		座號	座號	座號	座號
座號	座號	座號	座號		座號	座號	座號	座號

座 號 姓 名

單元名稱	檢 討 與 注 意 事 項

評鑑者：＿＿＿＿＿＿＿＿

▶▶▶▶ 關鍵詞彙

班級輔導活動　　　　　　　　　生涯輔導

發展性班級輔導功能　　　　　　班級輔導活動課程

預防性班級輔導功能　　　　　　課程目標

治療性班級輔導功能　　　　　　課程設計

生活輔導　　　　　　　　　　　課程評鑑

學習輔導　　　　　　　　　　　活動引導催化

▶▶▶▶ 思考與評量

一、班級輔導所應發揮的輔導功能有哪些?

二、班級輔導實施有哪些特點?

三、班級輔導活動單元設計應包含哪些內容?

四、班級輔導活動課程進行前，應做哪些準備工作? 課程實施中應注意哪些
　　事項?

五、如何評鑑班級輔導活動課程的實施成效?

六、如何扮演一個稱職的班級輔導活動教師?

七、二年一班導師反應，該班同學王小君經常被班上男生欺負，如果你擔任
　　該班班級輔導課程，你會如何設計你的班級輔導活動課程，協助導師解
　　決王小君的困境，讓班上同學能和諧相處?

▶▶▶▶ 參考書目

1.吳麗娟（民 83）：輔導活動教學——談「輔導活動」時間之實施。載於國立
　臺灣師範大學學術研究會主編，教學法研究。臺北市：五南，頁 667–699。

2. 周麗玉（民85）：臺北市天母國民中學輔導工作實務手冊（未出版）。

3. 教育部（民82）：國民小學課程標準。臺北市：教育部。

4. 教育部（民83）：國民中學課程標準。臺北市：教育部。

5. 教育部中等教育司編（民72）：高級中學課程標準。臺北市：正中。

6. 楊明惠（民85）：臺北市立天母國民中學個別進路輔導自編課程（未出版）。

7. 臺北市國中輔導活動科輔導團（民79）：臺北市國民中學輔導工作手冊。臺北市：教育局。

Chapter 13

→ → →

輔導專業倫理

↘ 學習目標

學習本章後可以:

一、瞭解輔導專業倫理的意義及目的。

二、瞭解輔導員和個案在倫理議題上,各自擁有的
權利與責任。

三、瞭解如何在涉及輔導專業倫理的兩難情境中,
作出適切思考與抉擇的方法。

四、瞭解在各特定領域中應注意的輔導專業倫理。

↘ 本章大綱

第一節 —— 輔導專業倫理的意義及目的
　　　專業倫理的意涵
　　　輔導專業倫理的意涵
　　　輔導專業倫理的目的

第二節 —— 國內外的輔導專業倫理守則
　　　倫理守則的內涵與限制
　　　國內外的輔導專業倫理守則
　　　單元活動設計
　　　班級輔導活動的引導與催化
　　　評鑑

第三節 —— 輔導專業倫理判斷的準則
　　　釐清個人的價值觀
　　　檢視個人的價值判斷標準
　　　認識倫理行為的判斷模式
　　　練習做倫理判斷

第四節 —— 輔導專業倫理常見的困境與處理
　　　維護告知後同意的倫理問題
　　　保密的倫理問題
　　　與未成年人諮商的倫理問題
　　　價值影響的倫理問題

導　言 → → →

一個倫理困境的省思

　　一位氣急敗壞的國中學生家長，衝進校長室興師問罪:「為什麼我的孩子在學校接受心理輔導不讓我知道? 也沒徵求我的允許就把我們家大大小小的事全告訴輔導老師，學校憑什麼這樣做? 未免管太多了吧!」

　　面對這樣的質問，輔導人員該如何回應? 為了幫助學生難道我們無權這麼做? 輔導未成年的孩子是否需要先徵求家長同意? 難道不能允許孩子本身主動求助心理輔導?

　　由於未成年人在法律上並沒有完全自我做主的權力，常涉及家長監護權問題。因此在其尋求諮商輔導時，輔導員不能待之如成年當事人一般，而必須考慮其法定權力的限制 (牛格正，民 85a);但是未成年人究竟有多少自我決定權和隱私權，家長監護權又有多大，這些涉及倫理和法律上的認定 (王智弘，民 85)，而使問題變得複雜而含糊。因此學校輔導人員在對學生諮商時，可能因為未事先徵詢家長或學生的同意，未考慮家長監護權的法律權限，以致在相關的倫理和法律上的考慮不夠周延，極可能侵犯學生及其家長權益，而讓輔導人員自己惹禍上身 (牛格正，民 85a)。

　　但是輔導學生不是專業輔導人員的職責嗎? 做也錯，不做也錯;真教人進退兩難。類似的倫理困境在實務工作中層出不窮，常要置身其中才感受到進退兩難的掙扎。對初學輔導的人員而言，原本最關切的焦點是如何培養有效的諮商技巧;但對實際接案後的輔導人員而言，實務工作中不斷威脅專業的倫理問題，卻成了影響諮商成效的重要議題。

　　因此，學習如何在涉及兩難倫理困境的案例中，作出合乎倫理的判斷，才能真正發揮專業技巧造福個案，這就需要於輔導人員的養成教育

中，實施輔導專業倫理的評估訓練。

　　從業人員倫理道德修為的養成，應始自輔導人員的養成教育過程，在一開始就熟悉對任何道德問題保持敏感和討論，以養成專業判斷力(李茂興譯，民 84)。本章介紹輔導專業倫理原則與相關議題的目的，即是想提昇實務工作者的倫理意識，刺激輔導人員開始思考並重視倫理與法律問題；並透過專業守則討論中，發展個人倫理原則和立場，以便應用於那些沒有明顯答案，卻又必須作出決定的實際難題。

　　本章分成四節，依序分別就輔導專業倫理的意義及目的、國內外的專業倫理守則（比較）、輔導專業倫理判斷的準則、及輔導專業倫理的難題與處理加以說明。但在進入本文之前，請先回答下列是非題以啟動你的倫理意識，並測試一下你的倫理判斷能力。

（　　　）1.不可為自己任教班級的學生進行個別諮商。

（　　　）2.不可收受當事人的禮物，即使是一、兩佰元的東西。

（　　　）3.為獲得當事人的信任，應於諮商一開始就向他保證諮商內容絕對保密。

（　　　）4.對當事人進行心理測驗後，視其需要狀況來決定是否對他作測驗結果的解釋。

（　　　）5.諮商關係結束一陣子（至少半年）以後才能與當事人變成朋友。

（　　　）6.若是倫理道德本身與法令價值衝突時，應以法律為主。

（　　　）7.一個走過坎坷人生經驗的人比生活中都沒有問題的人，更有資格去協助別人。

（　　　）8.當一個人婚姻觸礁時，選擇留在婚姻中比離開好。

（　　　）9.一個人應該不斷的自覺與成長，否則必會遭致痛苦與困境。

（　　　）10.一個人的精神生活比物質生活重要得多。

第一節　輔導專業倫理的意義及目的

在輔導實務工作中最常用的方法就是諮商及治療，因此把從事專業心理輔導人員稱為諮商員或心理治療師，以免與其他領域所謂的輔導人員混淆（牛格正，民 80）。其應遵守的輔導專業倫理，又稱為諮商專業倫理或諮商倫理。

一、專業倫理的意涵

俗語說：「家有家規，行有行規。」每一種行業都有其行業規範和職業道德約束其從業人員，若有人違反，將使同業者蒙羞，甚至打擊社會大眾對該行業的信心。因此 Feit & Lloyd (1990) 主張稱得上專業的工作需具有：⑴特定的訓練：最好有專業證照制度核可其能力與資格；⑵倫理標準：要求從業人員自我警惕，以確保服務品質，最好還有專業倫理委員會把關；⑶對專業的強烈認同。任何專業應有其專業倫理規範，這是專業標準要求之一（牛格正，民 85b）；更因為倫理問題是根基於公眾的信任，當民眾為某些成員不合乎倫理與專業責任的行為，而改變對專業看法時，所有成員的專業能力均會受到質疑（黃月霞，民 84）。因此有人又稱之為職業道德或專業道德。

倫理與道德有何不同？倫理 (ethic) 是規範行為的原則，據以檢定行為的對錯，是屬於群體規範的實踐歷程；道德 (moral) 偏重解釋行為本身的好、壞、善、惡，屬於個人追求意義和實現價值傳統的歷程與結果。二者並不相同，卻常相互為用，是因為道德具有強制力，而倫理偏重行為的客觀理由；但由於倫理不只是一種體系，更是論及道德行為的實踐（牛格正，民 80），探究行為之何為是，何為非，何者該做，何者不該做的行為規範（林慶仁，民 76），在諮商輔導領域中乃以專業倫理概稱之。

根據 Schmidt (1965) 的定義，所謂「專業倫理」就是指：「專業人員從事專業工作時，在道德和倫理方面，對自己行為的期望，及與當事人一起處理問題時應有的抉擇與限制」。簡單的說，就是指專業人員處理有關人事物時，能明析判斷：什麼該做？什麼不該做？（陳正恩，民 76）但複雜的是，其間最大難題是該以何者為合宜的道德與倫理標準？牛格正（民 80）指出：我國傳統觀念把符合人倫的行為視為倫理行為或道德行為，但在西方民主思潮影響下，倫理價值觀轉變，個人自主導向的主觀倫理意識，已成為判斷倫理行為的主要依據；再加上功利主義主導下，對錯及是非觀念逐漸模糊，倫理價值更是相對而非絕對的，倫理判斷實在不易。因此，釐清倫理行為的本質，思考並建立個人價值系統，以作為抉擇與自我負責的依據，就更形重要；若設有專業倫理委員會把關輔助，那麼倫理規範就更具公信力了。

二、輔導專業倫理的意涵

雖然「諮商輔導是項專業」尚有爭議，仍應與其他專業一樣，有該遵守的倫理規範，確認自己的專業及倫理責任，覺知專業操守的重要性。因為不容否認的是，諮商員的主要倫理義務，就是提供當事人所需的專業服務，並盡力保障當事人的權益，及促進他人及社會的福祉（牛格正，民 85b）。因此，輔導專業倫理是指諮商員從事專業助人工作中特定的倫理規範，用以規範諮商員行為，保障當事人權益，獲得社會大眾的信賴。

然而基本上諮商關係並非平等關係，一方是求助的當事人，另一方是有專業知能的協助者，強弱上下的位階易產生移情和深具影響的關係。例如諮商員在當事人眼中很容易膨脹成為一個無所不知的大師，每一句話均能影響其決定，易誤導當事人迷戀上諮商員；一不留神，諮商員可能疏忽專業操守，而與當事人發生情愛關係，行為失檢；或因無知誤判而介紹缺錢的當事人當自己小孩的臨時保姆，導致關係複雜，影響專業諮商關係與品質。

　　這些已違反專業倫理且傷及當事人的行為，就是因為助人工作者對專業倫理的無知或疏忽（牛格正，民 85b），欠缺敏感覺察倫理問題的倫理意識。牛格正（民 80）整理國外違反輔導倫理事件的研究調查結果，發現以發生親密關係及洩密行為最多；即使是知名的資深諮商人員，也會不小心與當事人發生諮商以外的社交關係、或為了面子而說謊、或自以為是為當事人好，而利誘或接受自己不能處理的個案。

　　反觀臺灣的輔導諮商工作，真正具備專業資格的諮商人員明顯不足，不論是學校輔導系統或社區輔導機構，大多是半專業的義工或非專業的人員（牛格正，民 85a）；縱使是專業輔導老師，在校園中兼具諮商員、教師、行政者多重角色，更可能涉及複雜倫理問題。

　　國內外層出不窮的違反專業倫理問題，可包括在 Sieber 於 1982 年提出的六種情形中：⑴缺乏專業經驗及倫理意識，致無法預知或預測行為後果；⑵低估問題的嚴重性，而未做好預防措施；⑶預見問題卻束手無策；⑷對所使用方法的後果不清楚；⑸專業倫理規範及倫理原則未提供具體指示，造成實際判斷困難；⑹在倫理規範、法律、政策與當事人權益間發生衝突，無法抉擇忠於法或忠於人的困擾。除此之外，牛格正（民 80）認為應再加上更關鍵性的一點：⑺諮商人員缺乏人格與操守的修為、道德意識、及倫理判斷能力。

　　因此輔導專業倫理的意涵，是在提醒諮商員重視自己的專業操守，提昇個人的倫理意識，認清自己的倫理責任及專業權責，在尊重並維護當事人基本權益下，努力充實專業知能，操練倫理判斷，使自己能冷靜面對諮商中的倫理難題；以保障諮商服務品質，也兼顧保護諮商員本身。

三、輔導專業倫理的目的

　　由輔導專業倫理的意涵可看出其目的在於保障專業工作本身和涉及的所有人。也就是一方面為維護諮商輔導工作的價值、尊嚴和功能發揮，作為諮商輔導是為專業的標準之一（陳正恩，民 76）；另一方面要保障

諮商工作涉及所有人的權益，包括當事人、諮商員、關係人和社會大眾，尤其以強調保障當事人的權益福祉為前提。

具體言之，輔導專業倫理的目的有五項：

⑴作為諮商實務工作的基礎，保障諮商輔導的功能及目的，維護專業的價值與尊嚴。

⑵保障當事人的權益，使諮商員及當事人均瞭解諮商專業的責任，保護當事人免受傷害。

⑶兼顧社會大眾權益，向社會保證諮商輔導人員的工作是符合並尊重社會道德期望與法律標準。

⑷保護諮商員的自我權益，不因疏忽或無知的不當處置而違反法律或機構規定，甚至招致大眾指責而惹禍上身。

⑸保護諮商員的自我統整，協助其權衡倫理道德本身與法令價值衝突問題。

為了平衡達到上述目的，提供輔導人員專業行為標準，使其在衝突情境中能覺察倫理問題，對自己行為取捨有一依據，通常由專業組織訂定專業倫理守則作為依歸，專業人員不得不知。

第二節　國內外的輔導專業倫理守則

一、倫理守則的內涵與限制

倫理守則代表一種專業的價值與專業存在的形式，它被轉換成專業成員的行為標準，提供從業人員執行工作的指引，同時提供民眾在與其互動時有所期待（黃月霞，民 84）。可見專業倫理守則的目的在協助諮商人員遇兩難問題時，提供辨別行為對錯之倫理原則，作為所抱持立場的自我約束準則，以維護當事人權益和社會責任，並不致危及諮商員和專業本身。因此，諮商專業倫理守則雖不能據以解決所有問題，卻不失

為協助諮商員辨別自己的專業責任並規範其行為，使其自我約束的指南
（牛格正，民 80）。

但是它既非命令、也非知識、更不是法律，只是種道德約束力，其
性質常因社會情境、專業人員價值觀而作某幅度的改變（陳正恩，民 76），
又常與法律衝突，因為法律代表社會容忍度的最小標準，再加上倫理是
專業的理想標準，保障專業自主自律及專業地位 (Carey, Corey, Callanan,
1993)。因此倫理規範的內在衝突及未涵蓋其他的法律和倫理問題，是倫
理規範的兩大限制（Talbutl, 1981；牛格正，民 80）。

所以大膽地說，沒有任何一種倫理守則足以涵蓋所有情況的行為規
範，尤其是涉及輔導理念和價值取捨時，無可避免會產生一些矛盾衝突。
例如當事人是外遇通姦事件中的第三者，諮商員面對工作情境規範（尊
重當事人選擇自主）和廣大社會規範（破壞家庭倫常不道德）的價值衝
突時，該如何權衡？又比如說，學校輔導老師在處理因暴力攻擊同學而
招致成群家長抗議逼迫此校園小霸王須轉學時，當事人的權益（再給小
霸王一次留校的機會）和其他學生權益（受暴力威脅）及校譽之間，又
該如何抉擇？

這些矛盾衝突都顯現倫理守則內涵的廣泛和難以定義，無法包含所
有具體情境的解釋，因而可能造成運用倫理守則上的多項限制 (Corey et
al., 1993)：

　　⑴有些議題不能仰賴它解決；

　　⑵有些依據守則而行的問題，在法庭上可能判定為不宜，而以社區
標準認定之；

　　⑶有時會與專業組織的規定相衝突；

　　⑷守則只是被動讓人遵守，而非主動反應制止不合倫理的行為；

　　⑸個人價值觀可能與守則衝突；

　　⑹有時會與機構政策、臨床實務衝突；

　　⑺守則需在文化架構中，瞭解其與特定文化關係；

⑻任何專業組織內有不同觀點，並非所有成員均同意之。

輔導倫理守則只提供原則性指示，未給予解決問題的具體指示，甚至還有許多問題未提及，並不足以處理每一種情況。這樣的事實不在說明文字魔術的失敗，而是展現了倫理守則的靈活度是來自執行守則人員的修養和判斷（陳正恩，民76）。

可見諮商員面對倫理困境的衝突抉擇，仍要靠自身的經驗、訓練取向、價值觀等加以解釋、統整後再作倫理判斷，而判斷力的養成正是諮商員教育的一部分。探討基本道德議題足以培養此方面能力（李茂興譯，民84），來自經驗與判斷之結果，亦經得起時間與各種情境的考驗（陳正恩，民76），故以諮商實例來練習倫理判斷是最佳的訓練方法。

二、國內外的輔導專業倫理守則

誠如 Corey 等人 (1993) 所言，專業倫理守則需在文化架構中瞭解其關聯，國外的倫理守則未必適用於本土，兩相比較國內外的輔導專業倫理守則，僅供警醒與參考之用。

㈠中美輔導專業倫理守則的衍生背景

美國早在 1976 年因加州一名名叫 Tarasoff 的女孩的案件，爆發出對專業倫理守則的重視。當初 Tarasoff 父母控告加州大學輔導中心，是因為輔導中心有名年輕當事人，向輔導員說他想殺他女友，輔導員認為該男子具有危險性，便報告督導和校警，並由校方約談，經由觀察幾週，認為無危險性後，即不再予以追蹤留意，也一直沒有警告女方。就在三個月之後，女孩卻被該男友殺死了。法庭因諮商員未通知被害人及其父母有關當事人意圖殺害她之事，而造成 Tarasoff 被害身亡，因而判定諮商員疏忽預警以保護當事人及相關人士之責，即判定加州大學輔導中心失職。此一判例轟動一時，提醒著諮商員行為應衡量法律，並引發諮商員們熱烈討論相關倫理困境該如何做才合宜，進一步促成專業倫理守則

的訂定。

　　美國輔導專業倫理守則在專業化及專業組織推動下，負起督促之責，並多次修改以因應多元時代之需；再加上專業證照制度和保險給付諮商費用制度的盛行，更促使二者密切監督諮商員行為是否合乎倫理（張令恬、翟守悌、蘇彙珺，民 84）。

　　我國諮商理論與技術算是由美國移植過來，開始在社會中普及。隨著諮商人員增多，有識之士由國外引進諮商專業倫理，尚未形成普遍共識（張令恬等，民 84）；直到民國七十八年才有中國輔導學會制頒該會會員專業倫理守則（編按：本守則並於民國九十年再次修訂完成，請見附錄四）。但由於專業諮商明顯不足，又乏專業證照制度認定，社會問題又愈趨複雜多元化，不論專業的或義工制半專業的諮商員，均有待提昇倫理意識，重視倫理守則，並培養倫理判斷能力。

㈡中美輔導專業倫理守則的內容

　　比較中美的諮商輔導專業倫理守則可發現，我國在推動倫理意識和運用倫理守則方面待加強之處：

　　1.從已訂定的專業倫理守則的專業領域來看（張令恬等人，民 84），我國制定的專業倫理守則仍不夠細緻，也缺乏共識：

　　美國的專業倫理守則有諮商專業組織（如 AACD、APA）統籌制定，更引申細緻到相關特定領域中倫理守則的制訂（例如團體諮商、婚姻及家庭治療）。反觀國內僅有中國輔導學會的會員倫理守則，而特定領域亦只見測驗倫理守則，十分貧瘠，有待形成共識研發制訂。

　　2.從專業倫理守則的內容來看，有修改之必要：

　　張令恬等人（民 84）整理美國五個諮商專業組織倫理守則內容所指涉的範疇，共廣泛涉及二十二大項，幾乎代表著實務工作上可能涉及倫理困境的種類；但每個守則視其組織特性與適用對象各只訂有大約八至十二大項的內容，均未完全涵蓋所有項目。二十二項包括：⑴通則；⑵

專業訓練與能力；(3)諮商關係與當事人權利；(4)測驗與評量；(5)保密問題；(6)研究與出版；(7)督導；(8)諮詢；(9)私人開業；(10)人事行政；(11)廣告與其他公眾聲明；(12)討論的活動；(13)解決倫理爭議；(14)對其他人的責任（雙親、雇主、同事）；(15)資源；(16)收費；(17)團體成員甄選；(18)團體終止；(19)轉介；(20)評估追蹤；(21)團體輔導；(22)青少年輔導。

　　相較之下，中國輔導學會專業倫理守則欠缺的是有關私人開業、人事行政、廣告聲明及收費的規定，除此之外還算完備。但由未包涵的四項目可看出，守則訂定之時的臺灣諮商界較少涉及此四項議題；時至今日，牛格正（民 85a）認為日益精緻分化的諮商服務趨勢已很明顯，為因應現代社會的需要及現代人面對的複雜問題，諮商實務工作者更需在個人服務的特殊領域中，加強處理特殊個案的倫理知識及判斷能力。例如與未成年人諮商的倫理問題，實與成年人、老人諮商有所不同；面對個案的墮胎、自殺、濫用藥物、同性戀、AIDS 病患、性騷擾等特殊麻煩議題所涉及的倫理與法律問題的權衡，絕非易事。可見倫理守則內容確實需依情境和文化差異，適時作調整修正。

　　該如何擬定、修正專業倫理守則才合宜呢? 就實際內容而言，應考慮涵蓋上述二十二項既定倫理守則內涵所涉及的四大層面（陳正恩，民76）:

　　(1)就工作者的責任區分上，有對所屬專業團體、機構或社會大眾的責任。

　　(2)專業人員與當事人之間的互動與限制。

　　(3)專業人員應擁有的專業訓練與能力。

　　(4)因輔導諮商工作的特殊性，使相關的研究、出版、測驗、團體輔導……等事項，亦須受適度限制。

　　陳正恩（民 76）主張應基於倫理守則的基本精神，並考慮各情形獨特性來擬定倫理守則:

　　1.應基於下列的基本精神來訂定

⑴以當事人的權益和福祉為優先；⑵對輔導專業的真正認同與尊重；⑶具備合乎時代的意識；和⑷處理資料的警覺性。因為保密被視為專業道德最普遍的代名詞，涉及隱私和不同法令立場，易生困擾。

2. 考慮各情形的獨特性來擬定

視單一案例涉及的人事時地物各因素來作價值判斷。因此除了專業倫理守則之外，也須參酌其他法律規章和道德原則來作倫理判斷。

因此牛格正（民80）主張一個好的輔導專業倫理守則尤其必須包括與一般倫理要求不同的權利與責任，但仍應強調重視一般倫理要求的特殊理由，以及聲明會員提報違反倫理規範及其他違規事件的責任。

第三節　輔導專業倫理判斷的準則

在輔導諮商實務中，如果你遭遇到前文所提的倫理困境，你認為可不可以未告知家長就對學生實施心理輔導？若當事人在諮商中提及要自殺或殺害他人，該如何判定真偽以決定是否立即採取行動？一旦判定情節危急，又該採取何種行動最為恰當？

這其中涉及複雜的倫理判斷和決策過程，僅靠專業倫理守則來刺激諮商員對倫理責任的覺察，及作為行為參考指引，實難符合諮商情境的特性。Tymchuk (1982) 曾指出情境愈獨特或缺乏指引時，倫理決策的變化愈大（林慶仁，民76）；除此之外，其他會影響倫理決定正確性的因素包括：⑴專業經驗的多寡，⑵關注的焦點，⑶理論訓練的取向，⑷非正式的同儕影響，⑸個人的人格與價值等（Kith-Spiegel & Koocher, 1985；林慶仁，民76）。

但牛格正（民80）認為真正適用於解決倫理衝突的方法就是訴諸個人良心的決定。因為輔導專業倫理判斷是一個理性思考及正直良心的抉擇過程，必受到個人價值觀、諮商理念、專業倫理規範、專業政策、機構行規、及具體環境的影響與限制；由於各人的倫理意識和經驗不同，

在倫理決定上就形成不同的理論體系（牛格正，民 80）。基於此，牛格正（民 86）主張在兩難困境中要做好倫理判斷，需由四個方向著手：一是釐清個人的價值觀，二是檢視個人的價值判斷標準，三是認識倫理行為的判斷模式，四是練習做倫理判斷。這四項頗符合 Jardan & Meava (1990) 看法，他指出教導專業倫理是在訓練諮商員對倫理困境的原則運用，共分為兩大類原則可供參考：

(1)原則性倫理：傾向用理性、客觀、普遍、整體的分析，避免不當情形發生，重點在行動與選擇「是否合法？合倫理？」即上述第三、四項；

(2)德行倫理 (Virtue ethic)：重點在省察諮商員的特性，問其作法選擇「是否對當事人最好？」即上述第一、二項。(Corey et al., 1993)

以下分別就此四方向說明輔導員如何作倫理判斷：

一、 釐清個人的價值觀

倫理道德與價值觀有密切關係，價值是一種概念，一種標準，可作為個人或團體評判依據，並協助個人選擇適當的或是好的，因此價值在倫理行為中與抉擇發生關聯，即所謂價值判斷決策的問題（侯麗玲，民 75）。但是價值標準常依個人主觀認定事情或行為的重要性而定，諮商員應澄清自己的價值觀最看重何者，以避免主觀的價值判斷，也瞭解自己的限制。

價值澄清的過程可找到個人看重的價值，由低到高不同層次的價值共可區分為以下幾種（牛格正，民 80），想想看，哪一種對你最重要？其次呢？

(1)物質價值：凡可提供物質利益及經濟價值者。

(2)生理價值：指促進生理循環運作之重要，以維護身體健康。

(3)心理價值：凡能引發高尚情緒和感受，並促進心理健康者。

(4)精神價值：包括知性、審美、超感性的價值。

(5)道德價值：追求自主性、責任性、絕對性、普遍性、卓越性的特

徵，使之凌駕於其他價值之上。

　　價值澄清的方法有很多，除了由上述整體性的項目作概觀式的澄清之外，也可透過對某特殊領域問題的思考中釐清。例如身為一位婚姻諮商員，應釐清個人對婚姻的價值觀，瞭解自己對婚外性行為、夫妻衝突、離婚、再婚……等看法，以避免不自覺的主觀價值涉入。除此之外，輔導員均需釐清個人的輔導觀，可從反省自問：我的諮商目標為何？人生觀或宗教立場為何？我對特定服務對象的角色界定（例：結婚就不該離婚）為何？我最有成見或最難忍受的人事物為何？這一連串問題和方法均可協助釐清個人價值觀。

二、檢視個人的價值判斷標準

　　價值是指導行為方向的指標，但價值系統中最高層次的道德價值未必是最能影響價值判斷者，要看每個人的價值觀和道德意識厚薄而定。每一層次價值均能提供某層面的判斷參考。檢視一下你個人最常依據的是下列七種價值判斷標準的哪一種，作為判斷的依據（牛格正，民 80，民 86）：

　　⑴快樂標準：尤其強調原始的生理慾念之滿足。

　　⑵功利標準：以行為可產生的利己、利他、利社會的標準而定。

　　⑶進化標準：即以物競天擇、優勝劣敗、適者生存為天理。

　　⑷法律標準：包括以法律、自然法、道德法、教會法、家法、優生保健法等檢視合法與否而定。

　　⑸自由標準：凡能促進自由生活的行為才是好的。

　　⑹形式標準：以行為動機的理性自律形式為準。

　　⑺良知標準：以天賦分辨是非善惡的能力為準則，即相信內在道德律的正直理智功能。

三、認識倫理行為的判斷模式

每位諮商員都會有自己的倫理系統，並依此做倫理決定；建立正確的倫理價值系統是非常重要的，最好的方法就是深入自我反省以檢視自己生活所依據的倫理規則。下列的倫理行為判斷模式可供作自我檢視的不同參考（牛格正，民 80，民 86）：

㈠評估倫理判斷導向模式

Van Hoose (1980) 及 Van Hoose & Paridise (1979) 根據柯爾伯格 (Kohlberg) 的道德發展論擬定了五級思考倫理，他們認為倫理推論及決定是一個持續發展的概念化過程，包含五個逐漸複雜的階段，用以說明諮商員作倫理決定的依據和考慮因素（牛格正，民 80；林慶仁，民 76；張令恬等，民 84）：

⑴懲罰導向：嚴格遵守現行規定與標準，是非賞罰的觀念分明。例如當事人偷竊，以法令斥責其不是。

⑵機構導向：以所屬機構的規定和政策為依歸。例如：我是學校輔導老師，學生家長的婚姻問題不在諮商範圍。

⑶社會導向：以社會大眾福祉為前提，若當事人與社會利益衝突，偏重社會福祉。例如有暴力傾向的孩子常毆打班上同學，在考量全班同學安全前提下，聽從家長抗議將該生作轉學安置。

⑷個人導向：倫理判斷的立場由考慮外在因素轉為內在評判，以當事人最大福祉為前提。例如上述暴力傾向學生，基於該生已被轉學過三次仍未改善，諮商員努力尋找其他可能解決方法來協助該生，可能致力協商以尋求全班同學及家長給該生不轉學機會，以便進一步協助之。

⑸原則或良心取向：以個人良心為倫理決定的出發點，重視人類生命的價值與尊嚴，較不在意法律、專業規範及社會後果。例如處理學生自殺未遂的輔導老師，拒絕記者挾校長、教育局長的許可命令要求訪問

該生，以保護學生，甚至不惜以辭職來堅持不讓該生受擾的作法。

解析個人在類似案例中所作的倫理思考和所依據的倫理決定層次，將有助於個人提昇倫理決定的品質與層次。根據研究發現，臺灣大多數諮商員是以個人導向和良知導向作決定，但他未必知道正確合宜的諮商倫理（林慶仁，民 76），如此易因疏忽或無知而違反倫理。當面臨倫理困境需作倫理判斷時，可參考「一分鐘倫理管理」一書（汪益譯，民 81）中的「道德備忘檢查三問題」來自問自答，以便作出倫理評估和判斷，避免違反倫理。書中建議的架構和上述的「評估倫理判斷導向模式」十分接近，其中第一個問題即以懲罰、機構導向考量法令原則，第二個問題是以社會導向考量相關人士福祉，第三個問題則依個人良心原則作考量；其所設計的三問題適用於個人或組織的倫理判斷，三問題如下：

(1)「是不是合法?」：我的行動會不會違反法律、倫理守則、或是機構的政策?

(2)「是不是平衡?」：是不是在短期和長程上對每一方面的人都公平?它是否能提升大家都贏的關係?

(3)「以後我會怎麼看自己?」：能讓我引以為傲嗎? 如果我的決定上了報，我會高興嗎? 如果我家人知道了這件事，我會高興嗎?

想像一下，當你面臨導言所提的倫理困境，家長質問不該私自對其孩子作心理輔導時，你該如何回應?

(1)先思考一下你自己的想法、判斷和可能作法。

(2)然後以道德檢查三問題來自問自省：「是不是合法? 是不是平衡? 以後我會怎樣看自己?」

(3)結果是否不同?

㈡倫理辨明模式 (A model of Ethical justification)

Kitchener (1984) 的倫理辨明模式主張在面對兩難情境時，人常會憑直覺、經驗或個人倫理系統來判斷。光靠直覺是不夠的，為了指導、改

進、評估我們的倫理思考，需要進一步作關鍵性的臨界評估，知道應依據的倫理規範。可見倫理思考有兩層次（牛格正，民80）：

1. 憑直覺判斷

即諮商員依實際案情及個人價值觀或倫理意識為基礎作即時的倫理判斷及評估。

2. 臨界評估 (critical-evaluation)

比直覺更有系統而抽象地依據規則作合理的倫理判斷及評估，包括考量：⑴倫理理論；⑵道德原則；⑶專業倫理守則及法律規則等。但當倫理守則矛盾時，則訴諸道德原則提供較穩健的參照標準。在諮商方面強調的道德原則包括下列五項，代表著當事人權益和諮商員的相對義務，這五項分別是：

⑴自主權 (autonomy)：尊重當事人的自由選擇與自行負責，包括隱私權和「告知後同意權」。

⑵受益權 (benefiance)：一切應以當事人及社會福祉為前提。

⑶免受傷害權 (nonmaleficence)：保護當事人不受傷或傷害他人。

⑷公平待遇權 (justice)：人人平等，不可歧視當事人，均應提供適合他的輔導。

⑸要求忠誠權 (fidelity)：諮商員應信守承諾，忠於專業職守地執行工作。

再以導言所提之倫理困境為例，目前學校輔導老師面對國小、國中、高中乃至大專一、二年級未成年學生所提供的心理輔導和諮商服務，大多未考慮家長監護權，事先未徵詢家長同意，甚至強迫嚴重問題學生接受心理輔導，這是否違反倫理？根據倫理辨明模式可窺見目前學校輔導老師的作法，大多是憑直覺判定校方有教育輔導學生之責而逕行輔導之，考量不夠周延；若再依第二層次作臨界評估的倫理思考會更周延，則須校對中國輔導學會專業倫理守則中有關青少年輔導的規定，不僅在遇嚴重問題或做重要抉擇情形（例：墮胎）宜酌情徵求家長或監護人同意

(6.5.3)；也為避免輔導未成年人時可能涉及的權責問題，宜在家長、監護人、關係人之間，預先做好協調工作；除此之外應尊重青少年基本人權，不得代替或強制他做決定 (2.2.1)。因此諮商中，當事人有權被告知充分資料而後抉擇是否進入或持續諮商關係（王智弘，民 85），應先徵詢學生是否有意願接受心理輔導。

　　但究竟是學生同意即可？或必須徵求家長同意？二者意見不同時又該如何抉擇？縱使是未成年人亦有憲法賦予相當程度的自主和隱私權，但這因家長監護權而受到限制。此時須訴諸另一項關鍵性的臨界評估原則——諮商中的道德原則，依自主權、受益權、免受傷害權、公平待遇權和忠誠承諾權諸原則下，考量該案例的特殊情況。目前國內只散見幾所大專院校輔導中心製定制式化「諮商同意書」，徵詢當事人同意後才開始進行心理諮商；其他學校層級和社區輔導機構該如何重視此項倫理？值得深思。

　　在進入諮商之前，當事人需要瞭解的項目至少有諮商方法與過程、時間和次數、終止和保密程度的規定（Huber & Baruth, 1987；牛格正，民 80）。以下提供表 13–1 的諮商同意書格式，僅供參考與討論。

表 13–1　某校輔導中心個別諮詢同意書

1.本中心對本校教職員工及學生之諮商服務，不收取任何費用。
2.會談每次 50 分鐘，每週以一次為原則，可斟酌調整。
3.本中心會談採事前預約制，因故不能前來，請事先通知本中心以取消約定。
4.會談相關資料將全部以極機密方式保管，只有在取得當事人同意時才能向必要對象公開。但下列情形除外：⑴有危及自己或他人生命、財產、自由、安全時；⑵涉及法律責任時。
5.當事人有權決定何時開始終止諮商，原則上同時只找一位老師會談，若有需要尋求其他老師意見，可透過轉介或終止諮商的方式。
6.若您已獲得正確資訊，瞭解上述內容和相關資訊，請簽名。 　　　簽名：　　　　　　　　日期： 　　　聯絡方式：

四、練習做倫理判斷

倫理議題是發生於現存準則無法提供行為指導方向時。沒有標準答案的倫理決定難題，常因個人依循不同的價值標準而有不同判斷；必須要有一套思考工具協助個人評估解釋其已在遵循的準則及行為究竟適不適當（張令恬等人，民 84），這就需要進行諮商員倫理訓練，練習作倫理判斷。Karen (1986) 提出諮商倫理課程的教學目標包括下面四項，並透過此一訓練操練的方式來達成（改自張令恬等，民 84）：

⑴使諮商員對倫理議題敏感：首先須敏感他人需求及個人行為的影響，因為對情境的解釋是道德發展的第一步，可透過假想自己是當事人或探索對自己所假設處理方式的感覺，刺激諮商員的道德同理心。

⑵改善諮商員做倫理判斷的能力：要改善倫理議題的推論能力，需整合直覺反應、倫理規範和法律之間，以構成行動的道德方針。權衡之際，若規範無效時，則依道德原則為準；當道德原則無效時，則核對自己及周遭人的希望是否與當事人一致，將傷害減至最低。

⑶發展道德責任及自我強度以採取行動：以道德推論出自己該做什麼時，言行未必能一致，常需與企圖心、友誼、金錢及自我興趣等因素對抗，增加自我強度以便決定採取行動。因此應協助諮商員透過口頭和書面作業來確認其言行的不一致。

⑷忍受在做倫理決定時模糊、曖昧不明的情況：在倫理決定中絕對的答案很少且不太可能存在，倫理推論可確定倫理問題不調和的本質，但未必能解決問題。透過對特殊案例的倫理判定，能使其瞭解到做倫理決定的不確定感，使他們知道倫理選擇常包含著模糊感。

因此，倫理判斷能力需要訓練，有效的方式包括：角色扮演、與同儕所選擇的倫理決定作辯論、分享採取倫理行動時的情緒體驗、與資深專業人員討論其面臨的困境及解決之道。從這些方法可看出實際操練倫理判斷的重要，諮商實務中遇到實際的倫理難題時，諮商員該如何進行

倫理判斷？具體步驟可依 Tymchuk (1981) 所列舉的八個步驟作為倫理決定的過程：

⑴情境分析：搜集與問題關係人的相關資料，瞭解、澄清問題和處理過程的兩難情況。

⑵界定關鍵問題。

⑶參閱倫理規範及相關的政令法規。

⑷評估關係人的權責與福祉。

⑸整理可能解決問題的方法和行動。

⑹評估每一方法可能產生的影響後果和利弊。

⑺擬定最可能助於解決問題的方法和行動。

⑻作出最後決定。

牛格正（民 85b）參考上述各學者的意見，整理出一個更加具體完備的倫理思考步驟，供作諮商員自我訓練作倫理決定，其六步驟為：

⑴識別衝突或兩難問題發生的實況：搜集具體和事實資料是第一步的必要措施，藉以對問題作初步瞭解。

⑵找出衝突或兩難間的關鍵：需要把相關資料加以整理和分析，並做初步的解釋。

⑶評估關係人的權責和福祉：諮商員對當事人的權益及社會福利詳細評估，並對自己的倫理及法律責任深自反省。

⑷參考倫理守則的相關條文及法令、政策、社會規範及道德原則：對這些規範法則的考量，可彌補主觀判斷的不足，也可避免觸法違規的危險。

⑸擬定解決方案並評估可能產生的後果：這樣才可避免對自己及對別人造成傷害。

⑹做倫理決定：最後訴諸自己良知，做最後的決定。

除此之外，牛格正（民 86）提議在學做倫理判斷過程中，尚可透過三件值得做的事，更統整地建立個人的倫理判斷系統：

⑴列出自己最怕的困擾問題或難題來，以瞭解個人的主觀限制。

⑵設想或寫出自己在此情境中的想法和感受以及要做什麼。

⑶自問是否滿意自己的反應、處理問題的能力、及做倫理決定的技術。

第四節　輔導專業倫理常見的難題與處理

由於輔導工作的專精多樣化與當事人問題的複雜性，諮商員從事諮商過程中經常會面臨倫理上的兩難情況，例如誰決定諮商何時開始、何時結束？誰選擇會談目的、主題和方法？朋友、師生之間是否合適進行諮商？當事人可否堅持選擇較不適合他的諮商員？替案主保密的限度為何？……。任何從事實務工作者，都免不了要面對倫理問題所產生的兩難抉擇困擾和良心掙扎的歷程，甚至還得涉及法律訴訟的困境。遭遇倫理困境該怎麼辦？

我國較少見到倫理申訴問題，那是因為我國諮商服務向來以學校機構為主，陸續增加的社區諮商機構，大體上也自行培訓義工擔任諮商員提供免費服務，學生或當事人若接受不當服務較不好意思申訴、興訟；再加上我國國情文化講求息事寧人，不張揚隱私；又沒有諮商員證照制度審核品質，來監督制裁規範，實有損諮商專業的形象。

近來消費者意識抬頭，講求人權的申訴案件常有耳聞，哪天突然見到當事人控告諮商員性騷擾或其他不當對待，並非不可能。提昇諮商倫理意識、充實專業知能、覺知諮商員應有的權責並尊重當事人基本權益（牛格正，民 85b），是避免倫理問題的最基本作法；一旦陷入倫理困境，冷靜面對問題及慎重做倫理思考，並與機構督導討論，是最好的解決方法。

以下先提出諮商中常見的倫理問題，以實例試作分析判斷以供討論之參考：

一、維護告知後同意的倫理問題

案例一

> 第一次見面的當事人向諮商員說：「我不知道找你談會發生什麼，我只看過電影上要人躺在長椅子上說故事的情形，我會很不習慣。可是朋友告訴我來找你一定可以幫我解決問題，可是我又有點不想來……。」若你是諮商員該如何回答？

解　析

　　個案有知的權利嗎？當事人不清楚諮商過程及功能，常是諮商中首先遭遇到有關「告知後同意權」(informed consent) 的倫理問題。諮商過程中當事人有權利被示以充分資料，被告知而後供其抉擇是否進入和持續諮商關係（王智弘，民 84），以尊重其知的權利和自主權。但是該告知哪些訊息？中國輔導學會諮商專業倫理守則載明：諮商師有責任向當事人說明諮商關係的性質、目的、過程、技術的運用、限制及損益等，以利當事人自由決定是否接受輔導。具體言之，其內容應包括：諮商中預期時限、服務內容、當事人權利、特別規定、收費標準、保密原則及資料運用（牛格正，民 85b）、諮商員專業資格及法律責任、諮商可能的副作用等（王智弘，民 84）。至於徵求同意的方式主要有三種（牛格正，民 85b），各有其適用性：

　　⑴簽立契約：以簽署書面文字較妥當，最簡要的參考格式見表 13-1。

　　⑵口頭專業聲明：由於「告知後同意」的程序並非在初次晤談即可完成，應配合諮商過程的進展而為之，尤其應在諮商初期或每次涉及此課題時持續進行，而適用口頭說明。例如諮商員可對上述當事人說：「今天是我們第一次談話，我想大概向你介紹我們會談的方式。通常我們談 50 分鐘時間，過程中要靠你對我這位諮商員的信賴，把你心中困擾說出

來，然後我們一起分析、探討解決問題的方法，若有需要，我們可再商定預約 4–5 次時間來深入問題。所以你願意說的愈多，我就愈能瞭解你的問題並幫助你。至於我們談話內容除非我徵求你的同意，否則不會讓第三人知道，但是危及到你自己或他人的安全時，可就不在保密範圍了。另外，為了對你的問題更有幫助，過程中我也許會要求你做些練習、活動或作業，或者在結束後我會做些記錄分析，也希望你能配合。不知道你是否瞭解?」在有限的諮商段落中，到底說多詳細才夠? 如何在達成諮商目標同時，又兼顧告知後同意的程序? 這真是對諮商員的一大考驗，有人因而省略，卻招來倫理或法律困境。

(3)錄影示範: 尤其適用於較難自我決定的當事人，例如智能不足者、兒童、認知力較弱的人（例: 老人）等，儘可能增進其對諮商過程的瞭解，防止法律糾紛（牛格正，民 85b）。

反　思

(1)自主決定權與監護權何者為先?

也許由此也可引申出另外一個問題是，對較難自我決定者，是否除徵求其個人同意外，尚須徵其監護人同意? 在法律前提下，諮商員必須先考量監護權所及範圍，再權衡當事人的自主權、隱私權（王智弘，民 84）; 但是身為助人工作者，怎忍心因監護人不同意而拒絕渴求心理諮商者? 若未成年當事人要求勿告知其父母怎麼辦? 這也就容易再陷入另一倫理困境（參考案例二的討論）。

(2)若為當事人利益著想，是否可強迫其接受諮商?

對於精神病患，目前有強迫就醫制度; 對於自殺者，通常也是先救活再說; 對於違規犯錯的學生，學校訓導人員常強制學生接受輔導……。這些社會現象不也在說明著另一種價值衝突: 可否因為當事人好，而可以強迫、利誘或拒絕對其施行諮商?

二、保密的倫理問題

◉案例二

　　當事人向學校輔導中心的諮商員說：「我實在不想跟我女朋友分手，如果她執意分手，我會殺了她。我連刀子都買好了。」若你是諮商員該怎麼辦？要不要警告她女朋友小心防範？

解　析

　　保護諮商機密是要求諮商員不可將與當事人在私密性互動中所得訊息，透露給他人知道的一種專業職責及倫理與法律責任，亦可說是諮商互信的關係；但這卻是諮商最容易違犯倫理的困境（王智弘，民 84）。在中國輔導學會諮商專業倫理守則 (2.3) 上載明：保守諮商機密是輔導員的倫理責任，未徵得當事人之同意，不得對外洩露任何晤談內容或其他諮商資料。另外強調 (2.3.3)：開始諮商時，應向當事人說明雙方對諮商機密的權利與責任，及保密行為的性質、目的、範圍及特殊情況。這裡所指的保密的特殊情況，是當確實判斷當事人之行為可能危及當事人個人或其他第三者之生命、財產安全等情形時，應審慎研究，並立即採取適當措施，諮商師有向相關之個人或機關提出預警的責任。

　　可見「預警責任」(the duty of warn) 常和保密相對立，尤其在美國加州法庭判決 Tarasoff 案例後，諮商員的預警之責更加明確。該案就如同本案例二，但因校方只私下監督評估男孩行為，並未告知女友防範，而其遭殺害後，父母控告校方而法庭判校方處理失當，未盡預警之責。至於危急時應採的預警步驟為何才夠周延？應徵詢督導、機構、其他專業人員與法律專家之意見，通常必要時的緊急措施包括：⑴通知相關機構與人士（警察、權責人員及可能受害者），以避免緊急危難發生；⑵判斷當事人目前情緒狀態和思考力，決定與其深入討論解除痛苦的另外可能

方法，或讓其離去而承諾下次見面前暫不行動，否則應予以拖延軟禁；(3)並保留完整之處理記錄以作為必要時出庭應訊之準備（王智弘，民84）。

除此之外，尚有哪些不能保密的特例狀況呢？中國輔導學會諮商專業倫理守則 (2.3.4) 載明：諮商師必須透露諮商資料時，應先考慮當事人的最佳利益，再提供相關的資料。

可見保密是有限制而非絕對的，茲將各種不在保密範圍的可能「例外」情形條列於下以供參考（Arthur & Swanson, 1993；王智弘，民84；牛格正，民85b）：(1)當事人會危及自己或他人時；(2)當事人自己要求透露資料時；(3)法院命令公開資料時；(4)諮商員正接受有系統的臨床督導而當事人同意時；(5)辦公室助理經手處理、歸檔有關當事人的資料時；(6)因法律上或臨床諮詢需要且當事人同意時；(7)當事人在法律程序上提出其心理健康上問題時（例如：子女監護權訴訟時）；(8)第三者在諮商現場時；(9)當事人未滿 18 歲，監護人有權知道；(10)機構或制度上的資料分享為治療部分時；(11)在刑事系統中必須分享資料時；(12)當事人透露資料是為達成其犯罪詐欺行為時；(13)諮商員有理由懷疑兒童有受虐之嫌時有舉發之責。

反　思

由倫理守則的條文中可察覺到諮商員在保密上的倫理困境會出現在：

(1)如何才能判定當事人危及自己或他人的意圖十分確切？

(2)就算能判定當事人有自傷或傷人意圖後，該如何著手預警又能避免透露當事人身分？

(3)若合法監護人要求諮商員提供諮商資料，但當事人堅持不肯，不提供則違法，提供了也無法再持續信任的諮商關係，怎麼辦？這涉及諮商未成年人的問題（請參見案例三的討論）。

三、與未成年人諮商的倫理問題

案例三

一位國中生到學校輔導室找輔導老師說:「老師,我每天都唸不下書,爸媽天天吵著要離婚,我好擔心他們真的會離婚,那我怎麼辦?但是他們又不准我把家裡的事跟別人講,我誰都不能說,你是我們班輔導老師,我才敢來找你,他們要是知道我來找你一定會罵死我,但是我好痛苦。老師你能告訴我該怎麼辦嗎?你能讓他們別離婚嗎?」若你是輔導老師,兼具老師和輔導員雙重角色,你會為他進行諮商嗎?為了當事人好,你會邀集父母親,讓他們知道自己對孩子的干擾與影響,並提供諮商協助嗎?

解 析

由於對未成年人提供諮商所引發的倫理和法律問題廣泛,王智弘(民85)曾專文探討「未成年人諮商的倫理問題」(載於牛格正,民85),其廣泛指出應考慮下列課題:

(1)未成年人的權利

由於家長監護權限制了未成年人的隱私權和自主權。但未成年人是指幾歲?有的學者主張雖未成年,但教育到某年齡時(約 12 到 15 歲),除非嚴重關係事情上,其有能力為自己決定。但上述案例情形算不算嚴重情事?又是一個需審慎判斷的問題。

(2)家長監護權、父母衝突和離婚衍生問題

父母婚姻遭變故的兒童亟需諮商員的協助,使其面臨婚姻激烈衝突與離婚事件時,因以「兒童最佳利益」為前提,而減少到最小傷害程度;甚至需會同轉介律師協助之。

(3)機構的考慮

不同機構立場的考量並不相同。學校機構提供的諮商輔導服務，基本上被視為基於學生學習需要而提供的學校教育相關服務之一環，一般並無明確規定學校輔導老師需先徵詢家長同意的作法。但是學校諮商員要面對學生、家長、校方、社會四方面，肩負倫理、專業、職務、法律、及社會責任，若互有衝突時，仍需作倫理判斷。一般而言，應服從學校政策，若學校政策與專業規範衝突時，應加以協調，甚至尋求修訂不合宜的學校政策，若協調不成則考慮以專業和倫理責任為優先，必要時請專家協助之。

(4)告知後同意權

基本上應實施雙重的告知後同意程序，一方面考慮由當事人自行知會其家長以獲其同意，或諮商員在當事人知曉情形下知會家長；另一方面向當事人說明未成年人因監護權緣故造成的保密上限制。

(5)保密、預警與舉發、溝通特權與記錄保管

基於我國憲法保障個人隱私權的精神，溝通特權 (Privileged Communication) 即保障個人有接受專業服務之權益，在諮商中可保證所談資料不被用於法庭上，而未成年人亦受憲法保護，亦享有此權；但國外規定須與有執照的專業心理學家或諮商員會談，其內容才能享有此保障，可見其倚重專業之作法。但是若有重大抉擇及生命安危議題，家長有權知道以採保護措施，包括未成年人有意私奔、逃家、墮胎、自殺、嚴重犯罪行為或濫用藥物等，諮商員不能知情不報。但若合法監護人要求諮商員提供諮商資料，但當事人堅持不肯，不提供則違法，提供了卻無法再持續信任的諮商關係，怎麼辦？林蔚芳（民 81）曾提及不同的諮商員常有不同考量而作法不同，有的諮商員基於保密及取信當事人而婉拒監護人要求；有的諮商員認為法定監護人有權知道而提供；有的考慮說出來是否對當事人有益，再決定「說、不說、說少、說那些、怎麼說」。林蔚芳（民 81）建議一方面考量家長關心，設法轉化為助力；另一方面判斷當事人的問題是否危及自身或他人安全，需採取緊急相關措施否；

三則判斷訊息透露對諮商關係的危害有多大，若危害嚴重則應婉轉告知父母有關保密倫理及後果；若危害不大，則應徵詢當事人同意，並事先告知會如何與家長談論那些內容，儘量持用歸納式客觀陳述（我們說到……方面），焦點在當事人身上而非家長，避免直接轉述（你兒子說的……）。

至於有關諮商機密的一切資料，包括記錄、測驗等，平時妥善加以保管至少三到五年；因為當事人或監護人有查閱之權，諮商診斷未必適合其觀看，有學者主張雙重記錄做法，有正式記錄可供查閱外，另可有非正式個案筆記僅供諮商員個人參考，以謀求當事人最大福祉。

⑹雙重關係

雙重關係是指有諮商關係以外的關係,可能形成在諮商關係之前(例如師生、督導、親朋關係等）和過程中（例如戀愛、性、收禮、約會、交易關係等），可分為性關係和非性關係；並非所有的雙重關係都違反倫理而具傷害性，但潛在的最小傷害也應避免（牛格正，民 85a）。學校「輔導」「老師」常同時擔任授課工作，又須為其授課學生提供諮商，有雙重關係的倫理顧慮。由於教師被賦予教育訓練和評鑑考核的角色與責任，此與諮商員的角色與責任頗不相宜，會有期望、義務上的潛在衝突，實應加以避免。除此之外，雙重關係之所以違反倫理行為還因為這違反諮商員的角色，使諮商專業關係受扭曲，界線變模糊、可能構成利益衝突、會失去客觀性、誤用權力、妨礙判斷、造成個人需求與專業需求曖昧不明，導致諮商目標落空並傷及當事人，更破壞專業形象。

反　思

對未成年人諮商涉及的倫理問題，幾乎集所有倫理難題於一，並非倫理守則所能一一解答，例如：學生認定指名由其任課輔導老師為其諮商，否則不願接受諮商，怎麼辦？除此之外，尚有下列情形會出現雙重關係的顧慮（Salo & Shumate, 1993；改自王智弘，民 85），提醒諮商員

小心思考該怎麼辦：

　　⑴一位有社交困擾的青少年擁抱諮商員說：「你是我到目前為止最好的朋友。」諮商員是否能持續成為他的最好朋友？

　　⑵一位 16 歲青少年半夜來敲諮商員家門，說他剛被繼父趕出門，希望諮商員收留。

　　⑶諮商員被當事人吸引而停止諮商關係半年後，當事人來找諮商員想成為男女朋友。

　　⑷諮商員被當事人父母要求與其子女諮商，以改變其同性戀傾向。

　　⑸當事人送諮商員二百元禮物，表示感激之意。

四、價值影響的倫理問題

◉ 案例四

　　當事人徵詢諮商員意見：「雖然他已經明白告訴我，我們雖住在一起也不可能成為夫妻，他終究會回到太太身邊；我試了一年多，就是無法離開他，我想也許有天他會回心轉意，但是又有點擔心到最後空等一場，我又如何再嫁人？如果是你，你會支持我的選擇嗎？你的答案對我很重要，我已孤立無援了，我想經驗豐富的你說的話，很值得我參考。」如果你是諮商員，你該如何回答？

解　析

　　諮商互動是人際互動、互相影響的過程，完全的價值中立並不可能，免不了相互價值的影響，但諮商員不可強制當事人接受他的價值觀。因此諮商員可說明自己的立場和理由，但僅供參考而已。

反　思

　　如果諮商員分享他的想法是主張當事人應放棄男友，重建新生活，

但當事人仍決定用一生來等待，此諮商員內在的價值觀可能在衝突，一方面覺得該尊重當事人自主權，另一方面又覺得應讓她改變這種近乎病態的迷戀，很可能採用強烈暗示的各種方法來引導當事人改變，這算不算強烈價值涉入？而當事人感受到自己「未能受教改變」，是否也容易流失，不敢再來？難怪 Rogers 主張直接或間接的價值影響都不可以，但是諮商過程本就是運用其專業影響促使人的改變，又怎可能做到絕對的價值不涉入？這又是諮商員會面臨的另一種價值衝突，該秉持哪種意見？價值觀沒有絕對正確的，也無法完全一致，需要考量其影響。因此應考慮自己是有何價值觀，及其如何影響自己的諮商工作。具體作法可依 Lakiin (1991) 建議考慮下列價值澄清的問題來檢視自己的價值觀，及對抗價值影響的態度，並確定自己的倫理判斷方向（牛格正，民 85b）：

(1)依人的生活目標來看，什麼是重要的？

(2)個人對別人有什麼責任和義務？

(3)依你看，如何區分心理健康與不健康？

(4)思考一下這問題的兩面：其一，諮商會涉及一般的價值，灌輸個別或隨意選擇的價值，危險不大。其二，諮商涉及很多不同種類的價值，如果不詳細思考或指導，會為當事人產生不良的諮商效果。

(5)請考慮一下這個立場：諮商理論不但包括科學的方法與技術，也含有對生活方式的許多假設。

(6)如果你同意諮商員有其內在及外在的價值觀，這些價值觀為何對某些當事人有益，而對別的當事人有害呢？

(7)假設價值觀影響諮商，是由於諮商員的理論導向或個人背景，是否人或理論因素比別的因素更會造成倫理問題呢？如果是，為什麼？

(8)你能不能辨識你的諮商價值觀？你能不能辨識別人反映在諮商中的個人價值？你能不能回憶一些當時諮商情形？你對這些回憶有何觀感？

結語：倫理困境的出路

提供諮商服務時須特別關注倫理議題，因為當事人多是冒險坦露生活隱私，極易因而受操縱利用而受傷害，諮商員應覺察並承諾保護當事人之責，敏感自己行為對其可能的衝擊，並同時做好道德倫理判斷（黃月霞，民 84）。然而倫理的思考與判斷並非是「全有、全無」或是「黑白分明」的，而是有程度上適宜與不適宜，個別的問題情境、不同的當事人、不同的機構都有其特定的倫理考慮（王智弘，民 85），再加上倫理守則因無法提供具體指示，又因為可能會因案例不同而生矛盾法律和倫理立場衝突，涉及相關人士之間權益不易協調雙贏，諮商員常常左右為難。況且國內在無諮商員證照制度可給予違反倫理者有力的制裁規範的情況下，專業倫理的要求更得靠專業機構的要求和諮商員個人的專業行為了。綜合王智弘（民 84，民 85）針對這些部分提出提昇倫理實踐的可能措施：

　1.對一般諮商實務機構而言

⑴擬定完善的處理程序和文件設計：尤其是有關告知後同意、保密、資料保管、預警和舉發等問題。

⑵加強諮商員倫理與法律方面的在職訓練。

⑶可考慮聘請專業的倫理、法律、醫療顧問。

　2.在諮商人員的倫理敏感與倫理實踐的發展上

⑴應熟習相關倫理守則與法律規定。

⑵熟習倫理道德新發展：①應隨時閱讀、討論倫理相關文獻，甚至進行角色扮演體驗之；②加入專業組織以獲取新知。

⑶應保持對倫理敏感度，隨時坦誠自我檢討，注意價值觀對實務之影響。

⑷維持同儕間互相提醒之責，製造重視倫理的氣氛。

⑸面臨倫理困境時，應根據具體情境、尋求機構督導、同儕、相關

倫理、法律醫療等專業人士意見，及當事人權益、社會福祉，做全盤考量、判斷。

3.我國目前已設立倫理委員會專責組織，以落實執行倫理守則，接受倫理問題之申訴，提供倫理疑難之諮詢，並處理違反諮商事業倫理守則之案件，確實發揮其組織功能。

4.促成諮商人員的專業證照制度，以確保諮商專業的服務品質。

5.在諮商員養成教育過程中，即開設「諮商倫理」訓練課程，並定期舉辦倫理研討會，提供諮商實務工作人員進修之用。

最後要提醒的是，其實諮商專業倫理困境是提供諮商員一個機會，透過當事人的某個兩難衝突面，引領自己與諮商工作走向統整。有句老話說：「如果你老是面對簡單的選擇，你就沒辦法鍛鍊出品格」。因此本章是為每個諮商情境中遇到進退兩難的道德困境的人而寫的，也為所有想知道如何創造一個合情、合理、合專業環境的諮商員所寫的，謹以此共勉。

附 錄 四

台灣輔導與諮商學會諮商專業倫理守則（90 年版）

前 言

　　台灣輔導與諮商學會（以下簡稱本會）係一教育性、科學性與專業性的組織，旨在聚合有志從事輔導、諮商與心理治療之專業人員，促進諮商學術研究，推展社會及各級學校之諮商工作、幫助社會大眾發展其潛能、創造健康幸福的生活、並促進國家社會及人類的福祉。

　　本守則旨在指明專業倫理係諮商工作之核心價值及諮商實務中相關倫理責任之內涵，並藉此告知所有會員、其所服務之當事人及社會大眾。本守則所揭示之倫理原則，本會會員均須一體遵守並落實於日常專業工作中。本守則亦為本會處理有關倫理申訴案件之基礎。

1. 總 則

1.1. 諮商的目的：諮商的主要目的在維護當事人的基本權益，並促進當事人及社會的福祉。

1.2. 認識倫理守則：諮商師應確認其專業操守會影響本專業的聲譽及社會大眾的信任，自應謹言慎行，知悉並謹遵其專業倫理守則。

1.3. 專業責任：諮商師應認清自己的專業、倫理及法律責任，以維護諮商服務的專業品質。

1.4. 與服務機構合作：服務於學校或機構的諮商師應遵守學校或該機構的政策和規章，在不違反專業倫理的原則下，應表現高度的合作精神。

1.5. 責任衝突：諮商師若與其服務之學校或機構之政策發生倫理責任衝突時，應表明自己須遵守專業倫理守則的責任，並設法尋求合理的解決。

1.6. 諮商師同仁：若發現諮商師同仁有違反專業倫理的行為，應予以規勸，若規勸無效，應利用適當之管道予以矯正，以維護諮商專業之聲譽及當事人

之權益。

1.7. 諮詢請益：諮商師若對自己的倫理判斷存疑時，應就教諮商師同仁或諮商專家學者，共商解決之道。

1.8. 倫理委員會：本會設有倫理委員會，以落實執行倫理守則，接受倫理問題之申訴，提供倫理疑難之諮詢，並處理違反諮商專業倫理守則之案件。諮商師應與倫理委員會密切合作。

2. 諮商關係

2.1. 當事人的福祉

2.1.1. 諮商關係的性質：諮商師應確認其與當事人的關係是專業、倫理及契約關係，諮商師應善盡其因諮商關係而產生的專業、倫理及法律責任。

2.1.2. 諮商師的責任：諮商師的首要責任是尊重當事人的人格尊嚴與潛能，並保障其權益，促進其福祉。

2.1.3. 成長與發展：諮商師應鼓勵當事人自我成長與發展，避免其養成依賴諮商關係的習性。

2.1.4. 諮商計劃：諮商師應根據當事人的需要、能力及身心狀況，與其共同研擬諮商計劃，討論並評估計劃的可行性及預期的效果，儘量尊重當事人的自由決定權，並為其最佳利益著想。

2.1.5. 利用環境資源：當事人的問題多與其所處環境有關，諮商師應善用其環境資源，特別是家庭資源，協助其解決問題，並滿足其需要。

2.1.6. 價值影響：諮商師應尊重當事人的價值觀，不應強為當事人做任何的決定，或強制其接受諮商師的價值觀。

2.2. 當事人的權利

2.2.1. 自主權：諮商師應尊重當事人的自由決定權。

　　a. 諮商同意權：當事人有接受或拒絕諮商的權利，諮商師在諮商前應告知諮商關係的性質、目的、過程、技術的運用、限制及損益等，以幫助當事人做決定。

　　b. 自由選擇權：在個別或團體諮商關係中，當事人有選擇參與或拒絕

參與諮商師所安排的技術演練或活動、退出或結束諮商的權利，諮商師不得予以強制。

c. 未成年當事人：為未成年人諮商時，諮商師應以未成年當事人的最佳利益著想，並尊重父母或監護人的合法監護權，需要時，應徵求其同意。

d. 無能力做決定者：若當事人因身心障礙而無能力做決定時，諮商師應以當事人最佳利益著想，並應尊重其合法監護人或第三責任者的意見。

2.2.2. 公平待遇權：當事人有要求公平待遇的權利，諮商師實施諮商服務時，應尊重當事人的文化背景與個別差異，不得因年齡、性別、種族、國籍、出生地、宗教信仰、政治立場、性別取向、生理殘障、語言、社經地位等因素而予以歧視。

2.2.3. 受益權：諮商師應為當事人的最佳利益著想，提供當事人專業諮商服務，維護其人格之尊嚴，並促進其健全人格之成長與發展。（參看 2.1）

2.2.4. 免受傷害權：諮商師應謹言慎行，避免對當事人造成傷害。

a. 覺知能力限制：諮商師應知道自己的能力限制，不得接受超越個人專業能力的個案。

b. 覺察個人的需要：諮商師應覺知自己的內在需要，不得利用當事人滿足個人的需要。

c. 覺知個人的價值觀：諮商師應覺知自己的價值觀、信念、態度和行為，不得強制當事人接受諮商師的價值觀。（參看 2.1.6）

d. 雙重關係：諮商師應儘可能避免與當事人有雙重關係，例如下述，但不止於此：親屬關係、社交關係、商業關係、親密的個人關係及性關係等，以免影響諮商師的客觀判斷，對當事人造成傷害。

e. 親密及性關係：諮商師不可與當事人或與已結束諮商關係未超過兩年的當事人建立親密或性關係，以免造成當事人身心的傷害。諮商師若與已結束諮商關係兩年以上的當事人建立親密或性關係，必須

證明此等關係不具剝削的特質，且非發展自諮商關係。

f. 團體諮商：諮商師領導諮商團體時，應審慎甄選成員，以符合團體的性質、目的及成員的需要，並維護其他成員的權益。運用團體諮商技術及領導活動時，應考量自己的專業知能、技術及活動的危險性，做好適當的安全措施，以保護成員免受身心的傷害。

2.2.5. 要求忠誠權：當事人有要求諮商師信守承諾的權利，諮商師應對當事人忠誠，信守承諾。

2.2.6. 隱私權：當事人有天賦及受憲法保障的隱私權，諮商師應予尊重。

2.3. 諮商機密

2.3.1. 保密責任：基於當事人的隱私權，當事人有權要求諮商師為其保密，諮商師也有責任為其保守諮商機密。

2.3.2. 預警責任：當事人的行為若對其本人或第三者有嚴重危險時，諮商師有向其合法監護人或第三者預警的責任。

2.3.3. 保密的特殊情況：保密是諮商師工作的基本原則，但在以下的情況下則是涉及保密的特殊情況：

a. 隱私權為當事人所有，當事人有權親身或透過法律代表而決定放棄。

b. 保密的例外：在涉及有緊急的危險性，危及當事人或其他第三者。

c. 諮商師負有預警責任時。（參看 2.3.2）

d. 法律的規定。

e. 當事人有致命危險的傳染疾病等。

f. 評估當事人有自殺危險時。

g. 當事人涉及刑案時等。

2.3.4. 當事人的最佳利益：基於上述的保密限制，諮商師必須透露諮商資料時，應先考慮當事人的最佳利益，再提供相關的資料。

2.3.5. 非專業人員：與諮商師共事的非專業人員，包括助理、雇員、實習學生及義工等，若有機會接觸諮商資料時，應告誡他們為當事人保密的責任。

2.3.6. 個案研究：若為諮商師教育、訓練、研究或諮詢之需要，必須運用諮商資料時，諮商師應預先告知當事人，並徵得其同意。

2.3.7. 團體諮商：領導諮商團體時，諮商師應告知成員保密的重要性及困難，隨時提醒成員保密的責任，並勸告成員為自己設定公開隱私的界線。

2.3.8. 家庭諮商：實施家庭諮商時，諮商師有為家庭成員個人保密的責任，沒有該成員的許可，不可把其諮商資料告知其他家庭成員。

2.3.9. 未成年人諮商：未成年人諮商時，諮商師亦應尊重其隱私權，並為其最佳利益著想，採取適當的保密措施。

2.3.10. 諮商資料保管：諮商師應妥善保管諮商機密資料，包括諮商記錄、其它相關的書面資料、電腦處理的資料、個別或團體錄音或錄影帶、及測驗資料等。

　　a. 諮商記錄：未經當事人的同意，任何形式的諮商記錄不得外洩。

　　b. 本人查閱：當事人本人有權查看其諮商記錄及測驗資料，諮商師不得拒絕，除非這些諮商資料可能對其產生誤導或不利的影響。

　　c. 合法監護人查看：合法監護人或合法的第三責任者要求查看當事人的諮商資料時，諮商師應先瞭解其動機，評估當事人的最佳利益，並徵得當事人的同意。

　　d. 其他人士查看：其他人包括導師、任課教師、行政人員等要求查看當事人的諮商資料時，諮商師應視具體情況及實際需要，為當事人的最佳利益著想，並須徵得當事人的同意後，審慎處理。

　　e. 諮商資料轉移：未徵得當事人同意，諮商師不可轉移諮商資料給他人；經當事人同意時，諮商師應採取適當的安全措施進行諮商資料之轉移。

　　f. 研究需要：若為研究之需要須參考當事人的諮商資料時，諮商師應為當事人的身份保密，並預先徵得其同意。

　　g. 演講或出版：若發表演講、著作、文章、或研究報告需要利用當事人的諮商資料時，應先徵求其同意，並應讓當事人預閱稿件的內容，才可發表。

　　　h. 討論與諮詢：若為專業的目的，需要討論諮商的內容時，諮商師只能與本案有關的關係人討論。若為諮詢的目的，需要做口頭或書面報告時，應設法為當事人的身份保密，並避免涉及當事人的隱私。

2.4. 諮商收費

2.4.1. 免費諮商：服務於學校或機構的諮商師為本校學生或機構內人員諮商，乃係諮商師的份內事，不得另外收費。

2.4.2. 收費標準：自行開業或服務於社區諮商中心的諮商師可以收費，但應訂定合理的收費標準。合理的收費標準應比照當地其他助人機構一般收費的情形而定，並應顧及當事人的經濟狀況，容有彈性的付費措施。

2.4.3. 預先聲明：實施諮商前，諮商師應向當事人說明諮商專業服務的收費規定。

2.4.4. 收受饋贈：諮商師應避免收受當事人饋贈的貴重禮物，以免混淆諮商關係或引發誤會及嫌疑。

2.5. 運用電腦及測驗資料

2.5.1. 電腦科技的運用：在諮商過程中運用電腦科技時，諮商師應注意以下的事項：

　　　a. 確知當事人是否有能力運用電腦化系統諮商。

　　　b. 用電腦化系統諮商是否符合當事人的需要。

　　　c. 當事人是否瞭解用電腦化系統諮商的目的及功能。

　　　d. 追蹤當事人運用的情形，導正可能產生的誤解，找出不適當的運用方式，並評估其繼續使用的需要。

　　　e. 向當事人說明電腦科技的限制，並提醒當事人審慎利用電腦科技所提供的資料。

2.5.2. 測驗資料的應用：在諮商過程中運用測驗資料時，諮商師應注意：

　　　a. 解釋測驗資料應力求客觀、正確及完整，並避免偏見和成見、誤解及不實的報導。

　　　b. 審慎配合其它測驗結果及測驗以外的資料做解釋，避免以偏概全的

錯誤。

2.6. 轉介與結束諮商

2.6.1. 轉介時機：因故不能繼續給當事人諮商時，應予轉介。

a. 當事人自動要求結束諮商：若當事人自動要求結束諮商，而諮商師研判其需要繼續諮商時，諮商師應協調其他輔助資源，予以轉介。

b. 專業知能限制：若當事人的問題超越諮商師的專業能力，不能給予諮商時，應予轉介。（參看 2.2.4.a）

c. 雙重關係的介入：若因雙重關係的介入而有影響諮商師的客觀判斷或對當事人有傷害之虞時，應予轉介。

2.6.2. 禁止遺棄：諮商師不得假借任何藉口忽略或遺棄當事人而終止諮商，應為當事人安排其他管道，使能繼續尋求協助。

2.6.3. 轉介資源：為便利轉介服務，諮商師應熟悉適當的轉介資源，協助當事人獲得其需要的幫助。

2.6.4. 結束諮商的時機：在以下的情形下，諮商師可徵求當事人同意結束諮商：

a. 當事人不再受益時，可結束諮商。

b. 當事人不需要繼續諮商服務時，可結束諮商。

c. 諮商不符合當事人的需要和利益時，可結束諮商。

d. 當事人主動要求轉介時，無須繼續諮商。

e. 當事人不按規定付費或因服務機構的限制不准提供諮商服務時，可結束諮商。

f. 有傷害性雙重關係介入而不利諮商時，應停止諮商關係，並予轉介。

3. 諮商師的責任

3.1. 諮商師的專業責任

3.1.1. 熟悉專業倫理守則：諮商師應熟悉其本職的專業倫理守則及行為規範。

3.1.2. 專業知能：為有效提供諮商專業服務，諮商師應接受適當的諮商專業

教育及訓練，具備最低限度的專業知能。

3.1.3. 充實新知：諮商師應不斷進修，充實專業知能，以促進其專業成長，提昇專業服務品質。

3.1.4. 能力限制：諮商師應覺知自己的專業知能限制，不得接受或處理超越個人專業知能的個案。（參看 2.2.4.a）

3.1.5. 專業領域：從事不同專業領域的諮商師，應具備該專業所需要的專業知能、訓練、經驗和資格。

3.1.6. 自我瞭解：諮商師應對個人的身心狀況提高警覺，若發現自己身心狀況欠佳，則不宜從事諮商工作，以免對當事人造成傷害，必要時，應暫停諮商服務。（參看 2.2.4.b）

3.2. 諮商師的倫理及社會責任

3.2.1. 提昇倫理意識與警覺：諮商師應培養自己的倫理意識，提昇倫理警覺，並重視個人的專業操守，盡好自己的倫理及社會責任。

3.2.2. 維護當事人的權益：諮商師的首要倫理責任，即在維護當事人的基本權益，並促進其福利。（參看 2.1.2；2.2.1–2.2.6）

3.2.3. 公開陳述：諮商師在公開陳述其專業資格與服務時應符合本倫理守則之要求。所謂公開陳述包括但不限於下述方式：付費或免費之廣告、手冊、印刷品、名錄、個人履歷表或資歷表、大眾媒體上之訪談或評論、在法律程序中的陳述、演講或公開演說、出版資料及網頁內容等。

a. 宣傳廣告：以任何形式做諮商服務宣傳或廣告時，其內容應客觀正確，不得以不實的內容誤導社會大眾。

b. 諮商師在委託他人為其專業工作、作品或活動促銷時，應擔負他人所作公開陳述之專業責任。

c. 諮商師若得知他人對自身工作做不正確之陳述時，應力求矯正該陳述。

d. 諮商師應避免不實之公開陳述，包括但不限於下述內容：1. 所受之訓練、經驗或能力；2. 學分；3. 證照；4. 所屬之機構或組織；5. 所提供之專業服務；6. 所提供專業服務之學理基礎或實施成效；7. 收

費標準；8.研究發表。

3.2.4. 假公濟私：有自行開業的諮商師不得藉由其在所屬機構服務之便，為自己招攬當事人。

3.2.5. 工作報告：發表諮商工作報告時，諮商師應力求具體、客觀及正確，給人真實的印象。

3.2.6. 避免歧視：諮商師不得假借任何藉口歧視當事人、學生或被督導者。（參看 2.2.2）

3.2.7. 性騷擾：諮商師不可對當事人做語言或行為的性騷擾，應切記自己的專業角色及身為諮商師的專業身份。（參看 2.2.4.e）

3.2.8. 媒體呈現：諮商師透過媒體演說、示範、廣播、電視、錄影帶、印刷品、郵件、網路或其他媒體以提供正確之訊息，媒體從事諮商、諮詢、輔導或教育推廣工作時，應注意理論與實務的根據，符合諮商專業倫理規範，並慎防聽眾與觀眾可能產生的誤解。

3.2.9. 圖利自己：諮商師不得利用其專業地位，圖謀私利。

3.2.10. 互相尊重：諮商師應尊重同事的不同理念和立場，不得冒充其他同事的代言人。

3.2.11. 合作精神：諮商師應與其他助人者及專業人員建立良好的合作關係，並表現高度的合作精神，尊重各人應遵循的專業倫理守則。

3.2.12. 提高警覺：服務於機構的諮商師，對雇主可能不利於諮商師倫理責任的言行、態度，或阻礙諮商效果的措施，提高警覺。

4. 諮　詢

4.1. 諮詢的意義：提供諮詢是鼓勵當事人自我指導、適應及成長的關係和過程。

4.2. 瞭解問題：諮商師提供諮詢時，應設法對問題的界定、改變的目標及處理問題的預期結果與當事人達成清楚的瞭解。

4.3. 諮詢能力：諮商師應確定自己有提供諮詢的能力，並知悉適當的轉介資源。（參看 2.6.3）

4.4. 選擇諮詢對象：為幫助當事人解決問題需要請教其他專業人員時，諮商師應審慎選擇提供諮詢的專業人員，並避免陷對方於利益衝突的情境或困境。

4.5. 保密：在諮詢過程中所獲得的資料應予保密。（參看 2.3.10.h）

4.6. 收費：諮商師為所服務機構的人員提供諮詢時，不得另外收費或接受報酬。（參看 2.4.1）

5. 測驗與評量

5.1. 專業知能：諮商師實施或運用測驗於諮商時，應對該測驗及評量方法有適當的專業知能和訓練。

5.2. 知後同意權：實施測驗或評量之前，諮商師應告知當事人測驗與評量的性質、目的及結果的運用，尊重其自主決定權。（參看 2.2.1）

5.3. 當事人的福利：測驗與評量的主要目的在促進當事人的福利，諮商師不得濫用測驗及評量的結果和解釋，並應尊重當事人知悉測驗與評量結果及解釋的權利。（參看 1.1；2.3.10.b）

5.4. 測驗選擇及應用：諮商師應審慎選用測驗與評量的工具，評估其信度、效度及實用性，並妥善解釋及應用測驗與評量的分數及結果，避免誤導。

5.5. 正確資訊：說明測驗與評量工具技術時，諮商師應提供正確的訊息，避免導致誤解。（參看 2.2.1.a）

5.6. 解釋結果：解釋測驗及評量結果時，諮商師應考慮當事人的需要、理解能力及意見，並參考其他相關的資料，做客觀、正確和適當的解釋。（參看 2.5.2. a, b）

5.7. 智慧財產權：諮商師選用測驗及評量工具時，應尊重編製者的智慧財產權，並徵得其同意，以免違反著作權法。

5.8. 施測環境：諮商師應注意施測環境，使符合標準化測驗的要求。若施測環境不佳、或受測者行為表現異常、或有違規事件發生，應在解釋測驗結果時註明，得視實際情況，對測驗結果之有效性做適當的評估。

5.9. 實施測驗：測驗與評量工具若無自行施測或自行計分的設計，均應在施測

者監督下實施。

5.10. 電腦施測：諮商師若利用電腦或電子科技施測，應確定其施測的功能及評量結果的正確性。（參看 2.5.1；2.5.2）

5.11. 報告結果：撰寫測驗或評量結果報告時，諮商師須考慮當事人的個別差異、施測環境及參照常模等因素，並指出該測驗或評量工具的信度及效度的限制。

5.12. 測驗時效：諮商師應避免選用已失時效之測驗及測驗資料，亦應防止他人使用。

5.13. 測驗編製：諮商師在運用心理測驗及其他評量技術發展和進行研究時，應運用科學之程序與先進之專業知識進行測驗之設計、標準化、信效度考驗，以力求避免偏差，並提供完善的使用說明。

6. 研究與出版

6.1. 以人為研究對象：諮商師若以人為研究對象，應尊重人的基本權益，遵守倫理、法律、服務機構之規定、及人類科學的標準，並注意研究對象的個別及文化差異。

6.2. 研究主持：研究主持人應負起該研究所涉及的倫理責任，其他參與研究者，除分擔研究的倫理責任外，對其個人行為應負全責。

6.3. 行為規範：諮商師應遵循做研究的倫理規範，若研究問題偏離研究倫理標準時，應特別注意防範研究對象的權益受損。

6.4. 安全措施：諮商師應對研究對象的身心安全負責，在實驗研究過程中應先做好安全措施。（參看 2.2.4.f）

6.5. 徵求同意

6.5.1. 自由決定：諮商師應尊重研究對象的自由決定權，事先應向研究對象說明研究的性質、目的、過程、方法與技術的運用、可能遭遇的困擾、保密原則及限制、以及諮商師及研究對象雙方的義務等。（參看 2.2.1）

6.5.2. 主動參與：參與研究以主動參與為原則，除非此研究必須有其參與才能完成，而此研究也確實對其有利而無害。

6.5.3. 缺乏判斷能力者: 研究對象缺乏判斷能力不能給予同意時，諮商師應盡力解釋使其瞭解，並徵求其合法監護人或第三責任者的同意。(參看 2.2.1. c; 2.2.1.d)

6.5.4. 退出參與: 研究對象有拒絕或退出參與研究的權利，諮商師不得以任何方式予以強制。(參看 2.2.1)

6.5.5. 隱瞞或欺騙: 諮商師不可用隱瞞或欺騙的方法對待研究對象，除非這種方法對預期的研究結果有必要，且無其他方法可以代替，但事後應向研究對象做適當的說明。

6.6. 解釋研究結果

6.6.1. 解釋搜集的資料: 完成資料搜集後，諮商師應向研究對象澄清研究的性質及資料的運用，不得延遲或隱瞞，以免引發誤解。

6.6.2. 解釋研究結果: 研究完成後，諮商師應向研究對象詳細解釋研究的結果，並應抱持客觀、正確及公正的態度，避免誤導。

6.6.3. 糾正錯誤: 發現研究結果有誤或對當事人不利時，諮商師應立即查察、糾正或消除不利現象及其可能造成的影響，並應把實情告知研究對象。

6.6.4. 控制組的處理: 實驗研究需要控制組，實驗研究結束後，應對控制組的成員給予適當的處理。

6.7. 撰寫研究報告

6.7.1. 客觀正確: 撰寫研究報告時，諮商師應將研究設計、研究過程、研究結果及研究限制等做詳實、客觀及正確的說明和討論，不得有虛假不實的錯誤資料、偏見或成見。

6.7.2. 誠實報導: 發現研究結果對研究計劃、預期效果、實務工作、諮商理念、或投資利益有不符合或不利時，諮商師仍應照實陳述，不得隱瞞。

6.7.3. 保密: 諮商師撰寫報告時，應為研究對象的身份保密，若引用他人研究的資料時，亦應對其研究對象的身份保密。(參看 2.3.1; 2.3.10. f)

6.8. 發表或出版

6.8.1. 尊重智慧財產權: 發表或出版研究著作時，應注意出版法和智慧財產

權保護法。(參看 5.7)

6.8.2. 註明原著者：發表之著作引用其他研究者或作者之言論或資料時，應註明原著者及資料的來源。

6.8.3. 二人以上合著：發表或出版之研究報告或著作為二人以上合著，應以適當的方式註明其他作者，不得以自己個人的名義發表或出版。

6.8.4. 對著作有特殊貢獻者：對所發表或出版之著作有特殊貢獻者，應以適當的方式給予鄭重而明確的聲明。

6.8.5. 利用學生的報告或論文：所發表的文章或著作之主要內容係根據學生之研究報告或論文，應以該學生為主要作者。

7. 教學與督導

7.1. 專業倫理知能：從事諮商師教育、訓練或督導之諮商師，應熟悉與本職相關的專業倫理，並提醒學生及被督導者應負的專業倫理責任。

7.2. 告知督導過程：督導者應向被督導者說明督導的目的、過程、評鑑方式及標準，並於督導過程中給予定期的回饋及改進的建議。

7.3. 雙重關係：諮商師教育者應清楚地界定其與學生及被督導者的專業及倫理關係，不得與學生或被督導者介入諮商關係，親密或性關係。(參看 2.2.4.d；2.2.4.e)

7.4. 督導實習：督導學生實習時，督導者應具備督導的資格，善盡督導的責任，使被督導者獲得充分的實務準備訓練和經驗。

7.5. 連帶責任：從事諮商師教育與督導者，應確實瞭解並評估學生的專業能力，是否能勝任諮商專業工作。若因教學或督導之疏失而發生有受督導者不稱職或傷害當事人福祉之情事，諮商師教育與督導者應負連帶的倫理責任。

7.6. 人格陶冶：諮商師教育者及督導者教學與提昇學生的專業知能外，更應注意學生的專業人格陶冶，並培養其敬業樂業的服務精神。

7.7. 專業倫理訓練：從事諮商師教育者應給學生適當的倫理教育與訓練，提昇其倫理意識、警覺和責任感，並增強其倫理判斷的能力。

7.8. 理論與實務相結合：諮商師教育者應提供學生多元化的諮商理念與技術，培養其邏輯思考、批判思考、比較及統整的能力，使其在諮商實務中知所選擇及應用。

7.9. 注意個別差異：諮商師教育者及督導者應審慎評估學生的個別差異 、發展潛能及能力限制，予以適當的注意和關心，必要時應設法給予發展或補救的機會。 對不適任諮商專業工作者，應協助其重新考慮其學習及生計方向。

7.10. 教育課程

　7.10.1. 課程設計：應確保課程設計得當，得以提供適當理論，並符合執照、證書或該課程所宣稱目標之要求。

　7.10.2. 正確描述： 應提供新近且正確之課程描述，包括課程內容、進度、訓練宗旨與目標， 以及相關之要求與評量標準，此等資料應為所有有興趣者可取得， 以為修習課程之參考。

　7.10.3. 評估回饋： 在教學與督導關係中，諮商師應根據學生及被督導者在課程要求上之實際表現進行評估， 並建立適當之程序，以提供回饋或改進學習之建議予學生和被督導者。

8. 網路諮商

8.1. 資格能力：實施網路諮商之諮商師，應具備諮商之專業能力以及實施網路諮商之特殊技巧與能力，除應熟悉電腦網路操作程序、網路媒體的特性、網路上特定的人際關係與文化外，並具備多元文化諮商的能力。

8.2. 知後同意：提供網路諮商時應進行適當之知後同意程序，提供當事人相關資訊。

　8.2.1. 一般資訊： 應提供當事人有關諮商師的專業資格、收費方式、服務的方式與時間等資訊。

　8.2.2. 網路諮商特性：應提供有關網路諮商的特性與型態、資料保密的規定與程序，以及服務功能的限制、何種問題不適於使用網路諮商等資訊。

　8.2.3. 電腦網路的限制與顧慮：有關網路安全與技術的限制、網路資料保密

的限制，特別應對當事人加以說明。

 8.2.4. 未成年當事人：若當事人為未成年人時，諮商師應考慮獲得其法定監
  護人的同意。

8.3. 網路安全：實施網路諮商時，在網路通訊上，應採必要的措施，以利資料
 傳輸之安全性與避免他人之冒名頂替。如：文件的加密，使用確認彼此身
 分之特殊約定等。諮商師亦應在電腦網路之相關軟硬體設計與安全管理
 上力求對網路通訊與資料保存上之安全性。

8.4. 避免傷害：諮商師敏察網路服務型態的限制，避免因網路傳輸資訊之不足
 與失真而導致在診斷、評量、技術使用與處理策略上之失誤，而造成當事
 人之傷害。諮商師應善盡保密之責任，但面臨當事人可能自我傷害，傷
 害他人或涉及兒童虐待時，諮商師應收集資訊，評估狀況，必要時應採取
 預警與舉發的行動。

8.5. 法律與倫理管轄權：在實施網路諮商與督導時，應審閱諮商師、當事人及
 督導居住所在地之相關法律規定與倫理守則以避免違犯。

8.6. 轉介服務：諮商師應盡可能提供當事人其居住地附近之相關諮商專業機
 構與諮商師之資訊與危機處理電話，以利當事人就近求助。網路諮商師應
 與當事人討論當諮商師不在線上時的因應方式，並考慮轉介鄰近諮商師
 之可能性。

8.7. 普及服務：網路諮商師應力求所有當事人均能得到所需之諮商服務，除在
 提供電腦網路諮商服務時能在使用設計上盡量考慮不同當事人使用的方
 便性之外，亦應盡可能提供其他型態與管道的諮商服務，以供當事人選擇
 使用。

▶ ▶ ▶ ▶ 　關鍵詞彙

輔導專業倫理　　　　　　　　　倫理意識

倫理困境　　　　　　　　　　　　倫理判斷

▶ ▶ ▶ ▶ 　思考與評量

一、輔導人員的價值觀和生活經驗是如何影響治療歷程？

二、輔導人員和個案在倫理議題上，各有何權益和應負何種責任？

三、輔導人員如何確定自己勝任諮商工作的能力？

四、如何小心與未成年人諮商的倫理議題？

五、你的接案經驗中，是否曾有涉及專業倫理的難題？提出討論之。

六、特殊諮商領域的諮商倫理困境尚有：團體輔導、測驗與出版、婚姻與家庭、兒童虐待、未婚懷孕、自殺、同性戀、藥物濫用、AIDS、老年諮商、新進科技在諮商中運用的問題，這些主張會涉及哪些倫理顧慮？挑選一、兩個特定議題討論其該有的倫理顧慮。（詳細內容可參見：牛格正，民80，民85）

七、挑選一部有關倫理議題的影片賞析並討論。

　　（建議影片：潮浪王子、神父、真愛一生、夜襲、乞丐博士、飛越死亡線等。）

▶ ▶ ▶ ▶ 　參考書目

1.牛格正（民80）：諮商的專業倫理。臺北市：五南。

2.牛格正（民85a）：諮商實務的挑戰——處理特殊個案的倫理問題。臺北市：張老師。

3. 牛格正（民 85b）：諮商員的專業倫理。通識教育季刊，3 (2)，頁 97–111。

4. 牛格正（民 86）：如何做倫理判斷。載於教育部訓委會，諮商倫理工作坊手冊（未出版）。

5. 王智弘（民 84）：個別諮商過程中涉及的倫理問題。輔導學報，18，頁 191–224。

6. 王智弘（民 85）：諮商未成年當事人涉及倫理問題。國立彰化師範大學，輔導學報，19，頁 287–317。

7. 李茂興譯（民 84）：諮商與心理治療的理論與實務。臺北市：揚智。

8. 汪益譯（民 81）：一分鐘倫理管理。臺北市：聯經。

9. 林慶仁（民 76）：學校輔導教師諮商倫理判斷之調查研究。國立臺灣教育學院輔導研究所碩士論文（未出版）。

10. 林蔚芳（民 81）：輔導員專業倫理中的多趨衝突。諮商與輔導，84，頁 6–8。

11. 侯麗玲（民 75）：諮商倫理中的「價值」問題。輔導月刊，23 (1)，頁 7–9。

12. 張令恬、翟宗悌、蘇彙珺（民 84）：中美諮商員專業倫理規範及其訓練之比較。國立臺灣師範大學教育心理與輔導研究所碩士班課堂報告（未出版）。

13. 陳正恩（民 76）：擬訂輔導人員專業道德守則的觀念。輔導月刊，23 (5)，頁 32–36。

14. 黃月霞（民 84）：諮商導論。臺北市：五南。

15. Corey, G. Corey, M. S., & Callanan, P. (1993). *Issues and Ethics in the Helping Professions* (4th ed.). California: Pacific Gvove, Bollkslcole Publishing Company.

16. Feit, S. S. & Lloyd, A. P. (1990). A profession in search of professionals. *Counselor Education and Supervision*, 29 (4), pp. 216–219.

17. Karen, S. K. (1986). Teaching Applied Ethics in Counselor Education: An Integration of Psychological Process and Philosophical Analysis. *Journal of Counselor and Development*, 65, pp. 306–310.

18. Tymchuk, A. J. & Drapkin, R., Major-Kingsley, S., Ackerman, A., Coffman, E.

N., & Baumm, M. S. (1982). Ethical Decision Making and Psychologists Attitudes toward Training in Ethics. *Profession Psychology*, 13, pp. 412–421.

Chapter 14

→ → →

輔導的發展趨勢

↘ 學習目標

學習本章後可以：

一、瞭解輔導理論的發展趨勢。

二、省思輔導專業的角色認定。

三、面對當前輔導發展中的新議題。

↘ 本章大綱

第一節 —— 由心理輔導的特性談起

　　涉及多種學科

　　因時制宜

　　多樣性

第二節 —— 輔導理論的發展趨勢

　　折衷理論盛行

　　形成個人理論

　　短期輔導的趨勢

第三節 —— 輔導研究的趨勢

　　實物取向的研究受到重視

　　質化研究興起

　　多樣性的歷程研究

第四節 —— 輔導人員角色認定之趨勢

第五節 —— 新近關切的輔導議題

　　多重文化的輔導

　　婚姻與家庭的輔導

　　暴力問題

　　物質濫用及上癮行為之輔導

　　青少年的輔導

　　女性主義衝擊

　　其他主題

導　言 → → →

　　本文就理論發展、研究及輔導人員角色認定來探討輔導的發展趨勢。在理論方面，折衷主義、短期輔導與形成個人理論為發展之趨勢。在美國一項調查指出，輔導人員自認專業角色偏向於心理矯治而遠離職業輔導。文中並指出，國內輔導證照制度發展在專業角色認定上之重要性，此外，本文探討下列輔導的新議題：多重文化、婚姻與家庭、暴力問題、物質濫用及上癮行為、青少年輔導、女性主義的衝擊……等等。

第一節　由心理輔導的特性談起

　　心理輔導是一門科學，源自輔導心理學，且根據其理論發展出種種技巧。心理輔導也是一種專業工作，為解除或減輕當事人的困擾，由受過訓練的輔導工作者提供實際的服務。在美國的心理學會 (American Psychological Association) 裡，心理輔導者隸屬於第十七分支 (Division 17)，有其明確的位置，且有相關的證照制度來確認。

　　在我國，輔導之發展也已經有四十年歷史，在教育界帶來相當大的影響，在社會上也漸受重視。

　　心理輔導有涉及廣泛、因時制宜及多樣性等特質，正因如此，認清現況與探討未來之發展趨勢是十分重要的。

一、涉及多種學科 (interdisciplinery)

　　心理輔導雖以心理學為主，但是涉及學科十分廣泛。舉凡社會學、經濟學、文化人類學等均與之有所交會。心理輔導為每一個案工作，極具個別性，但是每一個人都是緊密而複雜地繫於社會、文化、經濟的脈絡當中。在心理學以外的多種專業及科學都提供了不同的角度幫助我們

寬廣地瞭解輔導的對象及過程。因此，輔導學者與工作者需對其他專業學科持開放之心態，以積極借助其力，也為科際交會奠下基礎。

二、因時制宜 (ever-changing)

輔導固然有其一定的原理原則，但是常常因為配合案主的需要、特定的環境和工作者的背景而有不同的強調重點與關切主題。因此，輔導乃深具彈性，隨著時代及社會變遷而對新的主題有所關切，工作者也需敏感於此而作出應變。

三、多樣性 (diverse)

過去近百年間，輔導理論呈現出高度的多樣性，無論在人性的基本假設或技巧運用上，各個理論取向之間歧異甚大。這個現象對於每一個輔導工作者提出了一個挑戰，就是需要自問：自己置身何處？在此多樣化的輔導領域裡個人的服膺與運用為何？

Frey (1972) 提出了一個雙軸向—四區格的輔導理論分類架構，以理性—感性 (rationalaffective) 為橫軸，領悟—行動 (insightaction) 為縱軸。形成的四個區格是：理性／領悟，領悟／感性，感性／行動，行動／理性。各個輔導派別可以在此架構上標示出相對位置，也可見出輔導的多樣性來。

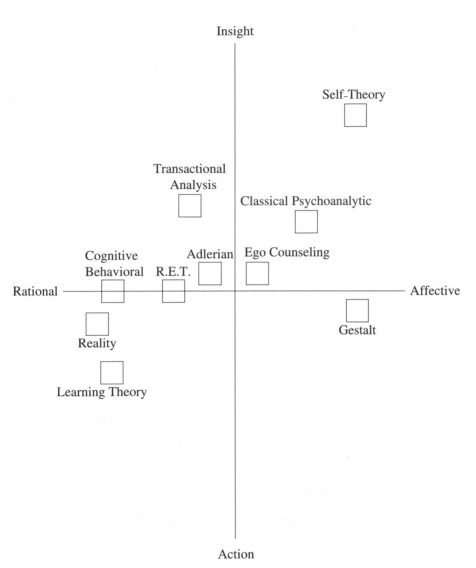

圖 14–1　**Frey** 的雙軸向—四區格輔導理論一覽表

第二節　輔導理論的發展趨勢

一、折衷理論盛行

在多樣化的輔導理論運用多年之後，自然也有不少人士盼望有一跨越舊有派別的理論或模式，然而多半輔導專家都不願放棄已經熟悉的理論及技巧，因此用一種理論去取代另一種是很難辦到的。常常見到的是不同取向的輔導相加在一起運用。

折衷理論並非隨意取用理論與技術混雜應用便是，而需要系統化地整合，選擇性的運用。Golden Paul (1967) 所言「對於特定情境中的當事人所擁有的問題，由誰用什麼方法來介入會最為有效?」指出了折衷派的精神。

Lazarus (1986) 所提出的多重模式即為折衷主義的代表作。多重模式為整體取向的輔導模式，其偏重為行為治療之理論，然而在技術運用上持開放的態度，廣泛納入新的行為改變技巧。亦稱為技術折衷主義。然而其技術之選取並非隨意或任憑輔導人員之好惡，而是針對當事人的改變所需而定。

近來有很高比例的輔導專家自認是折衷取向的一員，Watkins (1986) 所做一項全美國的調查中，在 682 位輔導心理學家當中，有 274 名 (40.2%) 認為自己第一優先的工作取向為折衷取向，其次為心理動力取向 (11%) 及案主中心取向 (10.4%)，折衷派佔有壓倒性優勢。在未來的趨勢上想來仍是折衷派的優勢，而非任何一家傳統理論能獨占輔導理論之天下。

折衷取向的輔導提出寬廣的選擇空間，輔導工作者能夠發揮創意進行整合，進而開創自成一格的個人理論或工作模式，誠如 Prochaska (1983) 所言：折衷派輔導者必須致力於建立工作模式才不會流於技巧的

大雜燴，這正是折衷取向工作者的挑戰所在。

二、形成個人理論 (personal theory)

在折衷取向盛行之際，建立個人理論是另一個趨勢所在。

理論是「對於觀察所得或來自實驗的實徵性資料進行分析與解釋的一個系統」(Wolman, 1973)。任何學科均有其理論，理論能提出一個模式，據以組織有關的資料加以詮釋。由此，資料才會具有意義，各部分的資料才會有所相關。

心理輔導的理論為輔導者認知中的架構，能影響輔導者如何看待人的問題，及評估輔導工作朝向目標有了多少進展。輔導工作倘若沒有理論依據將是沒有秩序的行動，而理論若不是對輔導工作有所影響也就沒有存在的用途。

Stefflre (1968) 指出：「輔導的理論乃我們所經驗到的現實與其複雜的解釋合在一起，建立一個架構，以便對未來的行動有所說明的基礎。」可見輔導理論能讓我們對已發生的事件有一個理解的架構，也可對當事人的改變歷程及進一步的輔導方針提供方向。

其實每一個有經驗的輔導者都在心中有其認知上的參考架構，據以對當事人形成假設及展開輔導的過程。只是這些個人性的假設與思想架構多半隱而未顯，輔導人員未能具體敘述出來，或許也未能仔細加以察覺。

Hansen (1994) 認為每一位輔導者都有潛力發展個人輔導理論，也認為應該朝此努力：「明確的輔導理論雖有流於教條化的可能性，然而，內隱性的個人輔導理論更有將個人偏見投入輔導過程當中的危險，因此，輔導者若能將心中所存之理論加以整理描述於外，並建構出個人理論，將有助於輔導過程的進行。」

輔導理論需與實務工作緊緊相繫才有價值。偉大的輔導理論創始者如 Rogers, Freud 均為在工作中提出其初創的見解，又在後繼不斷的工作

中補充而形成其理論。

現代的輔導者在形成個人理論時，並不企圖尋一放諸四海皆準的原理，也不打算取代任何其他理論，而是建立一套信念系統和試探性的行動計劃，一面運用暫時性的模式於實務工作中，一面在其中收集更多資料來驗證或修正工作的模式。誠如 Prochaska (1983) 所云「折衷主義者最大的挑戰乃建構出有研究基礎及臨床用途的輔導工作模式來」。

「解決焦點治療模式」(Solution Focused Brief Therapy) 即是一個個人理論的例子，由 Walter, J. L., de Shazer 和 Peller, J. E. 等人在近十年間發展成功，有其明確的人性觀及對問題的看法，尤其在輔導之技巧運用上有清楚的交待，更對輔導之歷程與步驟作過相當研究，提出工作模式 (de Shazer, 1988)，又進一步修正並將其工作流程精細化 (Walter, etc., 1992) 而在近代輔導領域中大放異彩。

三、短期輔導的趨勢

傳統的精神分析取向的心理輔導，在提出人格結構及解釋複雜的心理動力方面貢獻極大。但是，基於下列理由，短期的輔導或治療已成為當代的主流，相信也會是未來的趨勢所向：⑴長期治療的耗時與不夠經濟，⑵危機處理的工作精神影響，⑶短期取向的認知行為取向的心得，⑷長期治療在研究上困難太多而有較多研究工作以短期輔導為對象。

短期輔導又稱為限時 (time limited) 之輔導，意思是相對於傳統之不限時之輔導而言，短期輔導不是在時間及次數上無邊無際地談下去，而是有明確的結案的觀念和準備，以免造成案主對輔導的依賴，也避免在時間上的無謂浪費，短期輔導強調有效的工作，也相信，在一段時間之內輔導功效是可以達到某一個程度的。在階段性目標達到了或是預定的過程進行完成了，就可考慮結案。短期輔導的次數多寡，範圍倒很寬，從 6 次到 60 次都可能是短期輔導的限度之內。

至於短期輔導的理論取向也有許多，具有代表性的有「短期動力心

理治療」和「解決焦點」等。前者為運用傳統心理動力的理論基礎和主
要技巧，但是限定次數而設定處理之重點的。後者則為忽視問題成因，
以問題解決為焦點，著重發掘案主的成功經驗及內在資源，也以少量次
數為段落。

第三節　輔導研究的趨勢

一、實務取向的研究受到重視

　　過去二十年來，輔導研究之趨勢為理論取向的研究減少，而實務取
向的研究受到重視。發現式的研究即是針對傳統上以理論為基礎的研究
模式的反動（蕭文，民 83），理論基礎的研究乃根據理論提出假設，並
驗證理論之是否真實。實務取向的研究則由實地在輔導情境中的觀察與
經驗來提出假設，並在驗證的過程中，找到有助於輔導實務的催化方法
與催化方向。以期從經驗中累積知識、反覆驗證、修正假設，最後才能
朝向建立工作模式之目標邁進。

二、質化研究興起

　　諮商心理學乃科學心理學之一支，然而許多研究累積的結果漸漸呈
現出一個事實：純科學驗證的研究並不最適合於輔導研究，因為輔導過
程之多樣性及複雜性等特質，使得前測後測的科學方法無法呈現歷程中
的眾多現象。而嚴密的科學操作法在此人際互動的輔導情境中也難執行，
有太多無法操作的因子，因而質化的研究取代了用數量呈現事實的科學
典範。

三、多樣性的歷程研究

　　當輔導專業更有興趣於探討「什麼使輔導產生效果？」以及在輔導者

與當事人共同工作的一段時間裡，到底發生了些什麼事，使得當事人有了成長性的改變？於是改變機轉的探討成了研究者的最大企圖。這個歷程研究可追溯至 1960 年代即已開創，而這種方法又成了現代輔導研究的新典範（陳秉華，民 83）。

歷程研究之研究設計則呈現多元化的趨勢，研究主題更是十分寬廣。諮商者的口語、意圖；概念形成案主的口語、音質、經驗深度、輔導過程中的重要事件等等歷程變項，均是研究之重點。

第四節　輔導人員角色認定之趨勢

一種專業角色之認定乃該種專業的重要事項。外界如何定義輔導者的角色是一回事，輔導專業人員自己如何認定自己更是重要，在此方面的趨勢如何？

心理輔導的角色與下列各種專業角色有重疊之處：臨床心理師、社會工作者、學校教師等等。在輔導之名詞運用上，常見的 "Guidance & Counseling" 或 "Counseling & Psychotherapy" 即可見出其重疊之處。現今的心理輔導員或輔導心理學家如何界定自己的角色呢？本節試討論美國與我國之趨勢如下。

Watkius (1986) 曾作一個大型調查，以 6 頁長的問卷廣泛的調查美國心理學會第十七分支 (APA, Division 17) 屬於諮商心理學的會員。共發出 980 份問卷，回收 716 份 (73%)，在其間統計分析。而在自認專業角色方面有部份發現如下：

47.7% 的受試者認為自己的第一專業角色為臨床實務工作者，28.4% 的受試者自認是學術工作者，11.4% 為行政工作者。

這些屬於 APA 會員的受試者中有 21% 任職於私人執業的輔導機構，19.1% 在大學系所任職，17.8% 在學生輔導中心工作。在年齡分布上，10 年經驗以下的受試者有較多比例在私人執業單位，而 10 年以上經驗

較長者在大學學術單位較多。

這項發現與 Super (1980) 所指出「過去二十年來，輔導人員的認同比較遠離職業輔導而趨近矯治方面 (remedial aspect)」有一致的方向。

也有其他研究 (Tipton, R. M., 1984) 指出，在美國，年輕一代輔導者優先選擇的工作是偏向矯治的心理衛生中心或私人執業而非預防性工作及職業輔導。

在 Watkins (1986) 的研究中也發現受試者於工作時間內，在下面十一項活動當中的時間分布：十一項活動為：⑴心理輔導 (治療)、⑵諮詢、⑶教學、⑷行政工作、⑸督導、⑹研究、⑺人格評鑑及診斷、⑻職業輔導、⑼職業評鑑、⑽結構性團體、⑾其他。結果顯示，最高時間分配的活動項目為：心理輔導 (治療) (27.5%)，教學 (17.5%)，行政工作 (14.6%)，而職業輔導 (4.5%) 與職業評鑑 (2.2%) 也呈現出偏低的比例。

這項研究反映美國境內的現象，或許與保險制度有關。因為職業評估及職業輔導不在保險給付之內 (Watkins, 1986)。

另一項耐人尋味的發現是，受試者的職業滿意度很高，在極滿意與頗滿意的高度滿意層次上已達 77%。然而當被問及：「如果可以重來，會不會仍選擇心理輔導為業」時，只有一半回答為肯定的。然而其中又有 30% 在回答「如果轉業將轉往何?」的問題時，回答轉往臨床心理師或精神科醫師。該研究作者認為或許與 APA 對心理輔導者與臨床心理師有差別待遇有關，但也可能反映出心理輔導者對心理治療診斷之興趣提昇之趨勢。

反觀國內，我們並無此類調查，輔導人員的角色認同如何，在相類似專業角色之間的觀感與偏好如何就不得而知，但似乎是一個值得思考及探討的主題。

第五節　新近關切的輔導議題

　　輔導專業隨著社會變遷、經濟狀況及國家政策之改變，會有當時所需關切的主題出現，Samuel (1995) 列出了一些當下輔導界的新議題，筆者採用部分如下，並述己見：

一、多重文化的輔導

　　新一代的輔導越發重視文化因素，國外許多大學的輔導系所裡將多重文化輔導之輔導模式納入課程。輔導者被提醒要敏感於當事人的文化背景。

　　筆者以為多重文化輔導的發展在種族複雜的美加地區格外重要。在國內同文同種的社會裡，則不易敏感於此，然而廣義的多重文化不止於種族差異，更有其他次文化的特色亦需要敏感知覺而加以尊重。例如對原住民的服務，或是對青少年次文化的探討等等。此外筆者以為宗教性的次文化在輔導上十分重要。當事人的天人觀、生死觀等終極價值取向需要尊重，同理甚至在輔導當中採用之，倘若忽略了這些，會有效果上的損失。

　　一些文化中的傳統療法也納入輔導技術當中，選擇性地運用。例如日本的合氣道、印度的瑜伽、印地安土著的儀式、中國的氣功與中醫等等。

　　筆者認為中國人的傳統療法失傳許多，且學習困難，然而有些西方心理治療師 (Wong, B. & Mckeen, J., 1992) 將中醫的醫理納入心理治療，在診斷中強調望聞問切；在情緒引發時，配合呼吸運氣，甚至運用針灸經脈之說進行身心整合以協助身心症及情緒困擾患者。眼見西方人把中國傳統國粹加以整合運用於心理工作當中，把複雜難懂的學理作系統化的整理，使之容易學習，一方面為之喝采，一方面也為自身未能善用文

化中的寶藏而感汗顏。

二、婚姻與家庭的輔導

現代社會中與家庭有關的問題層出不窮。離婚率高漲，單親家庭增加，青少年的親子代溝問題突顯。

人們一方面對於家庭的影響力體認提高，越來越多的人相信家庭與個人的身心正常相關很大，然而，在另一方面，現代人又有一些反傳統的價值觀在左右婚姻家庭的生活方式，例如對一夫一妻制的質疑、婚前性關係的開放、未婚卻想生子女的盼望、有偶卻不要子女的趨勢，使得現代人在環繞著婚姻家庭之主題上困擾甚多。願意提高家庭生活品質，解決婚姻問題，重整家人關係之需求甚大。向心理輔導者求助之呼聲也在提高，相信此一趨勢將有增無減。

傳統的精神分析以個別治療為主流，處理人內心的衝突與焦慮，家族治療自從六〇年代起在精神醫療領域之內奠基，處理人際互動、相信要在家庭的結構與動力上改變，病人才可以不再用病症來平衡家庭系統。

最新的趨勢是不再把家族治療與個人治療區分，卻將二者融合在一起。持家庭系統觀亦可有效地進行個別輔導。個別輔導與家庭輔導並行也無不可。

三、暴力問題

暴力侵犯他人者的心理治療乃十分困難而效果不易見到，因此常需仰仗法律的公權力，予以直接介入，援救受害人及懲治暴力犯人。然而家庭內的暴力問題因為施暴者與受害人均為家人，仍需心理輔導的努力，因為出獄後的施暴人往往還會回到家中，仍是孩子的父母親。

家庭之內的性暴力、肢體暴力或嚴重疏忽等問題，在過去均為陰暗角落中的家務事，現在卻成為大眾注視的焦點。大量的研究指出其嚴重性及對下一代的巨大影響。

家庭暴力之工作過去一向屬於社會工作的領域之內，而非心理輔導之主流。心理輔導者涉入此一方面的工作可說是擴大輔導之範圍，也在輔導與社工兩種專業上的重疊地帶。而社工人員偏重於家庭介入及受害人的安置，輔導者則著重於受害人之心理康復或施暴者的矯治。

國內的家庭暴力問題似乎也有上升的趨勢，可能因為媒體報導揭露了許多案例，而引起關切。暴力家庭之輔導者在國內數量及經驗累積有限，訓練及督導之需要可想而知。

四、物質濫用及上癮行為之輔導

上癮行為是近年來的熱門主題，坊間有關之書籍汗牛充棟，飲酒過量與暴力行為和交通危險有高度相關，安非他命長期使用會引發精神分裂症狀，嚴重影響正常生活。

廣義的上癮除了物質濫用，還包括各種心理安慰的上癮品，例如電玩、性愛等等均是近年來常見的問題，也引起輔導的關切及輔導方法上的挑戰。物質上癮之勒戒結合藥物、隔離、教育多種策略，心理輔導亦為其中一環。

五、青少年的輔導

青少年的問題層出不窮，在學校、家庭、社會上均有上升的趨勢。少年犯罪的年齡節節降低，精神症狀早期出現，少年自殺及少女為娼之案例駭人聽聞。

嚴重的青少年案例已非輔導室內一對一的工作能臻其效。違規少年的問題行為之處理涉及校規、父母態度，也可能涉及觀護制度，甚至少年法庭，情緒及壓力調適問題嚴重者則需要精神科醫療之協助及父母師長之間對心理衛生之共識。

青少年自主性尚低，仍屬學校、父母管轄監護，亟需建立輔導網絡，集合多種角度，且彼此協調才能達到全面效果，否則，上述這些不同的

角色因立場及訓練背景不同，往往在一個少年身上不能配合，甚至力量抵銷，互相妨礙。

例如，早期出現症狀適應不良者，因為師長未能鑑於其壓力承受問題，而在升學主義的壓力中，延誤治療惡化了狀況，又如逃家加逃學淪為街頭少年者，經社工人員主動出擊尋獲，規勸回家，卻遭父母毒打，學校冷眼對待，馬上逃離乃意料之中的事。倘若社工人員與校方之間有熱線相連，或在青少年工作之外，另有家庭工作者輔導父母才不致因工作之後繼無力而前功盡棄。

筆者以為輔導網絡之建立需由小處具體展開，由一個個案工作中，不同的助人機構與家長之間能展開溝通，管道會一步步打開，網絡亦能一絲絲地編織起來，筆者所見，國內已經有人在此方面默默努力，在精神科與學校之間，街頭社工人員與學校輔導老師之間，青少年輔導者與家庭工作者之間，盼望輔導網絡之重視與建立能演成一種輔導的趨勢。

六、女性主義衝擊

女性主義興起，普遍喚起女性的意識抬頭，也提醒世人用新的眼光看待兩性關係。對於輔導專業也引起不小的衝擊。

女性主義的輔導觀點指出：傳統心理治療理論乃出於男性的理念和角度，且發展於父權思想之社會中，現今應察覺此方面之偏頗，參考女性觀點，運用女性經驗來整合輔導的概念及做法。

此外，女性主義認為女性的問題怎麼也脫逃不了多年來社會對女性的壓抑，因此極力強調兩性平權、關係平等。提醒當事人察覺自己心中潛藏的性別角色的不公平現象，也鼓勵輔導者要敏感於當事人的問題中的性別角色因素。為輔導指出一個巨觀的角度，不止鑽研於當事人的心理狀況，也放眼於文化背景及社會制度中父權思想之存在與影響。

七、其他主題

　　除了上述主題以外，隨著高齡社會之來臨，老人身心調適之輔導成為一項發展重點；同性戀者已經不再被視為心理異常，在社會上被接納的程度提高，然而愛滋病人帶來新的陰影。同性戀者的輔導亦為時下所高度關切的主題。

　　輔導是變化豐富的一門專業，在理論發展上趨向折衷，在研究上漸重實務，在輔導者的角色認定上，有許多因素可能帶來影響。國內心理輔導者的角色亟需確定，其間，證照制度及專業協會為最主要因素。

▶▶▶▶ 關鍵詞彙

趨勢　　　　　　　　　　折衷主義
角色認定　　　　　　　　短期輔導

▶▶▶▶ 思考與評量

一、試述輔導理論的近代趨勢為何。

二、你認為心理輔導的專業角色是怎樣的?

三、以你的經驗，從事什麼行為時，最符合輔導者的角色行為?

四、試述你對輔導專業證照的看法。

五、配合社會發展現況，輔導領域中有些什麼新的議題?

▶▶▶▶ 參考書目

1. 陳秉華（民 83）：諮商改變歷程的研究新典範。國立彰化師範大學諮商研究學術研討會論文。

2. 蕭文（民 83）：諮商歷程研究在諮商實務上的省思。國立彰化師範大學諮商研究學術研討會論文。

3. Frey, D. H. (1972). *Conceptualizing Counseling Theories Counselor Education & Supervision*, 11 (4), pp. 243–250.

4. de Shazer, S. (1985). *Keys to Solution in Brief Therapy.* New York: Norton.

5. de Shazer, S. (1988). *Clues: investigation solutions in Brie therapy.* New York: Norton.

6. Hansen, J. C., Rossberg, R. H., Cramer, S. H. (1994). *Counseling Theory & Process.* 5th edition. Allyn & Bacon, Inc.

7. Gladding, S. T. (1992). *Counseling: A Comprehensive Profession.* 3rd edition. Macmillan Pub.

8. Paul, G. (1967). Strategy of outcome research in psychotherapy. *J. of Counseling Psychology*, 31, pp. 109–118.

9. Prochaska, J. O. (1984). *Systems of Psychotherapy: A Transtheoretical Analysis.* 2nd edition. Homewood, Dorsey Press.

10. Super, R. (1980). The Year of 2000 and all of that. *Counseling Psychologist*, 8 (4), pp. 22–25.

11. Lazarus, A. A. (1986). Multimodal Therapy. In J. C. Norcross (Ed.). *Handbook of Eclectic Psychotherapy*, pp. 65–93. N.Y.: Brunner/Mazel.

12. Tipton, R. M. (1984). Trends and Issues in the training & development of Counseling Psychology. *Counselor Psychologist*, 12 (3), pp. 111–112.

13. Watkins, C. E. etc. (1986). Contemporary Counseling Psychology: Result of a National Survey. *J. of Counseling Psychology*, 33 (3), pp. 301–309.

14. Walter, J. L. & Peller, J. E. (1992). *Becoming Solution-Focused in Brief Therapy.* Brunner/Mazel Pub.

15. Wong, B. & Mckeen, J. (1992). Transpersonal Experience Through Body Approaches. In S. Boorstein (Ed.). *Transpersonal psychotherapy.* Palo Alto: Science and Behaviour Press, 1980.

青少年心理學 姜元御等／著

　　本書從發展的角度廣泛地探討青少年現象的不同面向，包括生理與性的發展、認知、自我、道德等諸多議題。全書共分 12 章，特色在於青少年理論與實徵資料間的均衡搭配，其中在探討青少年的身心問題、生涯規劃和原住民青少年的社會心理適應方面，都展現出本書作者豐富的研究經驗。

　　本書以「終極關懷」的角度，希望多方瞭解青少年的問題，期望在整體社會的關注與省思下，青少年能夠擁有正向而健康的學習環境，從而展現出亮麗的人生。

輔導原理與個人成長 林維能／著

　　本書的目的是帶領大家思考「人」的問題，其內容包括：對於心理輔導基本概念的瞭解；從不同治療學派的觀照面，思考人的問題及其可能的意義；有關心理輔導的落實；瞭解輔導工作在學校或社會的定位與角色。

　　個人成長應該是心理輔導中重要的議題，卻常常在心理輔導工作中被忽略。本書除了從心理治療理論的架構來思考輔導原理外，更從發展心理學的角度來剖析個人的發展，特別在道德與社會發展方面；作者期待透過本書，能讓更多人對心理輔導有更完整的瞭解。

教育哲學：本土教育哲學的建構 溫明麗／著

　　本書扣緊「主體性」與「簡約性」，呈顯「知即德」的傳統教育精神，探究傳統教育哲學、存在主義、現象學、詮釋學、批判理論及後現代等教育哲學觀，並呼喚教師專業倫理素養的風華再現。既涵蓋理論，也融合實踐；既具思想啟蒙和禪思，又具生活化趣味，是本深入淺出的教育哲學讀本。

　　舉凡對教育哲學心生畏懼，或有心鑽研教育理論或擬進行教育行動研究者，本書均能發揮奠定基礎、激發思想、並強化理論建構之效，也期能有助於建構與推動臺灣本土教育哲學。

教育心理學 溫世頌／著

　　本書探討架構分為三大領域：(1)學生身心發展的特徵；(2)學習與記憶的歷程；(3)教學策略與教學效果的增進、評鑑與溝通。作者除介紹新近教育心理學的研究成果與發現，並針對一些習以為常、錯謬的教育舉措，提出具體的建議與符合現實需求的修正方案。

　　本書不僅是一本教育心理學教科書，透過作者對教育的全人關懷與真知灼見，將帶領所有關心教育者，重新審視與反思自身的教育觀點與做法。

人際關係與溝通

王淑俐／著

「人際關係與溝通」是人生極重要的一環,任何人都知道其重要性,也多少可以講出一番道理,但深究之後卻發現,「溝通其實不簡單」。

學習如何與人相處、增進人際關係、化解人際衝突,將有助於改善我們的工作與生活。因此,人人都應增強溝通與表達的能力與技巧,不能以個性或欠缺天分,作為不求改善人際關係與溝通的藉口。

我們都希望擁有溫暖的家庭、慈愛的父母、互助的手足與同學、最佳的工作拍檔以及理想的伴侶,這些美夢如何實現?趕快翻開本書一探究竟!

教育概論

張鈿富／著

本書共分五篇,分別探討:教育學風貌、優良教師的特質與教師角色、師資培育與專業發展、時代轉變下的學生特質與教師管教問題,並檢視當前教育政策中的改革構想與現況。

本書各章節末除附有問題與討論外,並特別收錄國內教育主要規約、政府施政方案主軸,以及國內有關教育專業科目之考試試題。除提供讀者對教育具有基本的認識外,更適合修讀教育類相關科目的學生自行研讀與應考之用。作者期望藉由本書,引發社會大眾對於教育現況產生更進一步的思考。